Ulrich Timm

Wohnräume unter Glas
Der Wintergarten
Planung · Konstruktion · Ausstattung · Bepflanzung

Unter Mitarbeit von Holger Reiners
Vorwort von Manfred Sack

Callwey

*Das Titelfoto gewährt Einblick auf den freundlich gestalteten
Sitzplatz im Wintergarten. Genaue Angaben über Konzept
und Konstruktion ab Seite 162.*

*Abbildung Seite 2
Der dreieckige Glasvorbau (Motiv Schiffsbug) des Sied-
lungshauses aus den sechziger Jahren gewährt neben der
Öffnung des Westgiebels und der Erweiterung des Wohnraums ungewohnten Ausblick und erlebnisreiche Eindrücke
mit einem Wechselspiel von Licht und Schatten. Planbox*

Die Deutsche Bibliothek – CIP-Einheitsaufnahme
Timm, Ulrich:
Der Wintergarten: Wohnräume unter Glas; Planung,
Konstruktion, Ausstattung, Bepflanzung / Ulrich Timm.
Unter Mitarb. von Holger Reiners. Vorw. von Manfred Sack. –
4. Aufl. – München: Callwey, 1993.
(... rund ums Haus)
ISBN 3-7667-1050-8

4. Auflage 1993
© 1986 by Georg D. W. Callwey Verlag, München
Alle Rechte vorbehalten, auch die des auszugsweisen
Abdruckes, der photomechanischen Wiedergabe und der
Übersetzung
Umschlagentwurf Baur + Belli Design, München, unter
Verwendung der Abbildung 293
Lithos Brend'amour Simhart & Co., München
Satz Filmsatz Schröter GmbH, München
Druck Kösel, Kempten
Bindung Auer, Donauwörth
Printed in Germany 1993
ISBN 3-7667-1050-8

I   Das Haus im Haus: Auf jeder Etage viel Helligkeit, Transparenz und optische Leichtigkeit. Um eine optimale, ganztägige Besonnung zu erreichen, durchbrechen die vier Gebäudeecken des Kernhauses das energiesparende Glashaus (Steuber).

◁ II Ganz in Holz: Wie ein luftiger Pavillon wurde der geräumige Wintergarten mit dem gemütlichen Schreibplatz an das Wohnhaus gebaut. Die Konstruktion besteht aus Meranti-Holz, der Fußboden aus Fichte (Ghyczy).

III Eßplatz im Garten: Der Wintergarten aus Red Cedar dient als sonniger Eßplatz mit einem Austritt auf die Terrasse. Im Winter läßt sich der Anbau durch eine zweiflügelige Sprossentür zur Küche hin abtrennen (Schild).

IV Englische Maßarbeit: Ganz im Stil des 19. Jahrhunderts ist der Glasanbau an dem gepflegten Landhaus in den britischen Cotswolds gehalten. Für die gesamte Konstruktion wurde Holz mit Isolierglas gewählt (Town & Country).

V Vielzweckraum unter Glas: Küche, Wohnraum, Eßzimmer und Treffpunkt für die ganze Familie. Der Wintergarten in strahlend weißer Alu-Konstruktion, mit Marmorfußboden und Rundum-Beleuchtung lädt zu jeder Jahreszeit ein (Jürs). ▷

VI Dachausbau: Der Wintergarten in Alu-Konstruktion wurde als eigener Baukörper an das Steinhaus gelehnt und kann thermisch ganz abgeschottet werden. Die Dachneigung wurde auf das Glasdach übernommen (Melzer, Meirer).

VII Gartenzimmer im Halbrund: Hier dient der Wintergarten als Erweiterung eines kleinen Schwimmbades mit Blickbeziehung zum Garten. Die Konstruktion des gut fünf Meter hohen Glasanbaues besteht aus lamelliertem Kiefernholz, das mahagonifarben lasiert wurde. Der Fußboden aus Travertinplatten setzt sich im Schwimmbadbereich fort (Steffen).

VIII Blick ins Grüne: Aus einer häßlichen Loggia eines Wohnhauses aus den dreißiger Jahren entstand ein großzügiger Wintergarten (aus thermisch getrennten Aluprofilen), der als Eßzimmer genutzt wird (Merckle). ▷ ▷

INHALT

VORWORT

GLÜCK UND GLAS

Wie sollte man, wenn von Gehäusen aus Glas die Rede, nicht an den Dichter des Glases, an den »begnadeten Glasnabob«, den »kosmisch grandiosen Tänzer«, den wundersamen Fabulierer Paul Scheerbart denken? Nicht nur hat er ein ganzes Thesenbuch mit dem Titel »Glasarchitektur« geschrieben, er hat auch in seinen Romanen Glasbauten errichtet, Sommernachtsträume aus Glas. So sitzen – in dem Roman von 1914, der »Das graue Tuch und zehn Prozent Weiß« heißt – der Architekt Edgar und seine Frau Clara in ihrem fünfundsiebzig Meter hohen gläsernen Turmsalon, legen die Köpfe in den Nacken und schauen verzückt an die Spitze: »Libellenflügel«, sagte er leise, »Paradiesvögel, Leuchtkäfer, Lichtfische, Orchideen, Muscheln, Perlen, Brillanten usw. usw. – alles das zusammen ist das Herrlichste auf der Erdoberfläche – und das finden wir alles in der Glasarchitektur wieder. Sie ist das Höchste – ein Kulturgipfel!« Danach aßen sie, wie man erfährt, geröstete Schnecken, tranken Bier aus Brissago, rauchten »gute Kubazigarren« und guckten, unersättlich, in ihren Glashimmel.

Im selben Jahr, wenige Monate, bevor der Erste Weltkrieg den malerischen Zukunftsträumen ein vorläufiges Ende bereitete, hatte Scheerbarts Freund, der Architekt Bruno Taut aus Berlin, wahrhaftig ein Glashaus in Scheerbarts Sinn gebaut und ihm gewidmet, einen bunten gläsernen Tempel. Für die Glasindustrie war er ein Gegenstand der Reklame, für andere das wichtigste Bauwerk der Kölner Werkbundausstellung 1914. »Man kann«, notierte der Berichterstatter Felix Linke in den Sozialistischen Monatsheften, »das ganze Glashaus nicht besser charakterisieren, als wenn man es einen auf der Spitze stehenden, halb versunkenen riesigen Kristall nennt, halbversunken in eine Fassung, die aus einem mit großen bunten Glaskugeln geschmückten wulstförmigen Sockel mit einem 14-eckigen Glasprisma mit Betonkanten besteht«. Für den oberen Sockelrand hatte Paul Scheerbart seine Parolen gedichtet: »Das bunte Glas zerstört den Haß« und »Glück ohne Glas, wie dumm ist das« und anderes mehr. Das Glashaus hatte, wie sein Architekt es wollte, auch »keinen anderen Zweck, als schön zu sein«. Fünf Jahre später, kaum daß der schreckliche Krieg zu Ende war, bildete Taut in Berlin einen Architektenclub mit Namen »Gläserne Kette«, dessen ausgesuchte, inzwischen allesamt in die Baugeschichte umgezogene Mitglieder sich unter Pseudonymen gedankenstürmische Briefe schrieben. Tauts Deckname hieß: Glas. Er träumte von gläsernen Gebirgspalästen, die die Natur erhöhen, und gern hätte er den Gipfel des Monte Rosa in ein »alpines Glasmonument« umgestaltet.

Wohl von keinem anderen Baumaterial ist jemals eine so große und immerwährende Faszination ausgegangen wie vom Glas, auch wenn es am Anfang rein praktische Gründe für seine Verwendung gab. Mit seiner Hilfe hatte sich eine Illusion verwirklichen lassen: In den Orangerien mit ihren dichten Reihen wandhoher Fenstertüren konnten die Orangen- und Granatbäume überwintern, zwischen ihnen ließ es sich auch gut wandeln und parlieren, auch musizieren; endlich bemerkten die bevorzugten Herrschaften, daß es sich zwischen exotischen Pflanzen auch amüsant feiern ließ, und tanzen.

Die ländliche Einrichtung der Aristokraten bekam umgehend eine urbane Variante der Bürger, deren Name der Phantasie keine Mühe macht, Bilder zu erfinden: Wintergärten. Das waren lichte, mit kühlem Verstand konstruierte Räume, freundlich gestimmt durch die Sterne, die man des Nachts darin funkeln sieht, und erwärmt durch die Sonne. Ihre Farbe bekommen Wintergärten, die ihre Reize auch im Sommer entfalten, durch die Pflanzen und die Menschen. Wo es bescheiden zuging, blieb es bei Veranden; wo sich Expertentum und Volksbelehrung zusammentaten, wurden daraus öffentliche Gewächshäuser, gläserne Hallen von meistens imponierenden Ausmaßen und durch die filigranen Eisen- und Stahlskelette auch von kühner Eleganz. So, wie es kaum häßliche Schiffe oder Flugzeuge gibt, weil die physikalischen Bedingungen der Welt ihnen schöne Formen als die zugleich funktionalsten und sparsamsten nahelegen, gibt es so gut wie keine unansehnlichen Glashäuser. Noch jedes armselige Gewächshaus beim Gärtner ist eine ästhetische Offenbarung.

Keiner aber hatte so früh so überzeugend wie der Engländer Joseph Paxton gezeigt, daß im Praktischen die Schönheit schlummert. Und vielleicht gelang ihm die Aufsehen erregende Architektur des Londoner Kristallpalastes auf der Weltausstellung von 1853 deswegen so vollkommen, weil er ein Gärtner war und als Architekt ein vorurteilsfreier Dilettant. Eine Sensation: 607 Meter lang, 133 Meter breit, 36 Meter hoch, zur Winterszeit in nur siebzehn Wochen aus industriell gefertigten Teilen errichtet, mit eisernen »Säulen, so schlank, als wären sie nicht da, um zu tragen, sondern nur um das Bedürfnis des Auges nach einem Träger zu befriedigen« (wie ein Beobachter es beschrieb). Ohne diesen, der Zeit weit vorauseilenden Einfall wäre jemand wie Ludwig Mies van der Rohe mit seinen Stahl- und Glas-Kunstwerken schwerlich denkbar, zu schweigen von all den Entwerfern von nunmehr lichtgierigen Hallen, den Markt-, Bahnhofs- und Maschinenhallen vor ihm, den Lichthöfen, mit denen sich die Kaufhäuser an ihr Publikum verschenkten, und all den Passagen und Galerias, die erst im 19. Jahrhundert und nun heute wieder, nach den düsteren Zeiten des modernen Städtebaus, mächtig in Mode gekommen sind. Man denkt an Hamburg, Bonn und Köln und viele andere Städte, natürlich an die amerikanischen Großstädte, besonders an New York, wo die Lobbys in gläserne Hallen verwandelt wurden oder den Wolkenkratzern riesige Wintergärten beigegeben wurden für das öffentliche Amüsement und den eigenen Lobpreis: Sind wir auf der Jagd nach Profit nicht freundlich zu den Menschen? Schon denkt man hier und da daran, ganze Straßen unter Glas zu bringen, um beides zu haben: den Himmel und das Dach; die Sonne, aber weder Wind noch Regen; Winter und zugleich Wärme; vor allem aber: den Zauber des Glases. Es ist ja nicht nur reizvoll, die Natur zu überlisten, sondern auch, die Welt zu illuminieren. Glas ist Helligkeit, ist Licht, Licht ist Glanz, und im Glanz drückt sich der Reichtum der Augen aus – was Wunder, daß, wann immer mit Glas gebaut worden ist, von Palästen die Rede war und die Verzauberung das Glas in Kristalle verwandelte: Glaspalast? Ach: Kristallpalast!

Räumen unter Glas wohnt etwas Imaginäres inne, Magisches, Verführerisches. Schon ist es keine Überraschung mehr, daß sich die Kirche den Reiz des Glases zunutze machte: zuerst in den großen Fenstern voller Glasmalereien – und nun ließ sich der Fernsehpastor Robert Schuller vom berühmten Architekten Philip Johnson in Kalifornien eine Kristall-Kathedrale für viertausend Gläubige errichten. Und bewiese nicht die Demokratie ihren Unterschied zu allen autoritären Staatsformen am liebsten mit Glas, wie in Chicago, wo sich der Staat Illinois für seine Verwaltung und sein Parlament ein Haus aus Stahl und pastellbuntem Glas errichten ließ: eine gebaute Metapher für Transparenz und Öffentlichkeit?

Wie angenehm, daß alle diese Architektur-Märchen auch zu Alltagsgeschichten werden können und sogar ganz handfesten, wenn nicht trivialen Nützlichkeitserwägungen zugänglich sind. Als das Erdöl plötzlich knapp und teuer gemacht worden war, erinnerten sich viele ebenso plötzlich an das Baumaterial Glas: Glas als Sonnenfänger, Glas als Wärmespeicher, Glas als Klimapuffer. Doch hätten derlei »Energiekrisen« vermutlich niemals so viele angebaute, vorgebaute, in Lücken gesetzte, in Dächer eingefügte Glashäuser hervorgebracht und einer ganzen Spezialindustrie Beine gemacht, wenn neben allem materiellen Gewinn nicht auch der atmosphärische Gewinn verlockt hätte. Hatte Paul Scheerbart nicht »von den Lichtnächten, die uns die Glasarchitektur bringen muß«, geschrieben? Und auch Verse wie diese:

Das Glas bringt uns die neue Zeit.
Backsteinkultur tut uns nur leid.

Das Ungeziefer ist nicht fein;
Ins Glas kommt es niemals rein.

Ohne Glaspalast
ist das Leben eine Last.

Kein Luxus läßt sich preiswerter haben, keine Augenlust bequemer. Glas macht aus der Prosa des Häuserbauens Poesie: jedes Glashaus ein Gedicht – wenn es nur gut ist! Der ganze Reiz des Bauens mit Glas ist am trefflichsten in dem Titel versammelt, den Wend Fischer 1970 für das Buch gefunden hat, das er darüber geschrieben hat: Geborgenheit und Freiheit.

Manfred Sack

DIE NATUR IM HAUS
ANMERKUNGEN ZUR GESCHICHTE
DES WINTERGARTENS

»Junge Frau im Gewächshaus«, Eduard Gärtner, 1836

KLIMAGERECHTES BAUEN

Die Sorge um die günstige Ausrichtung eines Gebäudes zur Sonne ist ein Leitthema der Architektur. Abgesehen von rituellen Bauten, die aus kultischen Gründen nach der Sonne orientiert wurden, verwendeten die Baumeister in allen Epochen große Sorgfalt auf die Einbeziehung oder auch den Ausschluß der Sonneneinstrahlung bei Wohngebäuden. Dies ist nicht nur ein Gebot der Hygiene (da das UV-Licht der Sonne die meisten Bakterien und Viren abtötet), darüber hinaus machen Sonnenlicht, Pflanzen und Wasser bei gemäßigtem Klima das Haus zu einem kleinen Kosmos, der allein den Bewohnern zur Verfügung steht.

»Schon die Römer wendeten [Wintergärten] zur Verschönerung ihrer verschwenderisch angelegten städtischen Wohnungen und Villen an, und mögen sogar in technischer Beziehung, vorzüglich in Beziehung auf Zweckmäßigkeit der Heizungsmittel und geschickte Benutzung der Himmelslage, nach allem, was wir darüber lesen und selbst in einigen Überresten noch sehen, weiter gewesen sein, als wir jetzt sind, die wir nach so langer Zeit diesen Gegenstand erst wieder neu aufgenommen haben, und gleichsam vom ABC wieder anfangen mußten.« (Gottfried Semper, 1849)

Ausgrabungen belegen die klimabewußten Grundrißlösungen unter geschickter Berücksichtigung des verdichteten Bauens mit sonnigen und windberuhigten Innenhöfen, Pufferzonen, der Ausnutzung speicherfähiger Wände und sogar schon verstellbarer Jalousieläden vor den Lichtöffnungen als Sonnen- und Wärmeschutz.

Auch die Schriften des römischen Architekten und Ingenieurs Vitruv »De architectura« (33 n. Chr.) belegen die grundlegende Kenntnis sonnenorientierten Bauens und ihre Anwendung im römischen Bauwesen. Aber trotz seines großen Einflusses auf die Architekturentwicklung während des späten Mittelalters, der Renaissance und auf die Architektur des 18. Jahrhunderts blieben seine klimatechnischen Forderungen im Norden zwangsläufig weitgehend unbeachtet.

Einen Hinweis auf die für die Nutzung der Sonnenwärme so wichtige Verglasung finden wir bei den weiträumigen Thermenbauten in Rom, z. B. den Caracalla-Thermen für 1600 Besucher, die mit großen Glasfenstern nach Süden der Besonnung ausgesetzt waren.

Die technische Entwicklung des Glases ist ein wichtiger Faktor: Dieses transluzente Material läßt nicht nur beinahe ungehindert das Licht einfluten, es stellt auch bis zu einem bestimmten Grad eine thermische Sperre dar und »heizt« aufgrund seiner Materialbeschaffenheit bei Sonnenbestrahlung die dahinterliegenden Räume auf.

Im 2. Jahrhundert n. Chr. produzieren römische Glashütten am Rhein Fensterglas für Thermen und geheizte Privathäuser der römischen Siedlungen, aber zweihundert Jahre später verlagern sich die Glashütten während der Zeit der Völkerwanderung in das Gebiet des früheren Gallien, Fensterglas bleibt bis zum Jahre 1000 das Privileg der reichen Kirchen und Klöster. Für die nächsten zweihundert Jahre werden die Klosterhütten zu bedeutenden Glasproduzenten; weitere hundert Jahre später, um 1300, entsteht auch außerhalb der Klöster eine umfangreiche Produktion der noch immer kleinen und oft trüben Scheiben, bis dann ab der Mitte des 16. Jahrhunderts das Glas auch für die Fenster der Wohnhäuser verfügbar und erschwinglich wird.

Mit der Entwicklung des Fensterglases und seiner Verwendung in Wohnhäusern – in den Stuben – ab 1200 entsteht auch das Bewußtsein für die Nutzung der Sonnenenergie: Bauernhäuser, deren Bautypus sich im Laufe der Jahrhunderte oft nur wenig verändert hat, belegen das – die Wohnräume werden mit ihren großen Fensterflächen nach Süden orientiert.

Auch wenn also die wesentlichen Faktoren für ein sonnenbewußtes Bauen bekannt waren, fanden bei der Anlage der Städte diese Gedanken vom Mittelalter bis zum Beginn des 19. Jahrhunderts so gut wie keine Anwendung.

Eine städtebauliche Alternative, die den Geist der Zeit nach 1800 widerspiegelt – das naturwissenschaftliche Erkenntnisinteresse und der Wunsch nach Sanierung der engen und hygienisch unbefriedigenden Städte –, ist der Plan einer Idealstadt des Mediziners B. C. Faust aus Bückeburg, veröffentlicht 1824. Es ist der Plan einer großzügigen, unbefestigten Stadt, deren einzelne Häuser genau nach Süden orientiert waren. Seine »Sonnenbaulehre«, die zum ersten Mal den Begriff des »Sonnenhauses« verwendet, enthält alle heute für wichtig erachteten Kriterien für eine optimale passive Nutzung der Sonnenenergie, einschließlich doppelter Verglasung und eines geeigneten Wärmeschutzes vor den verglasten Flächen: »Auf Holz- und Brennstoffeinsparung hat man Preise ausgesetzt, an die Sonne, die doch auch um Gotteswillen warm macht, hat man aber nicht gedacht. Mit der Sonne könnten wir manchen Wald und manches Steinkohlenflöz einsparen, könnten mit ihr wärmen.« Die Berechnungen Fausts gehen von 25–33% Energieeinsparung durch die passive Solarnutzung aus, Werte, die heutigen Berechnungen entsprechen. Die Sonnenbaulehre wurde akzeptiert, sie war Unterrichtsfach an Bauschulen – allein in München wurden unter der Leitung von Gustav Vor-

herr über 2500 Schüler vieler europäischer Staaten ausgebildet –, Häuser wurden nach ihren Erkenntnissen gebaut (z. B. Schule in Nußdorf bei Traunstein), Dörfer angelegt und sogar die abgebrannte Stadt Palotsa in Ungarn wurde von dem Architekten Ludwig von Zanth nach der Sonnenbaulehre wieder aufgebaut, aber es blieb letztlich bei Einzelbeispielen.

DER WINTERGARTEN

Die sonneneinfangende Bauform des Wintergartens erfreute sich seit ihrer Entstehung Mitte des 16. Jahrhunderts großer Beliebtheit. Zunächst war der Wintergarten ein Gewächshaus, respektive ein »Pomeranzenhaus« (Abb. 1). Diese Südfrüchte (die Vorläufer der Orangen) hegte der Mitteleuropäer während der kalten Jahreszeit in einer zerlegbaren, hallenähnlichen Bretterkonstruktion, deren Südwände mittels Glasscheiben für die Wintersonne geöffnet waren. Die Räume wurden durch transportable Öfen beheizt. Seit Beendigung des Dreißigjährigen Krieges waren diese Bretterhäuser in Deutschland in Gebrauch.

1 Heidelberg »Elector Palatin«, Pomeranzengarten, abschlagbares Gewächshaus, 1620, Stich nach Salomon de Caus

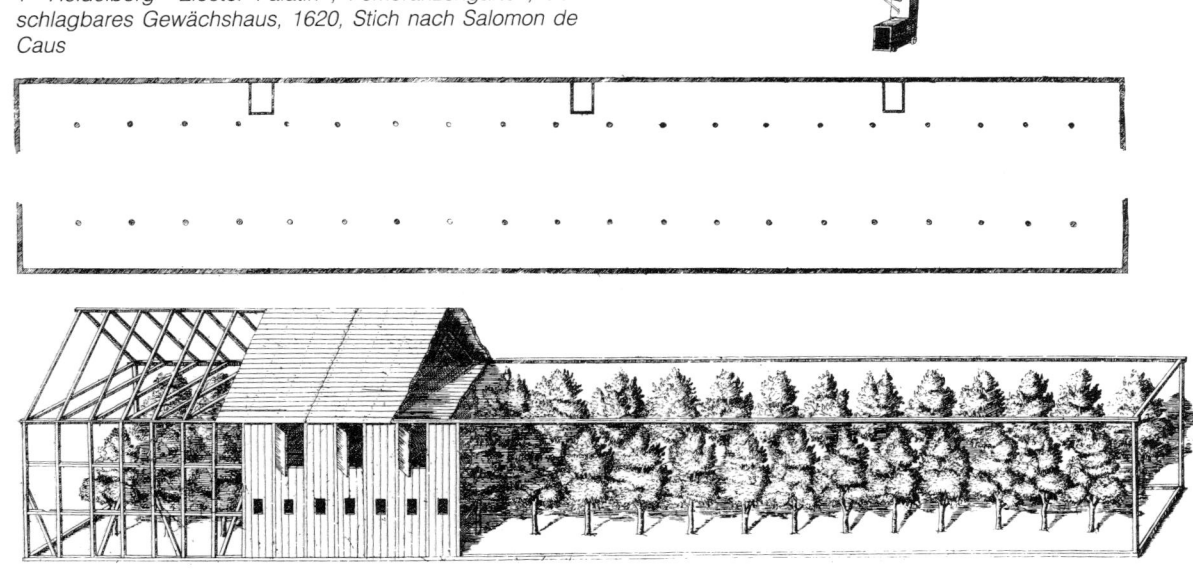

Salomon de Caus verweist in seiner Beschreibung (1620) des Pomeranzenhauses im Heidelberger Schloßgarten darauf, daß man darin im Winter spazierengehen könne, ohne die Kälte befürchten zu müssen. Damit war die im Barock beliebte Promenade auch für den Winter gesichert.

Mit dem feststehenden Orangeriegebäude wird die Bauform zum unverzichtbaren Bestandteil des Gartens. Für diesen Bautyp mußten die Pflanzen »mobil« werden, man setzte sie in Tröge, so konnten sie im Sommer ins Freie gefahren werden.

Orangerien waren häufig repräsentative Bauten, ihr Dekor orientierte sich an der »klassischen Ordnung«. Das langgestreckte Gebäude hatte meistens eine nach Süden gerichtete Glasfront, die übrigen Flächen wurden wärmespeichernd ausgebildet, der Ofen konnte fest installiert und als Kanalheizsystem wirkungsvoller ausgelegt werden, d. h. mit weniger Wärmeverlust und differenzierten Temperierungsmöglichkeiten.

Parallel dazu entwickelte sich seit ca. 1700 das »Glashaus«. Es unterstand als Zweckbau dem Aufgabenbereich des Ingenieurs oder auch dem baulichen Dilettanten wie dem Gärtner. Diese Bauten wurden ausschließlich für die bestmögliche Klimatisierung zur Aufzucht von Pflanzen errichtet. Mit der erforderlichen Konsequenz entwickelte man Heizungssysteme, Lüftungsarten, die günstigste Gebäudeform. Wichtig für das Wachstum der meist exotischen Gewächse war das exakte Einhalten der Temperatur, maximale Besonnung bzw. möglichst naturnaher Sonnenstand, bisweilen mußte man Wind, Feuchtigkeit etc. künstlich erzeugen. Damit verbunden war die Verbesserung in der Glasherstellung, wie auch die allmähliche Herausbildung der elementierten Bauweise. Beide wurden durch die neuen Produktionsformen der Industrialisierung, sowie den wegen seiner geringen Abmessungen geeigneten Werkstoff Eisen ermöglicht.

Vom gärtnerischen Standpunkt her war es wichtig, die Nutzung des Sonnenlichts zu verbessern; so wurde die sogenannte Talutmauer eingesetzt (Abb. 2), deren Prinzip in der modernen Trombewand wiederzufinden ist. Als die bestmögliche Form für die Einstrahlung der Sonne fand man empirisch die kugelförmiggekrümmte Glashülle, für flache Wände berechnete man den günstigsten Neigungswinkel. James Anderson und John Claudius Loudon experimentierten zu Beginn des 19. Jahrhunderts mit zwei übereinandergestellten Gewächshäusern, dadurch konnten die thermodynamischen Strömungen der verschiedenen Luftschichten genutzt werden.

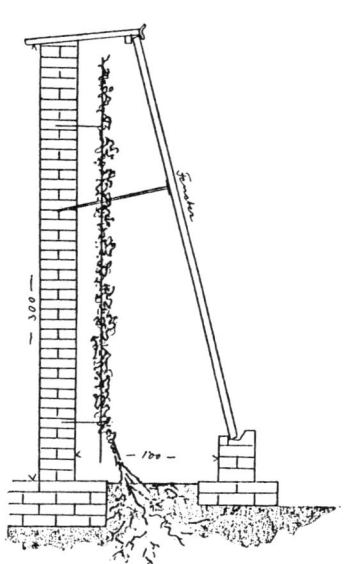

2   *Talutmauer ca. 1730*

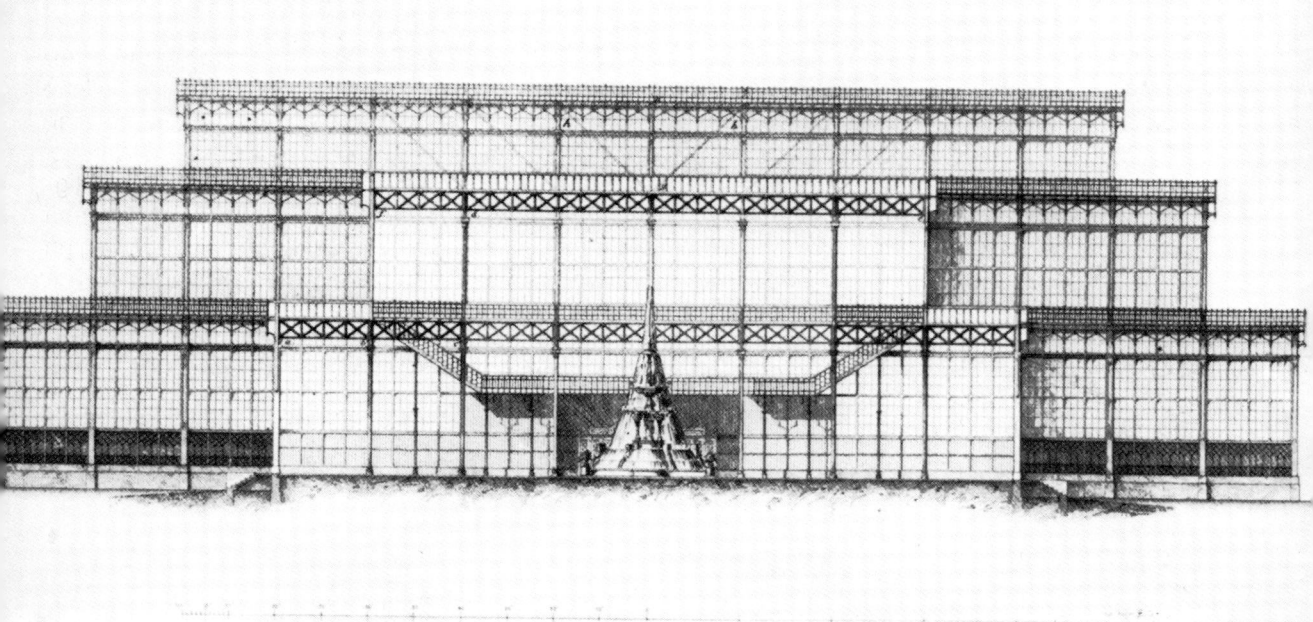

Der »reine« Glasbau wurde, zur Überraschung der Öffentlichkeit, mit der Errichtung des Kristallpalastes durch Joseph Paxton für die Weltausstellung 1851 als perfektes technologisches System demonstriert. Bis zu diesem Zeitpunkt fand die vorgefertigte industrielle Bauweise wenig Beachtung.

Damit wurde aber auch die Mode der Kristallpaläste, Floren, Aquarien etc. eingeleitet, die man zu den verschiedensten Bildungs- wie auch Vergnügungszwecken errichtete: geschlossene, künstliche Landschaften, die durch ihren gebündelten Sinnenreiz und durch ihre exotische Inszenierung der Natur dem von der Industrialisierung bedrängten Menschen des 19. Jahrhunderts eine Traumwelt boten. Diese Welt des schönen Scheins war jedermann offen.

Einer der Nachfolgebauten und in der Gestalt des Systems dem Londoner Kristallpalast sehr ähnlich, war der von August Voit für Ausstellungszwecke in München errichtete Glaspalast (1854, Abb. 3a, 3b).

3a Glaspalast in München, August von Voit, 1854; Schnitt durch einen Seitenflügel

3b Glaspalast in München, August von Voit, 1854; perspektivische Darstellung des Innenraums

Auch im privaten Bereich wurde das Glashaus, der Wintergarten, im Verlauf des vergangenen Jahrhunderts Bestandteil der sich konstituierenden bürgerlichen Kultur. Ein botanischer Wintergarten, dem traditionellen Kulturträger, dem Adel, vorbehalten, wurde für den zunehmend begüterten Bürger eine Gelegenheit, zu gesellschaftlicher Anerkennung zu gelangen. Nicht nur durch das Vorzeigen des Baus und das offensichtliche Interesse für Botanik sollte ihm dies gelingen, vielmehr ergab sich daraus auch die Möglichkeit der Korrespondenz mit der Oberschicht, wie ein Besuch des Kaisers anläßlich des Erblühens einer Victoria Regia im Wintergarten des Fabrikanten August Borsig in Berlin-Moabit 1850 veranschaulicht. Derartige Gebäude kehrten weniger den Zweckcharakter hervor, vielmehr versuchte man, die technischen Bauteile mit klassischen Architekturformen zu kaschieren, wie ein Entwurfsblatt eines »Gewächs- und Treibhauses für die Dame« zeigt (Abb. 4). »Da die Botanik zum Lieblingsstudium der Englischen und auch einiger Deutschen Damen geworden ist«, war es das Anliegen des Verfassers (Wilhelm Robertson). »... ihnen hiermit eine Zeichnung zu übergeben, welche fähig wäre ihnen zu gefallen, und sie in dieser lobenswürdigen Neigung noch mehr zu bestärken... Die Treppe (zum Ananashaus) ... ist dem Eingange, der zur Verschönerung bestimmt ist, und die Mitte der beiden Gebäude ausmachen muß, zur Linken zu sehen... Im Mittelpunkt steht eine Statue der Flora ... da man beim Eintritt die Statue durch alle Verzierungen hindurchsieht, so wird daraus die angenehmste Wirkung hervorgehen.« Solche, dem Studium der Botanik und der Muße zugedachten Wintergärten standen in der Regel ein wenig abseits vom Haus, in Verbindung mit Treib- und anderen Pflanzenhäusern.

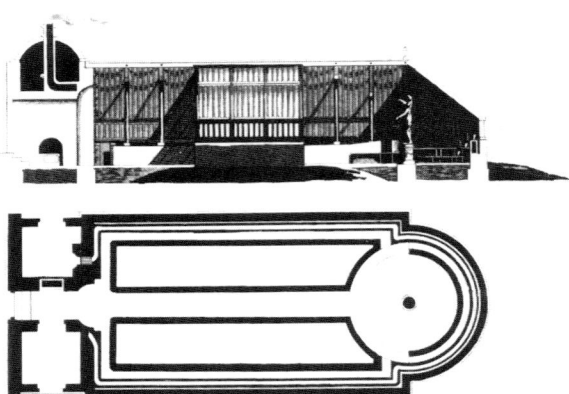

4 »Gewächs- und Treibhaus für die Dame«, aus Sammlung verschiedener Arten Gewächs- und Treibhäuser, von Wilhelm Robertson, o. J.

Der Wintergarten als wohnlicher Aufenthaltsort schloß sich jedoch einem der Gesellschaftsräume des Hauses an, wie der Bibliothek, dem Herren- oder Damenzimmer o. ä. Hier genoß man das Verweilen in der wohltemperierten »Natur«, die je nach Mentalität des Besitzers berauschende Schwüle oder freundliche Sonnigkeit verströmte (S. 9). Die Sehnsucht nach der (idealen) Natur, die sich im Rokoko oftmals durch reichlich mit Blumengirlanden und Trompe-l'œil bemalte Zimmer artikuliert, kann das technische Zeitalter in ein Beherrschen der Natur innerhalb der »eigenen vier Wände« verwandeln.
Die Einrichtung eines Wintergartens wird zum Muß für jedes bessergestellte Hotel, so daß sogar Transatlantikpassagierschiffe auf eine künstlich installierte Pflanzenwelt um des Wohlbefindens der Passagiere willen nicht verzichten können (Abb. 5).

5   *Wintergarten an Bord der »Cap Finisterre«, 1912*

Der am Privathaus angebaute Wintergarten hat zunächst eine durch die Eisen-Glas- bzw. Holz-Glaskonstruktion bestimmte Gestalt, er wird als eigenständiges, geschlossenes Bauelement angesehen, das man an das Haus anfügt.

6   *Vorgefertigter Wintergarten aus Gußeisen und Glas, Katalog der Dücker Eisenwerke, Laufach, um 1900*

Solche Glashäuser sind im ausgehenden 19. Jahrhundert komplett vorgefertigt worden und waren nach Katalog erhältlich (Abb. 6). Das Grundelement war ergänzbar durch Lampen, Treppen und diverse dekorative Attribute. Der gesamte Anbau wurde außerhalb (oder gegebenenfalls auch innerhalb) eines Hauses einer möglichst schon vorhandenen Maueröffnung vorgesetzt.

Handwerklich gefertigt ist dagegen der kleine, in Baukörper und Fassadengestaltung integrierte Wintergarten (Abb. 7 a, 7 b). Seine Abmessungen entsprechen häufig denen eines größeren Balkons, die Unterscheidung zur verglasten Veranda ist kaum zu treffen. Formal ist er in den gewählten historischen Stil des jeweiligen Hauses integriert, sei es, daß er wie der vorkragende Erker eines Holzskelettbaus der Renaissance ausgebildet ist, oder als verglaste Terrasse über dem als Säulenportikus gestalteten Sitzplatz. Trotz der räumlichen Verdichtung im Wohnungsbau ist es auf diese Weise auch für den weniger Begüterten möglich, ein wenig Natur einzufangen. Diese Räume waren meist mit Palmen, Gummibäumen oder ähnlichen Gewächsen in Pflanztöpfen ausgestattet.

In solchen Hausbauformen zeigen sich Ansätze und Fragestellungen zu einer neuen Art des Wohnungsbaus, die von reformerisch denkenden Architekten, die zu Beginn des 20. Jahrhunderts die Bau- und Lebensweise der mitteleuropäischen Gesellschaft neu überdachten, weiterentwickelt wurden.

Zum einen sollte die Form an sich »bereinigt« werden, ehrlicher und damit einer »gesunden« Lebensform angemessen erscheinen; zum anderen sollten Wohnkomfort und ein existenzielles Auskommen auch den sozial schwächer Gestellten garantiert sein: Gedankenansätze, die überschattet waren von immer enger werdenden, durch Ruß aus den Fabrikschloten geschwärzten Großstädten, deren Stuckfassaden nur schwer über Mißstände hinwegtäuschen konnten.

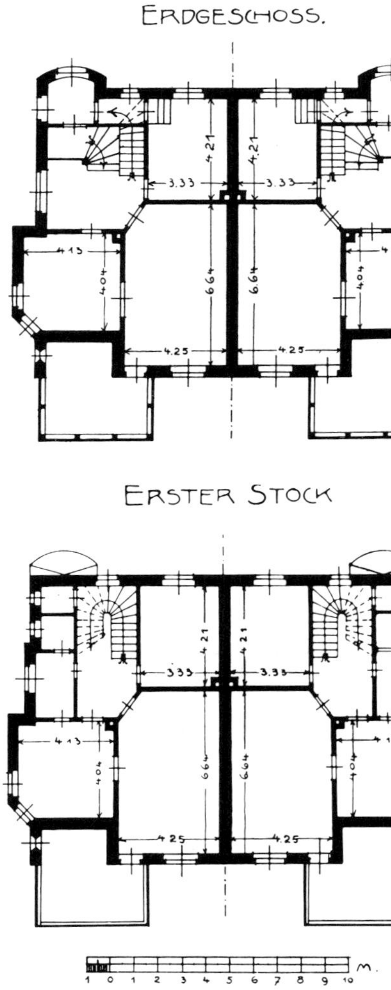

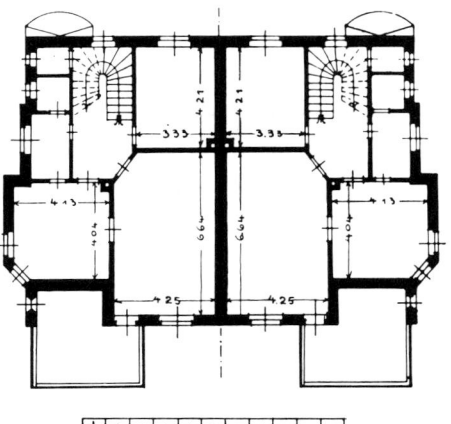

ERDGESCHOSS.

ERSTER STOCK

7a *Doppelwohnhaus in München, Gebrüder Rank, 1902/03; Außenaufnahme*

7b *Doppelwohnhaus in München, Gebrüder Rank, 1902/03; Grundrisse Erdgeschoß, 1. Obergeschoß*

Bei allen Reformern spielt die Natur, der Garten, eine wesentliche Rolle und damit auch das Motiv des Wintergartens. Ausgehend von Tendenzen im englischen Gartenbau führt Herrmann Muthesius auch in Deutschland den »Haus«garten ein, der als räumlicher Bestandteil des Wohnhauses aufzufassen ist. Wege, mauerartige Hecken und kleine Gartenarchitekturen, wie Pergolen, Gartenhäuser und separate Wintergärten, bilden die Einrichtung.

Garten als Architektur und Architektur als Element des Gartens ist auch ein Thema in dem Projekt Heinrich Tessenows für ein Wohnhaus in Heidelberg (s. Abb. 8a, 8b). Der Baukörper des Hauses ist im Sinne einer »reinen« Architektur auf die wesentliche Form reduziert, auf den Kubus; die Gestaltung entspricht der »Geschlossenheit« des verwendeten Mauerwerks. Wintergarten, Lauben und Terrassenvorbau sind ebenfalls als Kuben ausgebildet, durch die stufenweise Öffnung der stereometrischen Form ist der Bezug hergestellt zur wuchernden Natur.

8a Wohnhausprojekt in Heidelberg, Heinrich Tessenow;
Perspektivzeichnung der Gartenansicht

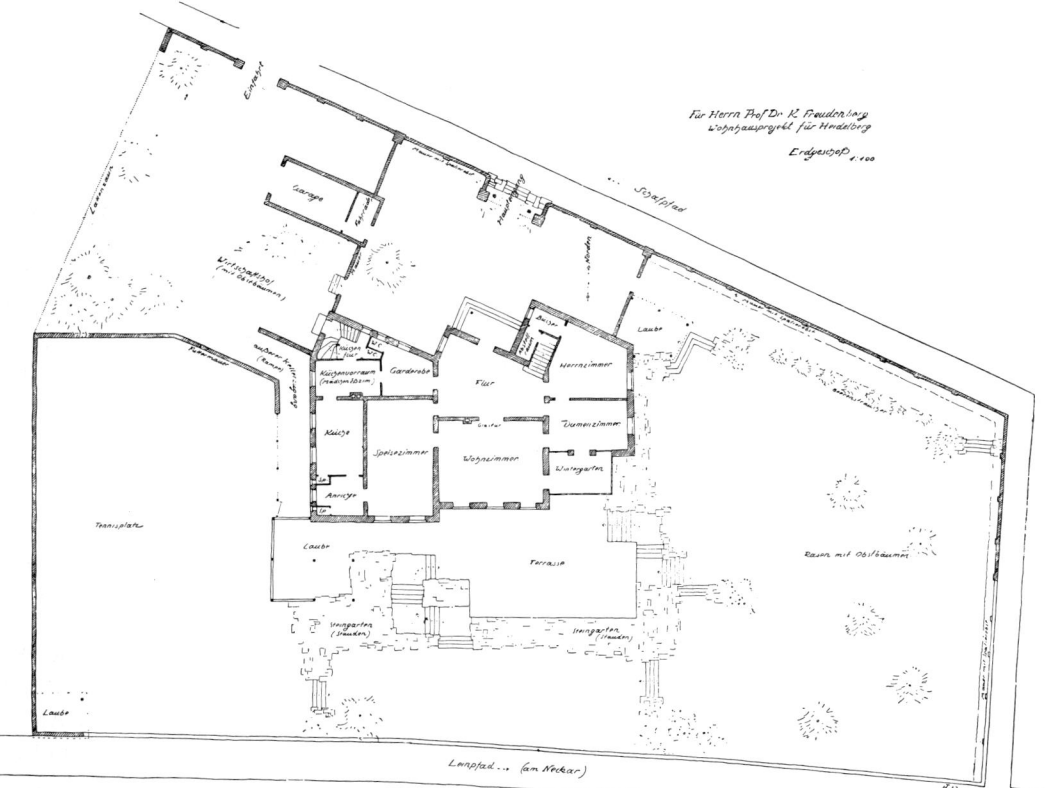

8b Wohnhausprojekt in Heidelberg, Heinrich Tessenow;
Erdgeschoßgrundriß und Plan des Gartens

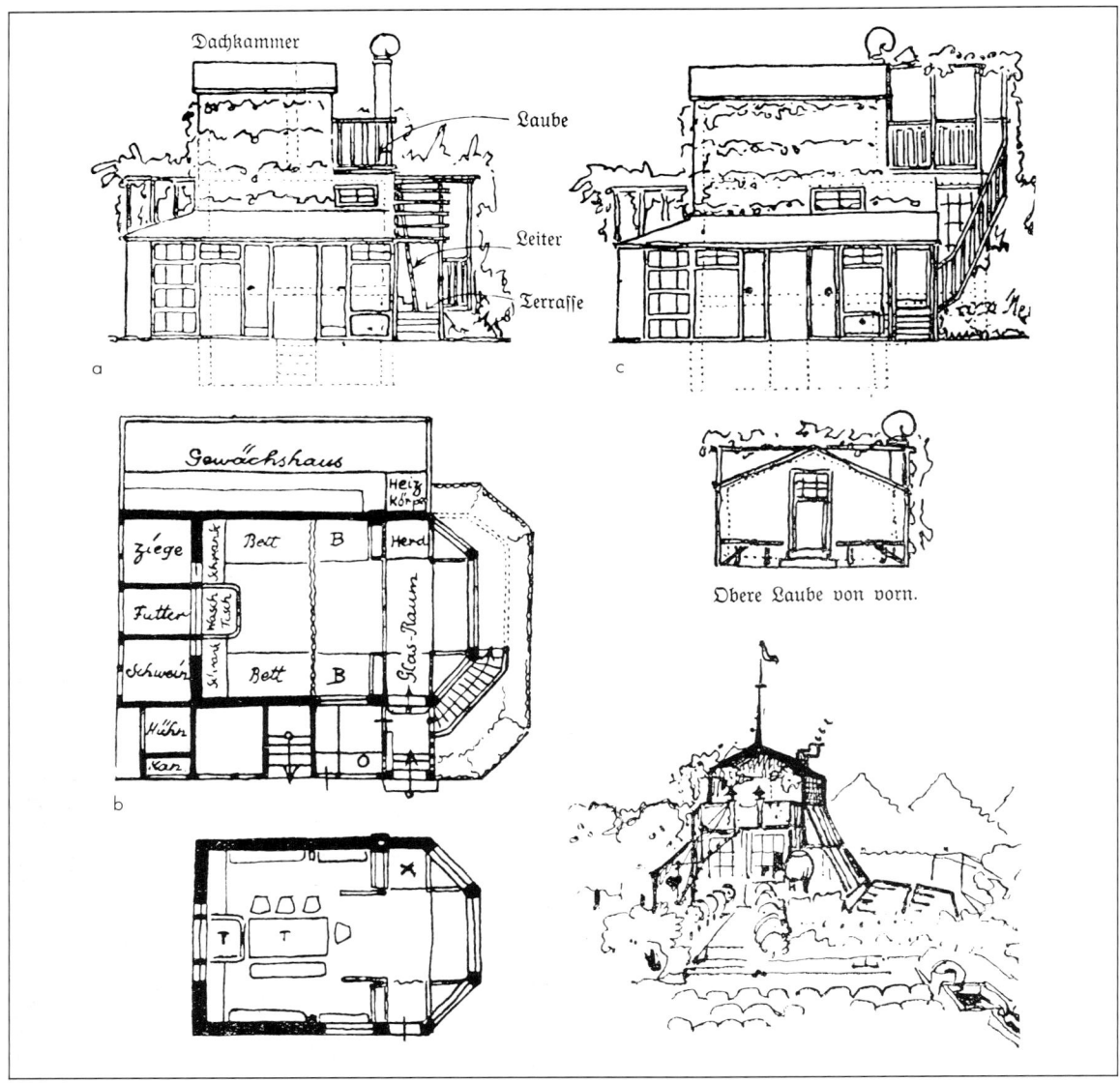

9 Entwurf für ein Siedlungshaus, Leberecht Migge, 1919

Unter dem Einfluß von Muthesius arbeitete zunächst Leberecht Migge, der in seiner weiteren Entwicklung den Hausgarten zur Grundlage eines Selbstversorgersystems ausformulierte. Sein Ziel war es, die »Armen« und »Ärmsten« aus ihren »Stadtlöchern« herauszuholen in Gartensiedlungen. Haus und Garten sollten durch allmähliche Erweiterung zu einem geschlossenen ökologischen System werden, das seine Bewohner ernähren kann und sie dadurch unabhängig macht. »...Wir brauchen Winterlauben (!), Kernhäuser, bodenproduktive Übergangsbauten aller Art und so klug und billig erdacht, daß sie in großen Mengen erstellt werden können, um den Mehrwert, von dem unser Dasein abhängt, so schnell wie möglich zu erringen...« (L. Migge, 1922)
Nach seinem Konzept wächst ein Siedlungshaus (Abb. 9) mit der Intensivierung der Bodenbestel-

lung. Als erstes entsteht ein Geräteschuppen, dem eine Wohnlaube angefügt wird, in der weiteren Ausformulierung des Systems bilden Ställe und Gewächshaus einen »Wärmegürtel«. Der verglaste Teil des oberen Wohnbereichs ist nicht nur klimatische Zwischenzone, sondern ein unabkömmliches Bauelement für den von und mit der Natur existierenden Bewohner.
Weniger pragmatisch sind städtebauliche Utopien aus dem Kreis um Bruno Taut und von Taut selbst, der von den Schriften Paul Scheerbarts zur Glasarchitektur begeistert war. Es wurden Visionen von Wohnhäusern und ganzen Städten aus Glas entworfen, die dem Menschen eine neue Dimension des Lebens eröffnen sollten, das Glas stand als Synonym für die Befreiung aus der Enge.
Daraus erklärt sich, daß eine vorgehängte, fast »schwebende«, gänzlich aus Glas bestehende Fassade, wie die der Faguswerke in Alfeld, von Walter Gropius 1913/14 errichtet, zu einem Kult-

bild des »Modernen Bauens« wurde. Es war das
Bestreben, außen und innen, Natur und künstli-
chen Raum miteinander zu verbinden.

Daher wurden »Licht, Luft und Sonne« zu
Schlagworten des neuen Städtebaus, nicht nur
aus Gründen der Hygiene, sondern auch wegen
ihrer psychologischen und geistigen Wirkung auf
den Menschen. Der Wintergarten, als gesonder-
tes Bauelement, hat in diesem Zusammenhang
keine Berechtigung mehr, vielmehr wird der
Wohnraum selbst durch eine ganzflächige Verglasung zu einem »Wintergarten« (Abb. 10). Le
Corbusier entwarf ein Wohnungsbausystem, das
durch Maisonettetypen zweigeschossig verglaste Wohnräume ermöglichte; vorkragende Balkone als Sonnenbrecher (brise soleil), Schiebe-
und Kippfenster ermöglichten eine differenzierte
Belüftung. Trotz großer Wohnbaudichte sollte
den Bewohnern der Luxus eines Einfamilienhauses zur Verfügung stehen. Da diese Wohneinhei-
ten addierbar und stapelbar sind, benötigt eine

solche »Wohnmaschine« im Verhältnis zur Anzahl der möglichen Bewohner geringe Grundfläche, so daß die »freie Natur« unangetastet bliebe.
Krisen in der Energiewirtschaft und Folgeerschei-
nungen der Umweltverschmutzung rücken ge-
genwärtig die Modelle Leberecht Migges wieder
in den Vordergrund – eine Intensivgärtnerei rund
um den ganzen Erdball? Oder hat auch Le Corbu-
siers Vorstellung von der unberührten Natur, ermöglicht durch die »Wohnmaschine«, von neu-
em ihre Berechtigung?

Der Wintergarten als ein Stück eingefangener
Natur ist seit seiner Entstehung Abbild unterschiedlicher Naturaneignung. Natur unter Glas
als unverzichtbarer Luxus, als Zeichen sozialen
Engagements, als gläserne, expressive Utopie,
oder als bodenständiges Element des Gärtnerns
– immer aber Begriff für eine außergewöhnliche
»Wohn- und Lebensqualität«, gleichgültig, unter
welchem Vorzeichen sie auch eingerichtet wurde.

Michaela Stauch / Holger Reiners

DER WINTERGARTEN HEUTE
ERWARTUNGEN UND ASPEKTE

DIE BEGRIFFE

Das neu erwachte Interesse für Wintergärten und Glasarchitektur regt auch die Phantasie vieler Hersteller und Vertriebsfirmen an. Sie umwerben ihre potentielle Kundschaft, die Architekten, und im besonderen Maße die Hausbesitzer mit oftmals ideenreichen und verführerischen Bezeichnungen für ihre Produkte. Hier steht nicht in jedem Falle die sachliche Information im Vordergrund. Eher soll ein wirkungsvoller Begriff oder Produktname Aufmerksamkeit und Erfolg versprechen als eine sachliche technische Beschreibung.

Vom Wintergarten zur Solarveranda

Auf der einen Seite ist es sicher das vorbehaltlose Vertrauen auf eine »zeitgemäße«, ja modische Bauweise, die Wintergärten so hoch im Kurs stehen läßt. Der sprunghafte Anstieg der Energiekosten in den letzten Jahren hat seine Spuren hinterlassen, Energie zu sparen zahlt sich aus. In keinem Verkaufsprospekt fehlt deshalb der Hinweis auf die Energiespareffekte durch einen Glasvorbau. Nur, auch wenn jeder Glasanbau über den »Treibhauseffekt« passiv die Sonnenenergie speichern kann, so ist doch nicht jeder An- oder Vorbau, in dem viel Glas eingesetzt worden ist, ein Solarhaus oder in bescheideneren Dimensionen, eine Solarveranda. Oft kommt mit dem »Sonnenhaus« nicht der erhoffte Einspareffekt nach Abrechnung der Heizperiode.

Zum Erfolg der Wintergartenrenaissance trägt aber auch ein neues Naturbewußtsein bei. In einer Zeit, die von vielen Menschen als technokratische Hybris empfunden wird, geht der Blick wieder zurück auf die sanften Kräfte der Natur. Es ist die Sehnsucht nach der heilen, natürlichen Umwelt. Was im Großen nicht gelingt, will sich mancher in seinem Winter- oder Wundergarten schon heute verwirklichen.

Wer daher auch nach dem Kauf seines Wintergartens auf der »Sonnenseite« stehen möchte, dem ist zu empfehlen, sich nicht zu sehr von blumigen Versprechungen beeindrucken zu lassen, sondern sich im Hinblick auf ein sachliches Preis-Leistungsverhältnis beraten zu lassen.

Die Begriffe, mit denen heute die Anbauten und Baukörper aus Glas bezeichnet werden, haben meist historischen Hintergrund und verweisen entweder auf die Eleganz vergangener Tage oder auf die Anfänge im Umgang mit der Sonnenenergie.

Wintergarten, Veranda oder Sonnenhaus hatten bis vor gut 50 Jahren im Sprachgebrauch ihre feste Bedeutung, beschreiben aber nur noch unzureichend die heutige Glasarchitektur. Die Grenzen der Begriffe sind fließend geworden.

11   Der Wintergarten von heute wird oftmals stärker in das Gebäude integriert, läßt Architektur transparenter erscheinen und ist meist auch komfortabler ausgestattet als früher (Poly, Steinebach, Weber).

Der *Wintergarten* oder Salonwintergarten, der seit der zweiten Hälfte des vorigen Jahrhunderts bis zu den dreißiger Jahren zu der beliebtesten Hauserweiterung gehörte, war meist den Wohn- und Speiseräumen vorgelagert. Oft unabhängig von der Himmelsrichtung orientiert, hatte er nicht selten Schmuck- und Prunkcharakter, war Zeichen von Luxus und Wohnkultur mit reicher Blumendekoration und eleganter Einrichtung. Meist war er an drei Seiten mit großen Fenstern verglast, und zum Wohnhaus hin sorgte eine verschließbare Glastür für Schutz vor winterlicher Kälte oder vor zu großer Hitzeeinwirkung im Sommer. Das Dach war selten verglast und wurde als Balkon oder Freisitz genutzt. Diese unbeheizten Wintergärten lassen sich noch heute an manchen Stadthäusern in ihrer Formenvielfalt und Pracht bewundern.

Wintergärten dienten als Pufferzone, aber auch als Pflanzenhort zum Überwintern frostempfindlicher Gewächse. Damals galt das Bestreben nach einer höheren Lebensqualität in Verbindung mit der Natur mehr als die mögliche Einsparung von Zusatzwärme.

Die Veranda (von portugiesisch vara, die Stange) dagegen war ein sehr viel einfacherer Vorbau. Zunächst gedacht als überdachter und vor Sonne schützender Freisitz, meist üppig berankt, wurde er in unseren Breiten oft durch seitliche Holzwände zum Schutz vor Wind und Regen erweitert. Damals, um die Mitte des vorigen Jahrhunderts, als der Begriff der Veranda aufkam, war die großzügige Verwendung von Glas noch keineswegs selbstverständlich. Erst um die Jahrhundertwende wurden die Seitenwände häufig verglast, und die Veranda fand auch als Windfang und im Eingangsbereich der Wohnhäuser ihre nutzbringende Verwendung.

Die Solarveranda, eine Wortschöpfung unserer Tage, die in den Prospekten als Wintergartensynonym auftaucht, soll wohl kaum an die einfache Bauweise von damals erinnern, sondern eher den Ausdruck moderner Architektur und bauphysikalischer Perfektion vermitteln, verbunden mit der Assoziation nostalgischer Gemütlichkeit.

Von Gewächshäusern und Sonnenhäusern

Wer für seinen *Glasanbau* keine übliche Wohnqualität wünscht, die rund ums Jahr, also auch im Winter, zum Beispiel eine gleichmäßige Temperatur von 21 Grad garantiert, ist mit einer einfachen *Gewächshauskonstruktion* gut bedient. Hier wird in der Regel nicht ausdrücklich Wert auf thermisch getrennte Profile gelegt und auf den Einsatz von Isolier- und Wärmeschutzglas, was das gesamte Bauvorhaben bei den oft enormen Glasflächen doch erheblich verteuert. Vornehmlich als Pflanzenhaus genutzt, genügt eine preiswerte, leichte Konstruktion und eine Einfachverglasung oder Plexiglasplatten. Allerdings ist hier die Bildung von Schwitzwasser vor allem im Winter eine alltägliche Erscheinung, mit der man rechnen muß. Wichtig ist bei einer solchen Konstruktion eine Heizung, die eine Mindestraumtemperatur von etwa fünf Grad hält, und möglichst eine Isolierverglasung der Trennwände zum Wohnhaus.

Entsprechend dem Bewuchs und der erwünschten Temperaturbereiche unterscheidet man Glashäuser nach den Klimazonen:

Das *unbeheizte Kalthaus* eignet sich nur für Pflanzen, die leichten Frost vertragen. Dies können Gewächse wie Lorbeerbaum, Rosmarin, Myrte oder alpine Pflanzen sein, die sich im windgeschützten Glasraum besser entwickeln als im Freien. Gegebenenfalls werden die Pflanzbeete gezielt durch Bodenheizkabel erwärmt.

Das *beheizte Kalthaus* ist der Gewächshaustyp, der für Gewächse aus mediterranen Klimata in Frage kommt. Die sogenannte Grüne Solararchitektur setzt diese Glashäuser ein, deren Energiekonzept so gestaltet ist, daß Nachttemperaturen von etwa fünf Grad nicht unterschritten werden.

Das *temperierte Gewächshaus* erfordert wenigstens eine Temperatur von acht bis zwölf Grad. Da für diese Temperaturbereiche schon eine entsprechend aufwendige Heizungsanlage nötig ist, empfiehlt sich die Verwendung einer Isolierverglasung und Wärmedämmung im Bodenbereich. Das temperierte Haus ist der Ort für Hibiskus und Efeu, Glanzkolben und manche Gummibaumarten, aber auch Auberginen und Artischocken.

Als *Warmhaus* werden Gewächshäuser bezeichnet, die tropische Verhältnisse für Orchideen und andere Pflanzen mit hohem Anspruch an Wärme und Luftfeuchtigkeit bieten. Das energetisch ungünstige Warmhaus benötigt Tagestemperaturen zwischen 22 und 25 Grad und Nachttemperaturen von 18 bis 20 Grad. Auch hier sind entsprechende Wärmeschutzmaßnahmen in der Konstruktion und der Verglasung vorzunehmen, um den Energieverbrauch zu begrenzen.

Unter einem *Sonnenhaus* werden Gebäude mit einem großräumigen Glasanbau verstanden als auch die Integration großer Glasbauteile in die Architektur eines Hauses mit dem Ziel, die passive Sonnenenergie zur Beheizung des Gebäudes zu nutzen. Dies muß über eine bewußte Südorientierung des Hauses und seine gläsernen Kollektorflächen (mit geringen Abweichungen nach Osten oder Westen) und über eine Zonierung der Innenräume nach ihren thermischen Erfordernissen erfolgen. Die Speicherung der Sonnenenergie und phasenverschobene Abgabe der Wärme während der Nachtstunden und an kälteren Tagen, wenn die Temperaturen unter das Behaglichkeitsniveau absinken, sind die typischen Merkmale eines Sonnenhauses.

12   Die Veranda bietet einen windgeschützten Platz ohne Beheizung. Die liebevoll gearbeitete Holzbauweise gibt den reizvollen, zum Teil farbigen Gläsern einen passenden Rahmen.

13   Im beheizten Kalthaus gedeihen Sukkulenten, wie Kakteen und Wolfsmilchgewächse, ganzjährig. In diesem Klima können auch Kübelpflanzen gut überwintern.

Wärmepuffer und Zwischentemperaturbereich

Als *Pufferzone* erweist sich jeder Glasvorbau und integrierter Wintergarten, wenn er das Kernhaus vor direkten Witterungseinflüssen bewahrt. Unabhängig von seiner Lage und Orientierung verzögert das Luftpolster an der Außenseite des Hauses in jedem Fall die Wärmeabgabe des Gebäudes an die kältere Umgebungsluft. Großzügig bemessen, schafft dieser Zwischentemperaturbereich nicht nur eine Schutzhülle für das Gebäude, wie zum Beispiel der herkömmliche Windfang, sondern einen Raum, in dem sich alle Aktivitäten ausführen lassen, die nicht unbedingt Wohnraumtemperatur benötigen.

Architektur mit Zukunft? Das Energiesparhaus

Das Bemühen um Einsparungen von teurer Primärenergie und vor allem fossiler Brennstoffe bei der Gebäudeheizung durch die verstärkte Ausbeute der kostenlosen Sonnenenergie steckt vielerorts noch im Versuchs- oder Gutachterstadium. Bei einem *Energiesparhaus*, wie es hier und da (oft als Ausstellungsstück) gebaut wird, ist stets oberstes Planungsziel, den Energieverbrauch in allen Bereichen möglichst gering zu halten, auch schon bei der Herstellung und Verar-

14   Der Verbindungsgang vom Wintergarten zum tiefergelegenen Gartenzimmer wirkt als Zwischentemperaturbereich: Holzkonstruktion mit Isolierverglasung (außen als farbneutrales Sonnenschutzglas, siehe auch Abb. 28) (Koch).

beitung der Baustoffe und ihrer möglichen späteren Wiederverwendung und Entsorgung. Die Gebäudeform bestimmt ein geeignetes Verhältnis von Gebäudeoberflächen zur Grundfläche, um die Abstrahlungsflächen zu minimieren. Hinzu kommt die Zonierung des Grundrisses, wobei zur Nordseite die Erschließungs- und Nebenräume liegen. Zur Sonnenseite öffnet sich das meist recht große Glashaus als Sonnenkollektor, die nach Norden gerichteten Fenster werden klein gehalten. Planer von Energiesparhäusern setzen als weitere Mittel zur Energiegewinnung zum Beispiel Wärmepumpen mit hohem Wirkungsgrad und aktive Sonnenarchitekturelemente ein, zur Erwärmung von Brauchwasser. Umfangreiche Maßnahmen zur Wärmedämmung sind selbstverständlich. Klappläden und Rollos reduzieren den Wärmeverlust, der trotz der Isolierverglasung entsteht. Steinspeicher aus Kies oder Kalksteinen unter dem Fußboden des Glashauses oder des Wohnraumes im Kernhaus tragen ebenso zur günstigen Energiebilanz bei wie die Begrünung der Fassade durch Kletterpflanzen als Schutz- oder Kleinklimahülle, oder ein Grasdach.

15 Der geschützte, unbeheizte Eingangsbereich wurde beim Umbau einer Werkstatt in eine Kanzlei als optisch leichter Glasanbau notwendig (Rolf).

16 Dieses Energiesparhaus (Ökomobilhaus) ist ein kleiner, zweigeschossiger Bau mit einem Kernhaus aus Holz, einer Veranda mit Treppenaufgang und einem angebauten Gewächshaus. Das Dach ist begrünt. Das zweigeschossige Glashaus ergibt durch die Raumhöhe ein hervorragendes Lüftungsverhalten: Die warme Luft steigt nach oben und entweicht über Lüftungsklappen. Die Schrägverglasung ist in Spiegelglas ausgeführt (von innen nicht sichtbar), so daß die Sommersonne direkt reflektiert wird, ohne das Glashaus aufzuheizen.

Die senkrechte Verglasung besteht aus Wärmeschutzglas (mit unsichtbarer Silberbedampfung), die die Wärmestrahlen in den Innenraum zurückreflektiert. Dank des hohen Wärmeschutzes ist der Glasvorbau ganzjährig als Wohnraum zu nutzen. Sogar bei extremen Außentemperaturen von 32° C im Schatten wurden im Glashaus 24° C gemessen, was auf die erfolgreiche Konzeption der Entlüftung schließen läßt (Planungsgruppe für ökologisches Bauen).

DER GARTEN UNTER GLAS: WOHNEN MIT DER NATUR

Die Sehnsucht nach üppigem Grün und Geborgenheit zwischen Pflanzen beflügelt viele Hausbesitzer, sich für einen Anbau aus Glas zu entscheiden, oder für einen Neubau, in dem mehr Glas integriert ist als bei einem Haus konventioneller Bauart. Geschützt durch eine fast unsichtbare Haut, entsteht im Wintergarten ein ganz neues Wohngefühl. Es fällt natürliches Licht ein, fast wie in einem offenen Freiraum. Und dazu wird auch eine Vegetation von überraschender Vielfalt möglich. Die Durchsichtigkeit der gläsernen Wände schafft eine Einheit zwischen dem heimischen Grün des Gartens und Palmen sowie anderen tropischen oder subtropischen Gewächsen des Wintergartens.

Neue Erfahrungen mit Licht und Schatten

Das Wohnen in einem Glashaus – fast unabhängig von der Witterung – läßt Aktivitäten zu, die im Freien nur bei günstiger Wetterlage denkbar sind. Die Lage und Anbindung an die angrenzenden Räume bestimmen weitgehend die Nutzung des Sonnenzimmers.

Jedes Fest, das in solch einem »Hellraum« gefeiert wird, erhält – auch nachts – einen ungewöhnlichen, meist auch unvergeßlichen Rahmen. Anders als im normalen Wohnraum mit großen Wandflächen und verhältnismäßig kleinen Fenstern ist hier alles licht und luftig. Während im gewohnten Zimmer oftmals warme Töne wie Beige, Braun oder Ocker bevorzugt werden, sind im Gartenzimmer kühle Farbnuancen gefragt. Obgleich auch Naturholz zu einem gängigen Material zählt, ist Weiß ganz eindeutig der Favorit unter den Farben, da sich das Blattgrün optisch am besten davon abhebt.

Ein Anbau aus Glas oder die Planung eines Neubaues braucht einen Wintergarten keineswegs in einer Größe vorzusehen, der Partys erlaubt oder zumindest Platz genug bietet, einen großen Eßtisch zu stellen. Ausbau mit Glas kann ebensogut bedeuten, daß ein kleiner Erker das Blumenfenster erweitert oder das Dach durch das Licht einer »Laterne« eine neue Raumqualität erhält.

Inspirationen bekommt wohl jeder unter einer »gläsernen Hülle«, der mit offenen Augen die Nähe der Natur aufzunehmen versteht und das Spiel von Licht und Schatten auf Blüten- und Blattpflanzen – unabhängig von der Witterung – beobachten kann.

Erlebniswert mit großem Reiz: Die wechselnden Jahreszeiten

Es ist nicht ungewöhnlich, daß Frühjahr und Herbst die Hochsaison für den Wintergarten sind. Im Frühling halten die ersten Sonnenstrahlen das Glashaus besonders lange warm, im Herbst die letzten, wenn sie über den nahen Winter hinwegtäuschen. Im Glashaus fängt der »Sommer« ganz einfach viele Wochen vor seinem offiziellen Beginn an und endet erst im November bzw. Dezember.

Die Witterungsunabhängigkeit eines Wintergartens wird jedoch von seiner Konstruktion und Bauweise bestimmt. Einfache Glasanbauten, deren Profile nicht thermisch getrennt sind, lassen den raschen Wechsel von Sonne und Regen, Hitze und Kühle schnell spürbar werden. Im Sommer kann es, ohne ausreichende Querbelüftung, zeitweise zu heiß sein, im Winter läßt Frost nur eine eingeschränkte Nutzung zu.

Glashäuser mit Isolierverglasung und wärmegedämmten Profilen sind klimatisch unabhängiger. Trotzdem bleibt auch in ihnen der Reiz durch den direkten Sonnenschein, das Prasseln der Regentropfen aufs Glasdach und die Nähe der Pflanzen erhalten.

17   Die Loggia einer Mietwohnung war zugig und nur selten zu nutzen. Als ein Architekt die Wohnung bezog, baute er den Freisitz zu einem Wintergarten um. Eine einfache Holzkonstruktion wurde auf die Balkonbrüstung gestellt, die den neu hinzugewonnenen Wohnraum mit belebendem Reizklima umschloß. Die Pufferzone ermöglichte subtropischen Pflanzenbewuchs und trug dazu bei, die Heizkosten zu senken. (Gerischer Architektur).

18   Frühling: Eine der schönsten Jahreszeiten für den Aufenthalt im Wintergarten. Hier sogar mit dem Blick auf blühende Obstbäume und Zugang aus dem höher gelegenen Erdgeschoß in den Garten (Wollin).

19   Der Glasanbau, wie ihn sich viele Bauherren wünschen: Dem Haus ein wenig entrückt und dem Garten näher – und dabei vor Kälte und Regen geschützt (Metaplan).

20   Ein dichter grüner Pelz aus Kletterpflanzen gibt Sonnenschutz und verbindet den nicht vom Wohnraum abtrennbaren Glasanbau mit dem Gartenraum (Gerischer Architektur).

21 Grazil und transparent in »guter alter« Bautradition. Dieser Wintergarten ist etwa 50 Jahre alt, wurde aber hier neu aufgebaut. Die Formensprache der damaligen Zeit gefällt heute wieder.

Der Garten unter Glas – nicht nur für die Sonnenseite

Die Erweiterung eines Raumes bietet sich am häufigsten im eigentlichen, nach Süden gerichteten Wohnbereich an. Neben diesem können auch andere Räume eine sinnvolle Ausdehnung mit Hilfe von Glas erhalten. Reizvoll ist ein kleiner Kräutergarten, der unmittelbar an die Küche anbindet, ein Baderaum, der durch eine gläserne Hülle heiter, weit und großzügig wirkt, die enge Diele auf der Nordseite, die mit einem gläsernen Vorbau ein »energiesparender« Windfang wird. Aus diesem Grunde sind dem Haus vorgelagerte Verbindungsgänge, die den Wohnraum zu einem tieferliegenden Gartenzimmer öffnen, oder einen geschützten Zugang zum Swimmingpool ermöglichen, eine Alternative zu konventionellen Umbauten.

DER WINTERGARTEN FÜR
DEN ALTBAU

Werden Hauseigentümer nach ihren Erfahrungen mit dem eigenen neuen Wintergartenanbau gefragt, dann sprechen die Antworten deutlich für sich. Und wenn nicht gerade Planungsfehler oder Ausführungsmängel, Terminverzug oder Kostenüberschreitungen das Bild trüben, dann sind Begeisterung und Freude die einhellige Reaktion.
Und immer wieder klingt die besondere Zufriedenheit an, daß die Erwartungen, die mit Planung und Bau des Wintergartens verbunden waren, in der Regel weit übertroffen wurden.

Dunkle Wohnräume werden durch einen kontrastreichen »Hellraum« heiter

---

Natürlich ist ein Mehr an Raum- und Wohnfläche stets etwas sehr Angenehmes. So werden Aktivitäten möglich, die sich vorher bei nur begrenztem Flächenangebot ausschlossen. Aber dies allein macht die Begeisterung nicht aus. Vielmehr sind es die Andersartigkeit und das Überraschende der Glasarchitektur, die die Erwartung an das Raumerlebnis so eindrucksvoll übersteigen.
Daher erstaunt es nicht, daß es immer wieder heißt, der Wintergarten sei der beliebteste Raum des ganzen Hauses. Und dies fast unabhängig von der Größe und Qualität des erweiterten Altbaues, sei es ein freistehendes Einfamilienhaus, ein Reihenhaus oder ein mehrgeschossiges Wohnhaus.

22   Aus 32 alten Fenstern (Gründerzeit) wurde der 23 qm große Anbau mit der herausragenden Kanzel selbstgebaut. Für das Dach verwendete man Plexiglas. Durch gute Entlüftung kann die Lufttemperatur im Sommer zwei Grad über der Außentemperatur gehalten werden (Schreiber).

Genährt werden die hohen Erwartungen an einen Wintergarten durch ein breites Spektrum an Anregungen. Die grazile Leichtigkeit und Transparenz der Glasarchitektur des 19. Jahrhunderts mit ihrer differenzierten Formensprache und konstruktiven Kühnheit bietet vielfältige geistige und künstlerische Vorlagen. Es ist nicht allein das nostalgische Ambiente, das die Sehnsucht nach diesen Gärten unter Glas wachruft. Es ist auch die Faszination, die von der handwerklichen Bearbeitung des Konstruktionsmaterials ausgeht. Überzeugende Beispiele damaliger Handwerkskunst sind die vielen bestehenden Wintergärten aus Guß- oder Schmiedeeisen oder die liebevoll detaillierten und profilierten Holzkonstruktionen.

Wenn wir heute am Anfang einer Renaissance der Wintergartenarchitektur stehen, dann bieten die neu entwickelten Materialien eine Vielzahl ideenreicher Lösungen für den geplanten Anbau aus Glas. Da der Wunsch nach größerer Wohnfläche häufig mit der Notwendigkeit einhergeht, den Energiehaushalt des Hauses zu verbessern, bietet es sich an, sich neuer Techniken zu bedienen. Hoch wärmedämmendes Isolierglas, thermisch getrennte Aluminium- und schlanke Stahlkonstruktionen, Kunststoffprofile oder auch die Querschnitte heutiger Holzleimbinder haben die materialbedingten Nachteile alter Wintergärten überwunden. Sie helfen den Wärmeverlust zu verringern und den Wärmegewinn aus der Sonnenstrahlung zu erhöhen.

Technisch ausgereifte Sonnenschutzanlagen halten den Wintergarten auch an heißen Sommertagen auf dem Niveau der Außentemperaturen – ausreichende Be- und Entlüftung vorausgesetzt.

Bei der Planung eines Wintergartens für ein bestehendes Haus sind bestimmte Dinge vorgegeben. Das sind zum Beispiel die Grundstückssituation, die Lage des Gebäudes zur Himmelsrichtung, die Anordnung des Grundrisses sowie baurechtliche Rahmenbedingungen.

Unter diesen Voraussetzungen gilt es, den Glasanbau (in bezug auf die Lage, seine Form und Größe) zu planen. Hier werden ganz verschiedene Erwartungen und Aspekte den Entwurf bestimmen.

23   Bei der Sanierung des Wohnhauses aus den 60er Jahren wurde der Glasanbau als Wohnraumerweiterung angesetzt. Eine Zwischendecke gewährleistet die separate Nutzung in beiden Etagen (Hage).

24   Mehr Natur erhöht die Wohnqualität! Nach dieser Devise wurden die nicht tragenden Mauern entfernt und durch einen Glasvorbau mit zwei Meter Vorsprung ersetzt. Nicht nur optisch ist der Umbau gelungen. Er nutzt die Sonnenenergie, indem die erwärmte Luft, die sich unter dem Glas sammelt, durch einen Ventilator in ein Nordzimmer geleitet wird (Gerischer Architektur).

Den Grundriß
sinnvoll erweitern

Es ist relativ einfach und architektonisch besonders reizvoll, zum Beispiel Häuser der 50er Jahre
mit oft minimierten Grundrissen durch einen
Glasanbau zu vergrößern und zu einem Haus
umzubauen, das unseren heutigen baulichen Ansprüchen gerecht wird.
Durch geschickte Anbindung der gläsernen Ge-
bäudehülle an die Innenräume bietet sich eine
Vielzahl differenzierter Nutzungen an. Entsprechend der Klimasituation eignen sich die hinzugewonnenen Räume für eine permanente, vorübergehende oder auch nur sporadische Nutzung.

*25–27 Das schmale, zurückversetzte Reihenmittelhaus in
einer Bebauung von vor- und zurückspringenden Häusern
sollte in der »Nische«, 3,7 × 4,2 Meter breit, eine Wohnraumerweiterung erhalten. Wegen der guten Besonnung
wurde ein zweigeschossiger Wintergarten angesetzt. Die
Wohnräume im Erd- und Obergeschoß wurden zum Anbau
geöffnet. Eine steile Treppe verbindet die beiden Etagen.
Architektenkonstruktion aus Stahlvierkantrohren, Isolierglas
(Kuhn).*

Ein vollbeheizter Raum, der aber trotzdem eine Abtrennung zum Wohnraum im Kernhaus vorsehen sollte, ermöglicht zum Beispiel:
- die Einrichtung eines besonderen Arbeitsplatzes – das Hausbüro mit dem unkonventionellen Ambiente
- die Erweiterung des Eßplatzes vor der Küche – die Umwandlung des funktionellen Raumes in eine Wohnküche
- die Schaffung eines Spielzimmers – mit dem beschützenden »Drinnen« und dem abenteuerlichen Flair des »Draußen«
- oder den Umbau des Badezimmers zum romantischen Schönheitssalon unter Palmen.

Ein nur mit dem Frostwächter beheizter Wintergarten, als Zwischentemperaturbereich, läßt sich ebenfalls für viele Zwecke verwenden:
- in (ursprünglicher) Nutzung als Hort von Zimmerpflanzen, plaziert vor dem Eß- oder Wohnraum als grüner Salon
- als Sommerküche
- zur Anlage eines Blumen- und Kräutergartens
- zum Überwintern von Kübelpflanzen und der eigenen Ernte
- als Verbindungsgang zwischen zwei Gebäuden.

28   Beim Umbau der 50 Jahre alten Villa wurden die großen Terrassenfenster durch den Glasanbau ersetzt, der den Wohnraum großzügiger wirken läßt (siehe auch Abb. 14) (Koch).

Eine eingeschränkte Nutzung lassen *unbeheizte Glashäuser* erwarten, die:
- als Arbeitsräume fürs Hobby (zum Beispiel Pflanzen)
- als Abstellraum für Geräte und Zweiräder und als Werkstattraum für Bastler vorgesehen sind.

Dem *verglasten Windfang* kommt oftmals besondere Bedeutung zu: Er reduziert deutlich die Lüftungswärmeverluste. Zu bedenken ist auch das Überdachen, das »Einhausen« von Atrien. Bei kleiner abstrahlender Oberfläche wird hier der Verlust der Transmissionswärme der ehemaligen Außenwände stark vermindert, dank der Luftschicht zwischen Kernhaus und Glashülle.

Energetische Sanierung und passive Energiegewinnung

In vielen Fällen wird mit der Planung eines Wintergartens auch die Verbesserung der Energiebilanz eines Altbaus verbunden. Der Glasanbau soll seinen Beitrag als Sonnenkollektor liefern und überschüssige Wärme gezielt den angrenzenden Räumen und Speicherflächen zuführen. Hier wird sie dann bei Bedarf durch Öffnen von Fenstern, Klappen oder der Tür abgerufen.

Gewiß sind andere wärmedämmende Maßnahmen sehr viel preisgünstiger, doch bietet keine von ihnen so viel optischen Reiz wie ein Wintergartenanbau aus Glas.

Der Wintergarten kann gleichzeitig aber auch nach dem »Haus-im-Haus«-Prinzip den Wärmeabfluß aus dem Kernhaus an die kalte Umgebungsluft über den Zwischentemperaturbereich verzögern und so für eine wirksame Verbesserung schlecht gedämmter oder dem Regen besonders ausgesetzter Außenwände sorgen. Der Aspekt, den Wintergarten als schützende zweite Fassade zu nutzen, kann daher eine praktikable Lösung sein. Problematische Außenbereiche werden so zu witterungsunabhängigen Innenräumen.

Wenn sich die konventionelle Erweiterung eines Hauses im vorhandenen Baustil ausschließt, ist der Wintergarten als separater Baukörper die Alternative.

Eine solche Lösung kommt zum Beispiel in Frage, wenn ein in sich vollkommenes Haus nicht mehr sinnvoll zu ergänzen ist oder sich das Material des Kernhauses für eine Erweiterung nicht mehr nachkaufen läßt.

Der gläserne, filigrane Glasanbau ist auch dann eine gute Ergänzung, wenn aus baurechtlichen Gründen ein fester Baukörper abgelehnt wird.

Als untergeordnetes Bauteil wird ein Wintergarten als »Gewächshaus« genehmigt, wenn er nicht für den ständigen Aufenthalt geplant wird. So lassen sich baurechtliche Einschränkungen manchmal geschickt ausgleichen.

29 In kühler Stahlkonstruktion greift der Wintergarten Proportion und Dachneigung des Wohnhauses auf. Durch den Anbau wird die zweigeschossige Dachwohnung erschlossen und belichtet (siehe Abb. 30) (Hornemann).

Wintergärten als Dachausbau und für den Geschoßwohnungsbau

Der Umbau leerstehender Dachböden in lichtdurchflutete Wohnräume mit großem gläsernen Vorbau führt besonders dann zu reizvollen Lösungen, wenn die Planungsaufgabe mit dem Wunsch nach möglichst unaufdringlicher Architektur verbunden ist.

Die Ausnutzung der oft sehr hohen Dachräume innerstädtischer Häuser durch eingezogene Galerien und überdeckende gläserne Hüllen macht auch die Umsetzung von Entwürfen möglich, die in »konventioneller Ausführung« keine behördliche Zustimmung erhalten würden.

Auch schlecht gedämmte oder undichte Flachdächer können durch einen Wintergartenaufbau saniert und gleichzeitig attraktiv aufgewertet werden.

30   Gut zehn Meter lang ist die Dachterrasse zusammen mit dem unbeheizten Wintergarten. Von hier aus läßt sich die Sonne abends viel länger genießen (Hornemann).

Interessante Lösungen bieten beispielsweise Planungen, die die Form der alten Oberlichter von Treppenhäusern aufgreifen und integrieren. Die Wohnqualität dieser neuen gläsernen Gärten steht neben der Sanierung in einem vernünftigen Verhältnis zu den aufgewendeten Kosten.

Im Verbund mit angrenzenden, üppig bepflanzten Dachgärten oder begrünten Dächern können ökologisch sinnvolle Landschaften entstehen, die den Blick aus dem Wintergarten zu einem ganz besonderen Erlebnis werden lassen.

Auch im Geschoßwohnungsbau bietet sich die Möglichkeit, Wintergärten als gläserne Vorbauten zu applizieren. Mit vertretbarem Kostenaufwand (durch Ausführung in vorgefertigter Systembauweise) erfahren diese Wohnungen eine deutliche Aufwertung. Der erweiterte Grundriß ermöglicht, im Gegensatz zu einem Balkon, während des ganzen Jahres eine Fülle von Nutzungen.

*31   Kleine Dachfenster wurden gegen zwei hohe schräg-
laufende Schiebeglastüren ausgetauscht. So entstand
neuer Wohn- und Lebensraum im Dachspitz. Die gesamte
Stahlkonstruktion für den Umbau im 50° steilen Dach wurde
per Autokran transportiert (siehe Abb. 204) (Mundt).*

*32   Der gläserne Pavillon im Obergeschoß eines Hauses
von 1956 ist ein beliebter Aussichts- und Abendsonnenplatz.
Praktisch ist die Wendeltreppe zum Garten (Büro für Architektur, Goerner).*

Wintergärten werten die architektonische Substanz auf

Neben dem Wunsch nach mehr Raum und Nutz-
fläche, nach mehr Pflanzen und notwendiger Sanierung, *kann* ein Wintergarten auch die Funktion
eines architektonischen Gegengewichts übernehmen. So manche baulichen Sünden der Ver-
gangenheit werden mit einem »zeitgemäßen«
Anbau ausgeglichen. Auch die Aufwertung von
Wohnhäusern mit (aus heutiger Sicht) an-
spruchsloser Architektur der »Wiederaufbaujah-
re« ist eine lohnende Aufgabe.

Neben der räumlichen Erweiterung läßt sich, verbunden mit wenigen Grundrißänderungen, die Wohn- und Lebensqualität eines Hauses mit angemessenen Mitteln steigern. Der architektonische Ansatz kann dabei entweder in der Form des Baukörpers liegen, im akzentuiert eingesetzten Material oder in der Farbgebung. Auch liebgewonnene alte Fensterarchitekturen mit plastisch ausgeformten und reich verzierten Profilen oder kunstvollen Bleiverglasungen lassen sich auf diese Weise erhalten und dienen im Wintergarten als willkommene Abtrennung zu den angrenzenden Räumen.

So können auch auf dem Abbruch oder Flohmarkt erstandene dekorative Fenster oder Türen in den neuen Wintergarten eingebunden werden.

Wie der Immobilienmarkt heute zeigt, schlägt sich die erhöhte Wohnqualität eines Hauses durch den Glasanbau überproportional in der Wertsteigerung eines Gebäudes nieder.

Dazu können Wintergärten in ganz besonderem Maße beitragen, wenn sie an verkehrsreichen Straßen mit hohem Lärmpegel liegen.

Durch den Glasvorbau macht sich für die innenliegenden Räume eine Reduzierung der Straßengeräusche deutlich bemerkbar.

Schließlich kann ein Wintergarten als nachträglicher Anbau auch die Notwendigkeit eines Neubaues überflüssig werden lassen. Ein weiterer Vorteil ist die meist kurze Umbauphase und hohe Raum- und Erlebnisqualität zu relativ geringen Kosten.

33   Ein modernes Glasbausystem überdeckt an einer großbürgerlichen Villa die Terrasse und macht sie zu einem geschätzten Wohn- und Arbeitsraum, unter Berücksichtigung eines vorhandenen Zugangs zum Garten (Das Glashaus).

34   Das denkmalgeschützte, 200 Jahre alte Gebäude ist um den 3,6 × 2,7 Meter großen Anbau erweitert worden. Nach langem Studium historischer Atelierbauten ergab sich die Form des segmentförmigen Tonnendaches als beste Lösung. Die Außenhaut ist eine thermisch getrennte Stahlkonstruktion (Nickl).

GLASARCHITEKTUR IM NEUBAU

Es ist sicher kein Zufall, daß fast jedes neu gebaute Wohnhaus mit wesentlich mehr Glas ausgestattet ist, als es noch vor wenigen Jahren der Fall war. Dies zeigt sich nicht in einer Vergrößerung der Fenster, sondern in gläsernen Giebeln, Gewächshäusern, Erkern und vor allem in Glashäusern, die mit Wärmespeichern ausgerüstet sind. Die Grundfläche entspricht oftmals der des Kernhauses oder übersteigt sie sogar. Glas bietet technologisch heute jede Möglichkeit, ein Haus so transparent wie möglich zu machen. Aber sicher ist dies nicht für jeden Bauherren erstrebenswert. Wie der Gutachterwettbewerb »Solartypologie Lahnstuhl« gezeigt hat, konnten von den 70 geplanten Solar-Energiesparhäusern nur wenige realisiert werden. Der Grund dafür liegt nicht im Desinteresse vieler Bauherren, möglicherweise fehlt oft der Mut, übernommene Wohntraditionen zugunsten einer neuen Wohnform aufzugeben.

Glasarchitektur
zwingt zu erhöhter Offenheit

Der freie Blick in die Baumkronen, auf die Straße oder in die Nachbargärten hat umgekehrt zur Folge, daß die Bewohner des Glashauses selbst in ungewohntem Maße beobachtet werden können.
Auf wieviele Bereiche sich die Öffnung des Hauses bezieht, ist während der Planungsphase gründlich zu klären. Dabei sollte die Bereitschaft gefördert werden, ein wenig mehr von der Privatsphäre aufzugeben. Der Gewinn für dieses »Opfer« sind dann neue »Durchblicke«, »Einsichten« und »Aussichten«, die nur gläserne Hüllen möglich machen.
Es muß auch vorab geklärt werden, ob alle Räume hell bleiben oder manche abgedunkelt werden sollten. So ist es für viele Hausbesitzer wichtig, daß der Schlafraum nicht in die »Sonnenzone« mit einbezogen wird.

Durch Glasarchitektur
wird das Grundstück besser genutzt

Neubauten, bei denen bereits Glaselemente oder großflächige Glasfassaden eingeplant sind, lassen einen ganzheitlichen Ausdruck zu, der bei einem vorhandenen Haus durch nachträglichen Anbau nur selten zu erzielen ist.
Bei einem neu zu planenden Haus ist zunächst zu entscheiden, ob die Energieeinsparung im Vordergrund stehen soll oder der erhöhte Wohnkomfort. Wer darauf verzichtet, seinen Wintergarten »ständig zum Aufenthalt nutzen zu können«, kann das Glashaus als Pflanzen- oder Gewächshaus deklarieren. Der Vorteil ist, daß in diesem Fall nicht die Bestimmungen der Wärmeschutzverordnung erfüllt werden müssen und auch die Abstandsflächen zum Nachbarn erheblich reduziert werden können.
Voraussetzung aber ist, daß zwischen »Kernhaus« und dem gläsernen Baukörper der geforderte Wärmeschutz gewährleistet ist.

Glas am Bau:
Wohnideen für Individualisten

Ebenso wie sich für Bauherren neue Vorstellungen des Wohnens in den transparenten Räumen eröffnen, entdecken Architekten die Möglichkeiten, die ihnen der verhältnismäßig preiswerte Werkstoff »Glas« bietet.
Nach Süden oder Südwesten ist meist der Wintergarten, das Pflanzenhaus gerichtet, in dem die Temperaturen im Winter zwar am niedrigsten liegen, aber durch die Sonnenwärme und diffuse Strahlung schnell gesteigert werden können. An diesen »Zwischentemperaturbereich« schließen sich die Wohnräume an, wobei nach Osten und Westen Küche und Eßzimmer sowie Schlafräume angeordnet sind. Im Kern des Hauses befindet sich der wärmste Raum, das Bad. Zur Nordseite schließen sich Pufferräume wie Treppenhaus, Diele und Windfang an.

◁ *35   Ein Wintergarten als Eßzimmer im Erdgeschoß und als privater Rückzugsbereich darüber – Sonnen- und Sichtschutz wird durch innenliegende Lamellen erreicht (Sorge).*

Wer sich viel Glas am Bau wünscht, muß deshalb nicht unbedingt auch den Nutzen der Energieersparnis im Auge haben. Glas ist ein faszinierendes Material, mit dem phantasievolle Architekten ungewöhnliche Häuser entwerfen können. Solch ausgefallene Bauweise verlangt aber auch von den Bewohnern einige Konzessionen. So sind gläserne Räume nicht nur heller und durchsichtiger, sie verursachen auch einen manchmal störenden Widerhall der Geräusche.

Wenn nicht sehr genau auf ausreichenden Sonnenschutz geachtet wird, heizt sich ein Glashaus schnell unangenehm auf. Das mag denjenigen stören, der empfindlich auf Wärme und schnell wechselnde Temperaturen reagiert. Doch wem es im Sommer nie heiß genug sein kann, der ist dann mit einem solchen Haus unter Glas sehr zufrieden. Schließlich sind die Schönwetter-Perioden meist so rar, daß man sich durchaus an der – wenn auch sehr großen – Hitze während einiger Wochen im Jahr erfreuen kann. Vielleicht denkt man aber auch schon an den traumhaften Anblick des Glasdaches, wenn der Schnee darauf fällt. So wird Glasarchitektur ganz von selbst zu einem Stimmungsaufheller, wenn man sie richtig zu nehmen weiß.

36   Fast ganzjährig genutzt wird der 24 qm große Wintergarten mit einfacher Verglasung; Drahtglas wurde in der Dachschräge verwendet (Schiller).

37   Ein beliebter Sitzplatz in der Übergangszeit und an kühlen Tagen bietet sich unter dem tief heruntergezogenen Dach des Wintergartens (Metaplan).

◁ *38   Leicht und grazil schiebt sich der geräumige Glasanbau zweigeschossig unter das Dach (Atelier 77).*

Es ist geradezu ein Widerspruch, daß trotz der modernen Entwicklung erstklassiger Materialien und hohem technischen Standard die Glasarchitektur von heute in ihrem Ausdruck und ihren klaren Formen nicht immer die Transparenz, den kühnen konstruktiven Hauch von damals erreicht. Oft stehen den heutigen technischen Raffinessen bei der Ausführung baurechtliche und feuerpolizeiliche Auflagen entgegen. Statische Nachweise sind zu erbringen, die in ihrem Sicherheitsanspruch so hoch liegen, daß so manche Konstruktion überdimensioniert und schwerfällig wirkt. Zum anderen wird – unter dem Blickwinkel der Energieeinsparung – eine sorgfältige Wärmedämmung der gesamten Konstruktion und Verglasung bevorzugt und dafür dann die etwas plumpere Architektur in Kauf genommen.

Glasarchitektur in den Vereinigten Staaten dagegen verfügt über größere Leichtigkeit. Glasflächen überziehen große Spannweiten, die bei uns nicht, zumindest noch nicht, genehmigt werden. Allerdings sind diese Glashäuser auch nicht unter dem Gesichtspunkt der Energieeinsparung geplant. Amerikanische Architekten gehen geradezu verschwenderisch mit der Energie um. Da gibt es z. B. kaum wärmegedämmte Trägerprofile, die die Energieeinsparung begünstigen könnten.
Noch vor wenigen Jahren war es eine spezielle Sonderanfertigung, auf die keine Garantie gegeben wurde, wenn z. B. Schrägverglasungen in größeren Spannweiten in Auftrag gegeben wurden. Heutzutage ist dies kein »Problem« und keine teure »Sonderanfertigung« mehr.

40 △   41 ▽

39 Der Wirtschaftsraum unter dem 45° geneigten Grasdach erhält ein attraktives großes Glassegment (Rogalla).

40/41 Eine Siedlung von Gartenhof- und Reihenhäusern, gemeinsam geplant von Architekten und Bauherren: flächensparend, preiswert, ökologisch und sehr menschlich (Boockhoff, Rentrop).

42 △   43 ▷

42–44 *Farbliche Akzente setzt die Glasarchitektur an die-*
sem Einfamilienhaus mit gestaffelten Dachflächen. Die In-
nenräume, im Wechselspiel von Licht und Schatten, wirken
hell und großzügig, wozu auch das Muster im Steinfußboden
beiträgt (Coutris).

Wer ein Sonnenhaus nicht nur aus optischen
Gründen bevorzugt, wird versuchen, weitgehend
autark in der Wärmeversorgung zu sein. Bei ver-
nünftigem Einsatz von Glasbaukörpern und sinnvoller Orientierung, dem Einsatz von Massespei-
chern und einem zentralen Heizsystem, wie über
einen Kachelofen, und dem Verstehen der Abhängigkeit von Klima und Sonne, der Strahlungsintensität und Sonnenscheindauer, läßt sich eine
beachtliche Unabhängigkeit zuwege bringen.

Voraussetzung aber sind das Verständnis und die
Bereitschaft für ein anderes Benutzerverhalten
und die Akzeptanz eines häufigen Wechsels von
Wärme und Kühle, Licht und Schatten, ja die
Freude an einem abwechslungsreichen »Reiz-
klima«.

Glasarchitektur macht jedes Haus attraktiver

Wenn bis heute vorwiegend Einfamilienhäuser mit einem größeren Anteil an Glas ausgestattet werden, ist die Verwendung jedoch nicht auf diese Bauten beschränkt. Auch der Geschoßwohnungsbau wird belebt von den neuartigen Architekturelementen, die dazu beitragen, die Lebensqualität in der Stadt zu erhöhen.

Während bei den meisten Planungen die Bauherren selbst entscheidend den Entwurf beeinflussen, ist diese Möglichkeit beim Geschoßwohnungsbau selten gegeben. Die Mieter können häufig weder Einfluß nehmen noch Wünsche äußern. Dadurch entfällt dann die Möglichkeit, das andersartige und ungewohnte Wohngefühl im Wintergarten vorzubereiten und verständlich zu machen. So wirkt auf die Bewohner oftmals der zwar gewünschte Hellraum doch zu fremd und wird nicht so angenommen, wie es dem architektonischen und energetischen Konzept entsprechen müßte.

Günstig ist es, wenn das Glashaus so überzeugend im Grundriß angeordnet wird, daß schnell die Erweiterungsmöglichkeiten der Wohnräume und Wohnfunktionen in den Übergangszeiten akzeptiert und genutzt werden können.

Werden die integrierten oder der Fassade vorangestellten Wintergärten nicht attraktiv genug plaziert, können sie aus Unkenntnis schnell zu Abstellkammern degradiert werden. Mit dieser Entwicklung ist weder dem Planer noch dem Bewohner ein guter Dienst getan. Im Gegenteil: Kostbare und kostenlose Sonnenenergie bleibt ungenutzt, wird oft sogar als lästig empfunden.

45   Der Wintergarten wird hier zu einem separaten Baukörper mit großem Luftraum, der auf der Südseite durch einen langen Glasvorbau Anschluß zu den Wohnräumen erhält (Schneider-Wessling).

Die Glasarchitektur bahnt sich aber auch im Städtebau ihren Weg: Verwaltungsbauten und Schulen, Hotelhallen und Altenwohnheime, Einkaufspassagen, Museen und Fabrikationsgebäude, ganze Straßenzüge werden durch großflächige, gläserne Elemente geprägt; sie wirken transparenter, erhalten eine neue ästhetische Dimension und erfahren eine ideenreichere, ungekünstelte Architektur, wie sie noch vor wenigen Jahren kaum denkbar gewesen wäre.

46 △   48 ▽   47 △   49 ▽

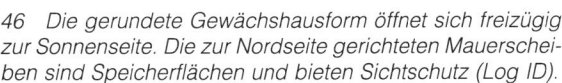

46 Die gerundete Gewächshausform öffnet sich freizügig zur Sonnenseite. Die zur Nordseite gerichteten Mauerscheiben sind Speicherflächen und bieten Sichtschutz (Log ID).

48 Ein freundlich einladender Eingangsbereich, der sich in differenzierter Bauweise dem Gebäude anpaßt (Zobel, Weber, Weißenfeld).

47 Konsequente Planung: Die Hanglage wurde genutzt, um die schweren Bauteile (Kernhaus) zur Hangseite und die transparenten Bauteile (Gewächshaus mit der von außen sichtbaren, subtropischen Bepflanzung) zum Tal zu orientieren (Log ID).

49 Vier Wintergärten liegen in den beiden oberen Geschossen und sind in den Gebäudeumriß integriert. Für die Schrägverglasung wurde 8 mm Verbundsicherheitsglas gewählt. Im Mitteltrakt befindet sich der Treppenraum (Schäffler).

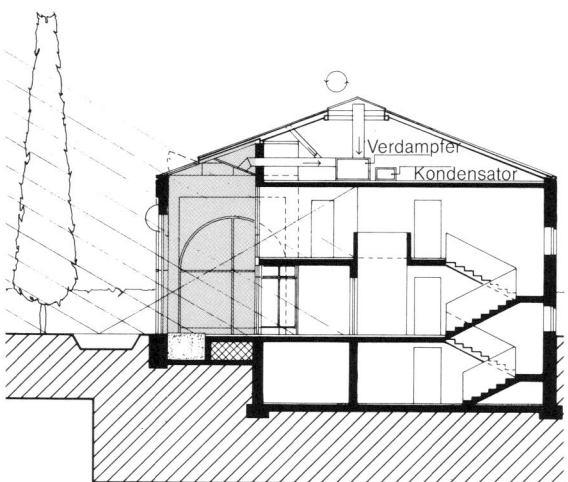

PASSIVE SOLARARCHITEKTUR
DIE SONNE ALS ENERGIELIEFERANT

Das Einfangen der Sonnenstrahlung, die Speicherung über einen längeren Zeitraum und die spätere Verteilung der in Wärme umgewandelten Strahlung wird bei der passiven Solararchitektur allein mit baulichen Mitteln, ohne technische Zusatzeinrichtungen, bewirkt. Die natürlichen Gegebenheiten, die günstige Standortwahl, die Optimierung des Grundrisses, der gezielte Einsatz von Wärmeschutzmaßnahmen und Speichervolumen bestimmen den Wirkungsgrad des Systems.

Hauptbestandteile eines passiven Heizsystems sind der Kollektor, die großen Glasflächen, durch die das Sonnenlicht ins Haus eindringt, und die massiven oder Flüssigkeitsspeicher, die über die (am besten dunkle) Oberfläche, den Absorber, die Wärme aufnehmen. Entscheidende Bedeutung kommt schließlich der Verteilung der Sonnenwärme im Haus zu. Dabei werden die natürlichen Methoden der Wärmeübertragung genutzt, die Wärmeleitung, Wärmestrahlung und Konvektion.

Bei einem Passiv-Solar-Haus mit direktem Wärmegewinn ist die Hauptspeichermasse konstruktiver Teil der Boden- und Wandflächen der überglasten Räume und sollte über eine Wärmekapazität mit großem Volumen verfügen.

Ein indirekter Wärmegewinn tritt ein, wenn die eingestrahlte Sonnenwärme von den südorientierten, massiven Gebäudeteilen aufgenommen wird und zeitversetzt aufgrund des vorliegenden Temperaturunterschiedes und der Trägheit des Speichermediums an angrenzende Räume nach innen abgegeben wird.

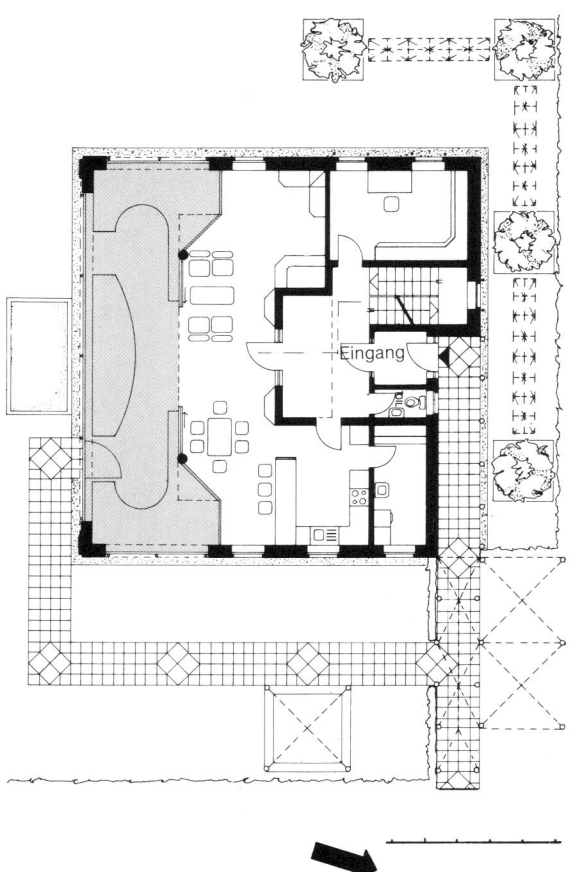

50/51   Die Idee, einen vor das Haus gestellten, nach der Sonne ausgerichteten, zweigeschossigen Wintergarten zu schaffen, prägt das Gesicht des gesamten Gebäudes: Der Wintergarten als integrierte Ökozelle, wodurch eine Ausweitung des Wohnbereichs geschaffen wurde.

Die räumliche Organisation sieht im Erdgeschoß gemeinschaftliche Zonen vor, im Obergeschoß private Bereiche. Der Wintergarten soll als zweigeschossiger Grünraum ausgebildet werden, in dem eine südländische Bepflanzung geplant ist. Be- und Entlüftung des Wintergartens durch Fensterflügel, sowie eine gesonderte Zuluft in Verbindung mit dem Kompakt-Gebläse-Konvektor, der gleichzeitig zur Temperierung des Wintergartens in der Übergangszeit dient. Die an sonnigen Tagen durch den Wintergarten gewonnene warme Luft wird durch einen abschottbaren Luftkollektor zur Wärmepumpe geführt, ebenso die im Luftraum unter der südlichen Dachfläche aufsteigende warme Luft. Sonnenschutz: innenliegende motorgesteuerte Rollos (Bodem).

52   Das Sonnenglashaus nutzt zeitgemäße Architektur und neuzeitliche Technologie. Zum einen wird die Wärme durch natürliche Lüftung ins Kernhaus abgeführt. Ein anderes Heizsystem sind die Hypokaustenwände mit Luftkollektoren. Der Luftkollektor, der die südseitige Dachfläche abdeckt, ist eine mit schwarzer Kollektorfarbe gestrichene Blechwanne. Der etwa 25 cm starke Luftraum ist mit einscheibigem vorgespannten Albarinoglas abgedeckt. Die heiße Luft wird an der höchsten Stelle abgesaugt und phasenverschoben durch die Wände ins Kernhaus abgegeben. Das dritte Heizsystem ist die Fußbodenheizung mit bivalenter Energiequelle – Sonnenkollektor und der mit Wassertaschen ausgerüstete offene Kamin (Bambek).

53   Passive Sonnenenergie, unter den mehrfach abgestuften Wintergärten und Glasanbauten, die als Klimapuffer dienen, gelangt durch direkte Strahlung in die Wohnräume und einige Stunden später indirekt, und zwar nach thermischer Speicherung in den Wänden (Schneider-Wessling).

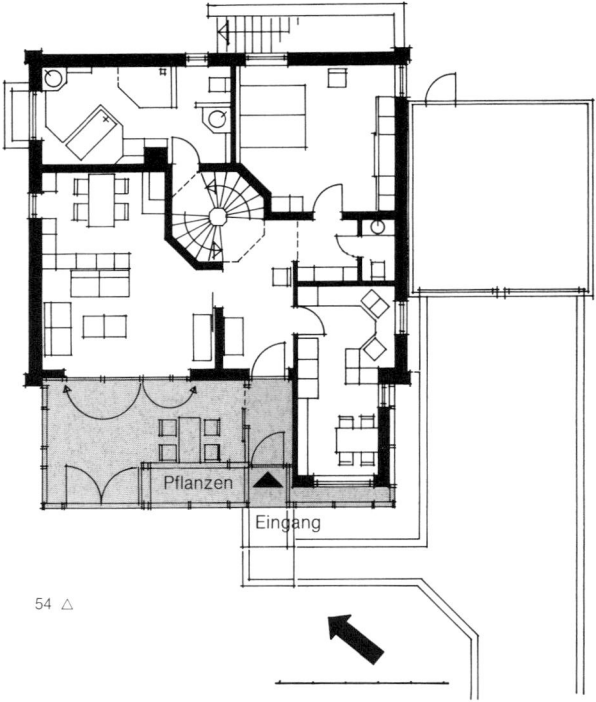

54 △

Der Wunsch nach Einsparung von Energiekosten allein rechtfertigt nicht den Bau eines Wintergartens

Die transparente Hülle aus Glas kann für ein Haus erhebliche energetische Vorteile bringen. Bei konsequentem Einsatz des komplexen Systems, durch ergänzende haustechnische Anlagen, aber auch durch die Verbesserung des Mikroklimas, durch Begrünung der Fassaden und Dachflächen kann der Energiegewinn 10 bis 15% betragen. Dieser Energiespareffekt ist unabhängig von der Orientierung des Wintergartens. Nach Norden gerichtete Glashäuser sind genauso effektiv wie solche nach Süden. Doch sind im Mittel auf der Schattenseite des Hauses geringere Temperaturen angezeigt. Damit besteht hier zwar ein angenehmeres Klima während der Sommermonate, aber eine Nutzung im Winter ist sehr eingeschränkt.

54–56 Das kompakte Wohnhaus öffnet sich nach Süd-Westen über einen zweigeschossigen Glasanbau an der Längsseite als Ergänzung des sonst unsymmetrischen Baukörpers. Der Wintergarten ist in Holzbauweise errichtet mit Stegdoppelplatten (16 mm) in Aluklemmsystem für das Dach, Isolierglas (12 mm Luftzwischenraum) für die senkrechten Wände. Zusätzlich beheizt wird bei Temperaturen unter 8 Grad, dies ist jedoch nur selten der Fall. Die Kosten bei 38 qm Grund- und etwa 100 qm Fassaden- und Dachflächen betrugen ca. 40000 DM plus Eigenleistungen von 5000–10000 DM (Stüker).

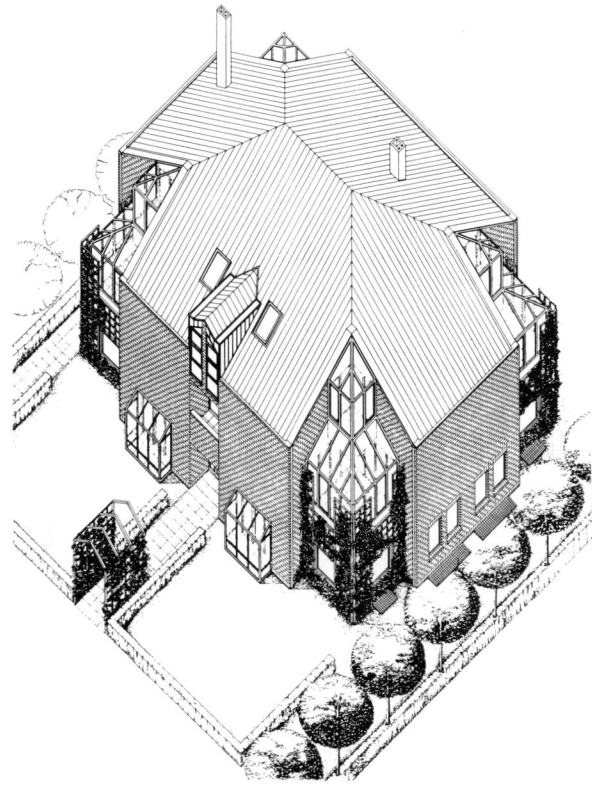

57–59   Der Planung dieses Wohn- und Ärztehauses ge-
lang die Verbindung von örtlicher Bautradition und baulichen
Maßnahmen zur Einsparung teurer Energie. An den vier
Ecken des Gebäudes wurden Wintergärten in den oberen
Geschossen eingeplant, im Erdgeschoß kleinere Erker. Da-
durch wird zusätzliche Wohnfläche geschaffen und die ver-
glasten Ecken wirken transparent und entmaterialisierend.
Eine unnötige Erwärmung der Glasanbauten wird durch
vorgelagerte Rankgerüste und den Bewuchs sommergrüner
Kletterpflanzen gewährleistet. Die massiven Bauteile auf der
Sonnenseite speichern Wärme und ermöglichen das ganze
Jahr über ein ausgeglichenes Klima. Neben der kompakten
Bauform wurde auch auf eine gute Wärmedämmung geachtet. Die Außenwände haben einen k-Wert von 0,5 W/m^{2}K und
das Dach einen k-Wert von 0,3 W/m^{2}K.
Als Nachteil kann empfunden werden, daß solche Wohnun-
gen keinen üblichen Balkon, keinen Freisitz haben. Hier
müssen die Bewohner sich auf die ungewohnte, andere
Wohnqualität umstellen und einstimmen (Faskel, Nikolic).

60–62   Bei diesem architektonischen Konzept war das Gewächshaus mit einer Grundfläche von über 150 qm fester Bestandteil der Planung. Äußerlich abweisend, innen voller Leben und gelungener Beziehung zu den Wohnräumen. Die subtropische Flora hält dem starken Klimawechsel – wie hier zu sehen ist – ausgezeichnet stand. Im Winter beträgt die Temperatur hier minimal 5 Grad (siehe Seiten 186–189) (Log ID).

◁ 60   61 △   62 ▽

63/64 Vor den achteckigen Baukörper mit geschlossener Nordseite (Hauseingang) lehnt sich das Gewächshaus. Ein Energiesparhaus mit guter Wärmedämmung und hohem Wärmegewinn durch passive Solartechnik (Schneider-Wessling).

Nur aus finanziellen Gründen lohnt sich der Anbau eines Wintergartens nicht. Da wäre eine Wärmedämmung weit weniger aufwendig, ein spürbarer Gewinn wird nicht erst nach zehn bis fünfzehn Jahren eintreten, das hohe Energie-Preisniveau einmal vorausgesetzt. Entscheidend für den Anbau oder Neubau eines Glashauses sollte vielmehr die Freude auf ein neues Wohngefühl, eine ungewöhnlich hohe Wohnqualität und ein erfrischendes Klima sein.

Es ist aber nicht ganz einfach oder »pflegeleicht«, sich die Sonnenenergie zunutze zu machen. Die im Glashaus gewonnene, überschüssige Wärme muß ganz nach Bedarf ins Wohnhaus geleitet werden. Türen oder Klappen werden nach Klimaverhältnissen geöffnet oder geschlossen. Und wenn es im Wohnhaus warm genug ist, muß für eine ausreichende Querlüftung gesorgt werden, um die nötige, rasche Abkühlung im Glashaus zu bewirken.

Schattierungssysteme bieten sich in vielfältiger Weise an, die sommerliche Hitze nicht zur Last werden zu lassen: technische Einrichtungen wie außen- oder innenliegende Markise, Sonnensegel, Rollos und als natürlicher Sonnenschutz Kletterpflanzen, Bäume und Sträucher, ebenfalls draußen oder innerhalb des Glasanbaus gepflanzt, halten die unerwünschte Energiezufuhr ab. So bleibt bereits in der Planungsphase gründlich zu bedenken, welche Konsequenzen eine bestimmte Bauweise zur Folge hat.

DAS KLIMA IM GLASHAUS: ZUM WOHLFÜHLEN?

Neben der ungewohnten Helligkeit des Raumes unter Glas beeindruckt das andersartige Klima Bewohner und Besucher gleichermaßen. Erde und üppiger Pflanzenbewuchs tragen dazu bei, daß die Temperatur gesenkt wird, aber die Raumluftfeuchte deutlich ansteigt. Dieses »Gewächshausklima« kann sowohl sehr gleichmäßig gehalten werden oder, je nach Sonneneinfall, stark schwanken.

Ein sorgfältig geplanter Sonnenschutz und eine gute Belüftung sind in der Regel eine solide Grundlage für ein behagliches Klima. Zum Wohlbefinden ist nicht nur die Innenraumtemperatur, sondern auch die Temperatur der umschließenden Wände und Mauern verantwortlich. Sie dürfen nicht zu verschieden sein (maximal zwei Grad), weil andernfalls der subjektive Eindruck entstehen kann, daß es »zieht«. Häufig zu beobachten ist der »Zugeffekt« an ungenügend wärmegedämmten Wänden, aber auch an Fenstern und anderen Glasflächen, die Kälte »ausstrahlen«.

Auf der anderen Seite nutzen passive Systeme das Zusammenspiel des Umgebungsklimas und der Wandtemperaturen, wobei ein großer Teil der Wärmeabgabe durch Abstrahlung der Speicherflächen, meist Wände und Boden, erfolgt. Ohne Einbuße an Behaglichkeit kann die Temperatur der Raumluft verringert und dadurch zugleich der Verlust der Lüftungswärme eingeschränkt werden. In welchem Umfang Hitze und Kühle vertragen werden, hängt von dem subjektiven Empfinden ab, doch auch von der Jahreszeit und von der Tätigkeit. Die Behaglichkeit wird auch bestimmt vom Außenklima: Im Sommer sind höhere Temperaturen erwünscht als im Winter; dann kann man sich durchaus bei 18 Grad eine Zeitlang bei entsprechender Bekleidung wohlfühlen.

65   Ausgewogen: Pflanzen im Beet, leichter Sonnenschutz für heiße Tage und gute Be- und Entlüftung (Stüker).

Das Klima im Wintergarten hat seine Reize

In der Pufferzone zwischen Außenluft und klimatisiertem Innenraum wechselt sehr häufig die Temperatur. Beschattung und zusätzlich eine intensive Durchlüftung können die Lufttemperatur im Wintergarten in den Bereich der Außenlufttemperatur bringen. Auch der Einbau schwerer Speichermassen ermöglicht ein weitgehend ausgeglichenes Klima, da viel Sonnenwärme von Wand und Boden aufgenommen und Stunden später abgegeben wird. Trotzdem läßt sich ein kurzfristiges Ansteigen der Innentemperatur kaum vermeiden. Deshalb ist eine Abschottung zum Wohnhaus von großer Bedeutung. Dies zahlt sich auch an den kalten Tagen im Winter aus, wenn die Temperatur im Glashaus weit unter

*66   Reizklima: Das große Gewächshaus als Pflanzenhort,
Sonnenfalle, Wärmepuffer (Log ID).*

die Behaglichkeitsgrenze von 18 bis 21 Grad
gefallen ist. Dadurch ergeben sich innerhalb eines Hauses unterschiedliche Temperaturbereiche.
Da Wintergärten sehr häufig die Gebäude zumindest temporär belüften, beeinflussen sie auch
den Feuchtehaushalt des Hauses. Die relative
Luftfeuchte übt aber nur einen geringen Einfluß
auf die Behaglichkeit aus, wenn sie zwischen 30
und 70 Prozent liegt. Inwieweit sie im Wintergarten auch die Bildung von Tauwasser zur Folge
haben muß, hängt dann von der Verglasung ab.

*67   Wandlung: Aus einer Remise entstand ein Wohnraum
mit speicherfähigem Fußboden (Ludwig).* △

*68   Fassadenbegrünung. Üppige Passionsblumen und
Grünpflanzen verbessern das Klima im Haus.* ▷

Zweischeibenglas und wärmegedämmte Profile
lassen nur eine geringe Schwitzwasserbildung
zu. Gewiß fördert eine größere Anzahl von Pflanzen die Feuchteproduktion; sie bewirkt aber auch
ein eigenes Kleinklima, das den Sommer unter
Glas schon im März beginnen und erst im November enden läßt.

LEBEN MIT PFLANZEN

Zu den Prioritäten vieler Hausbesitzer und Bauherren zählt der Wunsch, sich in stärkerem Umfang mit Grün zu umgeben. Das betrifft nicht nur
den leidenschaftlichen Hobbygärtner und Pflan-
zenliebhaber. Auch Menschen, die Pflanzen bisher eher mit Abstand betrachtet haben, freuen
sich auf das lebendige Grün in ihrem Glashaus.
Zweckmäßig ist es, schon bei der Planung alle
diesbezüglichen Wünsche einzubringen, damit
die Temperaturen im Sommer und Winter pflan-
zengerecht zur Verfügung stehen. So wird nur
dann der Liebhaber tropischer Orchideen auf seine Kosten kommen, wenn auch im Winter eine
gleichmäßige Tagestemperatur von 22 bis 24
Grad garantiert werden kann. Wer hier bei der
Konstruktion, bei der Glaswahl oder Verglasung
spart, sollte auf andere Pflanzenarten zurückgrei-
fen, die weniger hohe Wärmeansprüche stellen.

Stimulans der
biologischen Aktivität

Es ist bekannt, daß die Farbe Grün beruhigend
auf Menschen wirkt. Diese Wirkung verstärkt das
Pflanzengrün; jeder wird es genießen, seine Mu-
ßestunden unter Palmen sitzend zu verbringen.
Ob als Bewohner oder nur vorübergehender Besucher eines Wintergartens – das Stimulans wird
auch nach kurzzeitigem Aufenthalt in einem Glashaus spürbar.

*69   Wintergartenbesitzer werden oftmals zu ihrer eigenen
Verblüffung begeisterte Hobbygärtner, die ihrem Stecken-
pferd – wie in diesem Glashaus – große Flächen einräumen
(Gläser).*

Anders als bei einer Bepflanzung im Zimmer mit
Birkenfeige oder Philodendron werden im Wintergarten am besten kleine Pflanzzonen eingerichtet. Diese können zusätzlich Raumteiler sein,
um z. B. den Sitz- und Eßplatz optisch voneinander zu trennen. Das Grün wird zum Teil die gesamte Höhe des Glashauses einnehmen oder
auch buschartig wachsen. Die Vielfalt der Pflanzenwelt sollte der kleine Ausschnitt andeuten,
der in einem Wintergarten gepflanzt wird. Attraktive Immergrüne wie Efeu oder Lorbeerbaum dürfen ebensowenig fehlen wie die überschwengli-
che Farbenpracht exotischer Blüten. Hinzu
kommt der Duft, den eine ganze Anzahl von
Pflanzen in ihren Blüten (wie die Engelstrompete)
oder Blättern (Duftpelargonien, Lorbeer, Myrte)
bei Berührung bereithält.

70 Pflanzen, wie in einem botanischen Garten, lassen sich in eigener Regie unter Glas hegen und pflegen. Die Sukkulenten brauchen das Klima eines beheizten Kalthauses (Temperaturen bis minimal 5 Grad im Winter) und wenig Pflege (Gläser).

71 Sommerlicher Blumenschmuck für den Durchgang aus Glas und Plexiglas (Dach) mit weißer Pelargonie, Oleander und Zimmerahorn/Abutilon (Borchers).

72   *Pflanzeninsel unter Glas. Palmen und andere Blattpflanzen sind als Blickfang gut ins Wohnumfeld integriert (Keune).*

So mancher künftige Wintergartenbesitzer freut sich auch schon auf die Ernte von Tomaten und Gurken, Weintrauben und Zucchini. Viele interessante Gewächse mit eßbaren Früchten lohnen zusätzlich den Anbau eines Glashauses.

Wer mit Pflanzen lebt und Gefallen gefunden hat an dem täglichen Umgang mit dem lebenden Grün, kennt auch bald den wohltuenden Erdgeruch. Feuchter Boden hat eine ganz typische Nuance von Frische, die allen Gewächshäusern zu eigen ist.

Die Natur im Wintergarten schließt mit ein, den Wechsel der Jahreszeiten deutlicher zu erleben – und dazu die Welt der Kleintiere und leider auch der Schädlinge, die oftmals sehr anhänglich sind.

73   *Ein Wintergarten, ein »Conservatory« nach englischer Tradition, mit Pflanzen, die nicht viel Wärme brauchen.*

Vielfach unbeachtet bleibt die Tatsache, daß Pflanzen bei Tageslicht wertvollen Sauerstoff produzieren. Bei diesem Assimilationsvorgang, der als Photosynthese nur in blattgrünhaltigen Zellen vor sich geht, wird Kohlendioxyd zusammen mit Wasser in Zucker oder Stärke umgewandelt. Dabei wird Sauerstoff frei. In der Nacht kehrt sich dieser Vorgang um, wobei ein Teil des Kohlendioxyds wieder freigesetzt wird. Obgleich sich im Wintergarten das farb- und geruchlose Gas konzentriert, sind die Werte so niedrig, daß sie keinesfalls gesundheitsschädigend sein können. Zum Vergleich: In der Atmosphäre liegt die Konzentration bei etwa 0,033%, im Wintergarten kann maximal ein Wert von 0,045% entstehen und am Arbeitsplatz ca. 0,5%. Die Luft beim Ausatmen enthält dagegen den hohen Wert von etwa 4%.

74   Unter den facettenartigen Glaskuppeln verbirgt sich ein idyllischer Wintergarten (Bonderup).

75   Ein gutes Beispiel dafür, daß der Freizeitwert bei einem Haus mit Wintergarten höher ist als bei einem konventionellen Bau (Log ID).

76   Vielseitig: Pflanzenhaus, Wärmepuffer und willkommener Sitzplatz im Frühling und im Herbst.

77   Die Glyzinie wird hier bald für Sicht- und Sonnenschutz während des Sommers sorgen (Hage).

Viel bedeutsamer ist die rege Sauerstoffproduktion. Aus diesem Grunde sollten außer laubabwerfenden Gewächsen dauergrüne gepflanzt werden, die auch im Winter für eine Luftverbesserung sorgen. Und wenn zum Beispiel Kletterpflanzen oder Palmen in der Nähe der Lüftungsklappen wachsen, wird die Zuluft gleich mit wohltuendem Sauerstoff angereichert.

KRITISCHE FRAGEN
IN DER PLANUNGSPHASE

Es zahlt sich aus, wenn bereits die Zeit der Planung für gründliche Überlegungen, Prüfungen und Vergleiche genutzt wird. Kritische Fragen sind aber nicht nur an den Architekten und die ausführende Firma zu richten. Auch sich selbst und seine Familie gilt es gründlich zu »prüfen«, wie der Wintergarten, der Glasanbau oder das in konsequenter Solararchitektur gebaute Haus genutzt werden soll. Von dem sogenannten »Benutzerverhalten« hängt es ab, ob das Glashaus so angenommen wird, wie es geplant war.

Es kann störend sein, daß der Wintergarten an sehr heißen, aber vor allem an sehr kalten Tagen nicht zu bewohnen ist. Das sind etwa 60 Tage im Jahr. Wer bereit ist, sich der Temperatur durch entsprechende Kleidung anzupassen, kann diese Zeitspanne natürlich reduzieren. Ausgeglichene Temperaturen lassen sich ohne weiteres schaffen, aber sie verteuern den Bau, weil dies nur durch aufwendige Heizungs- und automatisch arbeitende Sonnenschutzanlagen zu gewährleisten ist. Ganz entscheidend ist es daher, sich darüber klar zu sein, daß ein Wintergarten anders bewohnt und genutzt werden muß als ein konventionell gebauter Raum. Er ist viel stärker von außen einzusehen als eine Fassade mit den üblichen, kleineren Fensteröffnungen. Ganz besonders am Abend, wenn Leuchten eingeschaltet werden. Dann können auch einmal Mücken lästig werden, wenn Türen und Fensteröffnungen nicht durch ein feines Netz geschützt sind. In der Dunkelheit oder bei kühlerer Witterung ziehen sich die Bewohner ohnehin lieber in das schützende, massive Kernhaus mit vertrauter Umgebung zurück.

Eine Überhitzung des gläsernen Anbaues läßt sich bei Abwesenheit am Tage oder während des Urlaubs durch eine Zwangsbelüftung oder durch Lüftungsautomaten vermeiden.

Sonnenschutz gibt es in ganz unterschiedlicher Qualität. Am schönsten ist es, wenn Laubbäume für den gewünschten Schatten sorgen, die dann im Winter, ohne Laub, die Sonnenstrahlen durchlassen.

Erstaunlich ist immer wieder, wie stark Stoffe und andere Materialien durch die Sonne ausbleichen können. Die intensive ultraviolette Strahlung läßt vieles innerhalb weniger Wochen blasser werden. Das gilt sogar für manche Grünpflanzen (meist tropischer Herkunft), wenn ihnen der Standort zu hell ist.

Die Bildung von Schwitzwasser und Kondensat läßt sich reduzieren, wenn Zweischeibenisolierglas und wärmegedämmte Profile eingebaut werden. Sie läßt sich allerdings bei sehr großem Pflanzenanteil (über 50 Prozent) und einer Teich- oder Brunnenanlage kaum vermeiden, oder auch wenn sich viele Menschen im Wintergarten aufhalten. Bei Einfachverglasung dagegen ist die Bildung von Schwitzwasser an der Verglasung ein normaler physikalischer Vorgang, der in jedem Fall bei der Ausbildung der Konstruktion zu bedenken ist.

78 Stimmungsvolles Licht darf bei der Planung nicht übersehen werden: Sehr transparent sind solche Niedervolt-Leuchten, die auch als Punktstrahler verwendet werden können; Trolli-Lampe (Cousin).

79 Wichtiger Punkt: Der Zugang in den Garten, der an diesem Wintergarten durch freitragende Stufen gut gelöst ist. Wer viele Pflanzen stellen möchte, sollte auch die Urlaubspflege für das Grün bedenken.

Unabhängig von dem verwendeten Material, ob es sich nun um eine Aluminium-, Holz-, Kunststoff- oder Mischkonstruktion handelt, lassen sich heute besonders langlebige und haltbare Konstruktionen bauen. Während Aluminium (eloxiert oder farblich beschichtet) und Kunststoff keine weitere Pflege erfordern, ist eine Nachbehandlung bei Holzkonstruktionen in regelmäßigen Intervallen ratsam. Stahl, der wegen seiner Stabilität eine extrem schlanke Bauweise ermöglicht, muß durch eine Beschichtung (wie feuerverzinkt) vor Rost geschützt werden (siehe auch »Wartung und Pflege«). Oftmals erscheint auch die Reinigung des Glases problematisch. Hier hat es sich bewährt, mindestens zweimal pro Jahr die Scheiben von innen und außen zu putzen; bei Glasdachneigungen über 45° schafft es außen der Regen meist allein. Sehr viele Wintergartenbesitzer übernehmen diese Arbeit selbst, obwohl es nicht immer ganz bequem ist, an alle Punkte zu gelangen. Bei einer geringeren Luftverschmutzung genügt auch eine Reinigung pro Jahr, die dann im Herbst durchgeführt werden sollte, damit während der strahlungsarmen Wintermonate soviel wie möglich an Sonnenwärme ins Haus gelangen kann.

Wer Pflanzen in seinen Wintergarten gleich einplant, und dies ist jedem anzuraten, kann die Bewässerung automatisch handhaben. Am besten ist es, dieses Gießverfahren (Tröpfchenbewässerung) nicht nur während der Ferien einzurichten, sondern als ganzjährige Anlage.

Die Befürchtung, daß die Prämien für Glasbruch-Versicherungen sehr hoch sind, ist nur in den Fällen berechtigt, in denen die gesamte Gebäudefläche zusammen mit dem Glashaus mehr als 150 qm ausmacht. Unter 150 qm fällt der Glasanbau in die Pauschalversicherung. Ein besonderer Schutz vor Einbruch und Diebstahl ist bei einer normalen Nutzung des Wintergartens nicht üblich.

GLASARCHITEKTUR:
ZEITGEMÄSS PLANEN UND BAUEN

INFORMATIONSPHASE

Dieser erste Schritt bei der Planung und Realisierung eines Bauvorhabens ist einer der wichtigsten und folgenreichsten. Durch eine umfangreiche Information wird der persönliche Wissensstand gründlich erweitert, wird es möglich sein, die unterschiedlichen Wintergartenkonstruktionen besser vergleichen zu können.

Ausstellungen und Messen bieten vielfach ein breites Basisangebot an Unterlagen. Prospekte deuten die Vielzahl der Lösungen an. Unterstützt werden diese Anregungen durch persönliche Gespräche und Kontakte, die über bestimmte Fragen und Probleme im Zusammenhang mit einem geplanten Anbau aus Glas oder den Neubau Auskunft geben.

Vorhandene Glasanbauten und Wintergärten testen

So anschaulich und überzeugend Darstellungen und Abbildungen auch sein mögen, sie werden wohl kaum den persönlich gewonnenen Eindruck in einem Wintergarten ersetzen können. Musterhäuser sind dabei bereits eine große Hilfe, aber am überzeugendsten ist gewiß der Besuch eines schon längere Zeit bewohnten und bepflanzten Glashauses. Bei besonders gelungenen Lösungen führt dies allerdings dazu, daß die glücklichen Besitzer solch zeitgemäßer Architektur arg strapaziert werden. Besucher sollten darauf Rücksicht nehmen.

80 Ein geräumiges Gewächshaus ergänzt den nach Süden
gerichteten Innenwinkel des Wohnhauses und wird (links)
durch den verglasten Windfang verlängert: Eine stimmungs-
volle Atmosphäre im Haus trotz winterlicher Kälte (Gläser).

Beim aufmerksamen Vergleich sind viele Punkte zu erkennen, die für den eigenen Bau übernommen werden könnten, aber auch Negativbeispiele können als Erfahrung hilfreich sein. Das Besichtigen und damit Vergleichen mehrerer Glashäuser ist für Laien, aber auch für Architekten, lohnend. Während sich der unbefangene Besucher mehr von dem »Hellraum« faszinieren läßt und vom Duft exotischer, verschwenderischer Flora, die unter Glas zu üppigen Gärten heranwächst, bleiben für den Fachmann andere Dinge interessant: die architektonische Gestaltung, die Anbindung an den Baukörper des Kernhauses, die Statik und Materialien der Konstruktion. Großes Interesse gilt auch der Verglasung: die Art der Profile und Sprossen, das verwendete Glas, ob Einfach-, Isolier- oder Wärmeschutzglas, die Dichtung und Versiegelung. Schließlich ist abzulesen und oftmals von den Eigentümern oder Mietern direkt zu erfahren, wie sich Konstruktion und Bauweise über einen längeren Zeitraum bewährt haben. Erfahrungen, die im Wintergarten an heißen Sommertagen und kalten Wintertagen gemacht wurden, geben Auskunft über die Qualität des Glasgebäudes.

Finanzielle Mittel prüfen

So früh wie möglich sollte der zur Verfügung stehende Etat aufgestellt werden. Anhand einer soliden finanziellen Basis lassen sich die Möglichkeiten bestens ausschöpfen. Konstruktive Alternativen können im frühen Stadium der Planung leicht untereinander verglichen werden.
Deshalb gehört zur Informationsphase nicht nur die Auswertung von Prospekten und die Befragung von Fachleuten nach optischen und technischen Raffinessen, sondern auch eine Gegenüberstellung der Kosten. Das Budget setzt oftmals ungeahnt enge Grenzen bei der Realisierung von Ideen.

In dieser Entwicklungsphase kristallisiert sich meist heraus, in welcher Art der Wintergarten ausgestattet werden sollte oder wie das energetische Konzept für den Neubau in zeitgemäßer Glasarchitektur aussehen könnte.
Die Spannweite reicht vom Erker, ausgebautem Balkon oder schmalem gläsernen Windfang bis zum großräumigen, integrierten Glashaus.

81   Neubau mit Glaserker: Ein Eßplatz im Erdgeschoß, darüber zur Trennung der beiden Kinderzimmer ein Sonnen-
platz (Freising).

82   Die Südfassade
wird durch den vorsprin-
genden Erker gegliedert.
Die tiefstehende Winter-
sonne schickt ihre Strah-
len bis 8 Meter weit ins
Haus (Freising).

ENTSCHEIDUNGSPHASE

Nach einer Phase umfangreichen Informierens gilt es, den eigenen Nutzungsanspruch zu definieren, der in sehr engem Zusammenhang mit dem Klima des Wintergartens steht.
Die Frage der Wohnqualität kann nur subjektiv beantwortet werden und muß von jedem Bauherren selbst entschieden werden. Fachleute sind zur Seite, wenn es um die verschiedenen Möglichkeiten geht. Schließlich steht nicht der Traum-Wohnkomfort zur Diskussion, sondern ein realistischer, bezahlbarer Komfort, der allerdings ein Haus durchaus zu einem Traumhaus werden lassen kann.

83   Hier wurde der Wunsch nach einer Lösung für die Überwinterung von Kübelpflanzen erfüllt. Dazu: erweiterter Wohnraum für die Übergangszeit (Wolf).

Die spätere Nutzung bestimmt das Raumklima

Da es technisch keinerlei Schwierigkeiten bedeutet, jede gewünschte Variante zu erstellen, entscheidet nur die Art, wie der Glasraum genutzt werden soll, über Architektur und Ausstattung. Wenn der Wintergarten ganzjährig in den Wohnbereich einbezogen werden soll, bedeutet dies meist eine Erhöhung von Energiekosten. Wer trennende Wände zwischen dem gläsernen Hellraum und dem Kernhaus wegläßt, reduziert die Speicherflächen des Hauses und erhöht den Kostenaufwand durch die Zusatzheizung im Winter ganz erheblich. Mit etwa 100 Mark pro Monat Extrakosten muß dann bei einer durchschnittlichen Glashausgröße gerechnet werden. Nicht weniger großzügig können Lösungen sein, die mehr nach energetischen Grundsätzen ausgerichtet sind. Die Öffnung des Hauses zum Wintergarten bei Wärmeüberschuß durch Sonnenenergie oder die Möglichkeit, die Räume klimatisch zu trennen, wenn es draußen kühl geworden ist,

kann zu einem ungewöhnlichen und vor allem ungewohnten Reiz führen. Der Wechsel der Wohn- und Sitzbereiche entsprechend der Behaglichkeit erfordert aber Mobilität. Der Umgang mit der Natur, mit Pflanzen, mit dem häufig wechselnden Klima innerhalb des Glashauses verlangt von den Bewohnern Einfühlungsvermögen und Anpassungsbereitschaft. Trotz aller technischen Raffinesse bleibt der Wintergarten, bei dem die Vorteile der passiven Solarenergie ausgeschöpft werden sollen, nicht im üblichen Sinne pflegeleicht wie das erweiterte Wohnzimmer, das auf gleichmäßiger Temperatur wie das gesamte Haus gehalten wird.
Mit der Entscheidung für ein Energiesparhaus wird das Wohnen unter Glas zu einem ganz neuen Erlebnis.
Die Grenzen zwischen einem unbeheizten Wintergarten und einem vollklimatisierten Wohnraum unter Glas sind fließend. Ebenso wie in den meisten Fällen die Glashausgröße variiert werden kann, lassen sich auch die klimatischen Verhältnisse individuell einrichten.

84 △

85 △

86 ▽

84/85 Im Sommer ein Balkon, im Winter Klimapuffer und Treibhaus. Vor den Wohnraum im Obergeschoß wurde ein Wintergarten gelegt, der im Sommer bei ausgehängten Fenstern als Balkon dient, in der Übergangszeit bei geschlossenen Fenstern seine gespeicherte Wärme an den Wohnraum abgibt (Haisch).

86 Ein Wintergarten als Fitness-Center? Die modernen Systeme erlauben jede beliebige Nutzung (Novasolar).

Wer nicht nur die Baukosten niedrig halten möchte, sondern auch die Folgekosten, läßt die Temperatur im Glashaus während der Wintermonate auf minimal fünf Grad sinken. Auch wenn an Sonnentagen trotz Eis und Schnee das Thermometer gelegentlich auf 15 Grad und darüber ansteigt, verbleiben nach der Erfahrung der letzten Jahre durchschnittlich zwei Monate, in denen der Wintergarten nicht bewohnbar ist, weil es zu kalt darin ist.

Das Angebot
von Herstellerfirmen

Mit wachsendem Interesse der Architekten und Bauherren für die Glasarchitektur haben auch zahlreiche Firmen den Markt für sich entdeckt. Von dieser Entwicklung profitieren alle, denn die Konkurrenz führte in ungeahnter Schnelligkeit zu einer enormen Qualitätsverbesserung der Konstruktionen. Während sich viele Bauherren noch vor wenigen Jahren entweder mit einer zu leichten Gewächshauskonstruktion zufrieden geben mußten oder auf klobige Bauweise angewiesen waren, ist heute das Angebot umfangreich und vielseitig. Viele Firmen bieten eine solide Beratung, die auf die Wünsche der Bauherren und die Gegebenheiten des geplanten Standortes eingehen. Es sind zwei Arten von Wintergartentypen, die von Firmen angeboten werden:
1. Wintergarten-Serienmodelle in kleineren Dimensionen. Sie können innerhalb von Rastermaßen und Moduleinheiten individuell den Anforderungen und Wünschen angepaßt werden. Diese Angebote sprechen in erster Linie diejenigen Bauherren an, die häufig mit Hilfe von Eigenleistung zu einer preisgünstigen Wohnraumerweiterung kommen wollen. In vielen Fällen wird dabei die Terrasse überdacht und die Glashauskonstruktion auf die vorhandenen Platten gestellt.
2. Systemwintergärten werden oftmals von Fensterherstellern angeboten. Wie nach einem Baukastensystem kann sich jeder aus den Profilen das gewünschte Haus zusammenstellen. Die Spannbreite dieser Glashauskonstruktionen ist gewiß um ein Vielfaches größer als bei den Serienmodellen.
Fast alle Hersteller und Anbieter von Wintergärten sind hilfsbereit, wenn es um die Beschaffung der Unterlagen für den erforderlichen Bauantrag und den statischen Nachweis geht.

87   Handwerklich ausgereift – wie diese Konstruktion aus Meranti-Holz – lassen doch manche Glasanbauten Leichtigkeit und Transparenz vermissen.

88 Der Winkelbungalow sollte um eine »echte« Wintergartenzone mit einfacher Verglasung und feuerverzinkten T-40-Profilen erweitert werden.
Das Modellfoto spiegelt die Differenziertheit der Anlage wieder, die durch die verschiedenen Nutzungsbereiche notwendig wurde: Wohnen, Essen und zwei Bereiche für die Kinder.
Die gläserne »Kaskade«, die bis in das Obergeschoß reicht, schafft vor dem elterlichen Schlafzimmer einen kleinen geschützten Freisitz. Die Bauherren waren begeistert von dem optisch »leichten« Entwurf, hatten aber die Realisierung des Vorhabens aufgegeben, um sich stattdessen ein Segelboot anzuschaffen! (Gerischer Architektur).

Architekten als Planer, Entwerfer und Ratgeber

Beim Vergleich von Angeboten sind Architekten unabhängige Fachleute, die über Vor- und Nachteile von Systemen Auskunft geben können. Es ist selbstverständlich, daß Architekten zur Planung eines Neubaus hinzugezogen werden. Aber auch beim nachträglichen Anbau eines Wintergartens bewirken sie die bessere Lösung – optisch filigraner, energetisch sinnvoller und oftmals ökonomischer. Während sich Architekten in konzeptionellen Dingen, in der Wahl der Dimension und des Standortes auskennen, planen Landschaftsarchitekten die Bepflanzung im Garten unter Glas und die natürliche Einbindung des Glashauses in das Grundstück.

Architektenrat zahlt sich immer dann aus, wenn keine Standardlösung gefragt ist, auch wenn zusätzliche Honorarkosten in Höhe von zehn bis fünfzehn Prozent anfallen. Die Planungsphase verzögert allerdings den Bau im Vergleich zu einem Wintergarten »von der Stange«, wobei jedoch Fehler und Mißverständnisse beizeiten ausgeräumt oder neue Überlegungen noch vor Auftragsvergabe oder Baubeginn berücksichtigt werden können.

Bei komplizierteren Anbauten kann es durchaus angebracht sein, daß der Architekt ein Modell von seinem Entwurf fertigt. An solch einem dreidimensionalen Schaustück läßt sich erkennen, wie sehr das bestehende Haus durch einen Glasanbau verändert wird, ob die Proportionen und die Größe des Glashauses stimmen und wie sich der Glasanbau der bestehenden Architektur einfügt.

89   Glasanbau, in Eigenleistung erstellt: Die Profile bestehen aus Hartholz (Rangoon, 6/10 cm), die U-förmigen Abdeckleisten aus Aluminium (89–92 Rogalla).

90   Vor den Eingängen (Flügeltüren) sorgen gläserne Vordächer dafür, daß es nicht in den Wintergarten regnet. Das Wasser tropft durch ein Gitterrost unten in eine Ablaufrinne. Der Platz, den dekorativ die Phönixpalme ziert, ist für den Schornstein des geplanten Kaminofens reserviert.

Die Eigenleistungen richtig einschätzen

Der Wunsch, Kosten zu sparen, ohne die Qualität des Glashauses zu verringern, ist naheliegend. In der Planungsphase kann der Entwurf den Etatforderungen angepaßt werden. Exakte Kosten liegen vor, nachdem die Angebote der Herstellerfirmen geprüft worden sind.

Wer auf bestimmte Qualität nicht verzichten will, greift oft auf die Möglichkeiten des Selbstbaus zurück. Allzu groß dürfen die Erwartungen bei einem ungeübten Hobbybastler in bezug auf die Ersparnis aber nicht sein. Der Erdaushub, die Anlage des Kiesspeichers unter dem Fußboden (wenn er gewünscht wird), der Bau des Fundamentes sowie die Vorbereitung des Geländes, damit die Lieferfirma das Glashaus ungehindert erstellen kann, sind Arbeiten, die jedermann ausführen kann. Damit hören meist die Eigenleistungen auf. In Ausnahmefällen können weiterführende Arbeiten übernommen werden, die jeder mit seinem Architekten oder der Firma vorher genau besprechen sollte. Denn für die Kosten, die unter Umständen bei einem Schaden durch unsachgemäße Arbeit entstehen, muß dann der Bauherr selbst aufkommen. Ein Anspruch auf Gewährleistung (die Frist beträgt in der Regel für den Bau durch eine Fachfirma nach VOB 2 Jahre) besteht in diesem Fall natürlich nicht. Ein Idealfall ist gegeben, wenn ein handwerklich geschickter Architekt Eigenleistungen beim Bau seines Wintergartens einbringt. Das Ergebnis solch eines Glasanbaus kann sich sehen lassen (Abb. 89–92).

Anbau mit Eigenleistung

Weil der Kostenvoranschlag für die Konstruktion und Verglasung des geplanten Anbaues weit über das Doppelte des vorgesehenen Budgets hinausging, überlegte sich der Bauherr und Architekt Dietrich Rogalla, wie er sein Vorhaben dennoch verwirklichen könnte. Seine Idee war, anstelle von teuren wärmegedämmten Profilen, Holz zu verwenden, weil er dies mit Hilfe seiner Familie recht leicht selbst verarbeiten kann. Darauf stimmte er seinen Entwurf ab, der eine möglichst einfache Verarbeitung vorsehen mußte. Als das beste Material hat sich das Hartholz Rangoon empfohlen, und zwar in einer Profilstärke von 10 × 6 cm. In dieser Phase bestand die Absicht, die Warmluft vom First des Glashauses abzuziehen und mit einem Ventilator in einen Steinspeicher unter dem Fußboden strömen zu lassen. Obgleich alles dafür vorbereitet worden ist und sogar die Hohllochziegel verlegt worden waren, ist dieses Vorhaben schließlich gescheitert. Der Ventilator, der mit starkem Preßdruck die Luft hineinblasen muß, war einfach zu laut, wobei die harten Oberflächen von Glas und Stein die Geräuschentwicklung noch verstärkten. Das Holz und der Eisenträger wurde fertig zugeschnitten

91/92   Der Sonnenschirm reichte nicht aus, die zu große Wärme der Globalstrahlung im Sommer fernzuhalten. Er war nur eine vorübergehende Lösung. Bewährt hat sich inzwischen der Nesselvorhang, der manuell nach Bedarf hinuntergelassen wird.

geliefert, aber abgebohrt wurde alles in Eigenarbeit, ebenso die Konstruktion angeflanscht und eingedichtet. Die Verglasung (Isolierglas mit VSG-Glas auf der gesamten Innenseite) wurde von einer Firma übernommen. Die Konvektorheizung sollte aus optischen Gründen nur auf einer Seite des Anbaues geplant werden. Die zu geringe Heizleistung wird später durch einen geplanten Kaminofen ergänzt.

Der reizvolle Grauton des Holzes ist ebenfalls eine eigene Mischung aus Farbtinte und Lasurfarbe aus Norwegen, die (zweimal aufgetragen) sogar abwaschbar ist.

Die Erfahrungen:
Der Wintergarten hat den eigentlichen Wohnraum zum Durchgang »degradiert«. Vom Frühjahr bis zum Spätherbst ist der Wintergarten der beliebteste Aufenthaltsort. Die Temperaturen liegen meist etwa sieben Grad über den Außentemperaturen. Ohne Zusatzheizung entsteht an der Glasoberfläche Tauwasser während kalter Tage im Winter.

PLANUNGSPHASE

In dem Stadium der Vorentwurfsplanung kann und sollte es sogar durchaus kontrovers zwischen Architekt und Bauherren zugehen. Zu verschieden sind oftmals auf beiden Seiten die Vorstellungen von dem künftigen Haus. Wer mit der Sonne bauen und dabei hohe Baukosten sparen möchte, wird sich aber vom Fachmann eines Besseren belehren lassen müssen. Die erhoffte Kostensenkung ist nicht so schnell ablesbar. Nicht nur um sich rechtzeitig über die Kostensituation zu informieren, sondern vor allem auch um das Haus auf die Wünsche und Gewohnheiten der Bauherren rechtzeitig abzustimmen, sind eine frühe und laufende »gemeinsame Planung« und die Teilnahme der späteren Hausbewohner am Entstehungsprozeß die besten Wege zu einer maßgeschneiderten Architektur.

93   Der verglaste Windfang am Hauseingang als energiesparende Pufferzone (Gläser).

Der ideale Standort für
den Wintergarten

Der zulässige Grenzabstand, die Größe oder die Lage, die Verschattung durch bestehende Nachbarhäuser oder große Bäume, sind wichtige Faktoren bei der Beurteilung eines Grundstücks. Kommt die Nutzung passiver Solarenergie hinzu, gilt es auf weitere Besonderheiten des Bauplatzes näher einzugehen. Grundstücke in Nord-Süd-Richtung ermöglichen eine gute Sonnennutzung, wobei gewährleistet sein sollte, daß der Zugang im Norden liegt. Günstig wirkt sich eine nach Süden geneigte leichte Hanglage (bis zehn Grad) aus, die im Winter bis zu 30% mehr Globalstrahlung empfängt als ein ebenes oder nach Norden geneigtes Grundstück.

Mit dem Begriff der Globalstrahlen werden die direkte und die indirekte, die diffuse Strahlungsintensität, bezeichnet. Da bei uns der Anteil der diffusen Strahlung im Durchschnitt die Hälfte der anfallenden Sonnenenergie ausmacht, müssen passive Solarkonzeptionen in der Lage sein, sowohl direkte als auch indirekte Strahlung gleichermaßen nutzen zu können.

Neben den Hinweisen auf die Sonnenscheindauer sind allgemeine Klimadaten von Interesse. Der Deutsche Wetterdienst in Offenbach gibt durch Wetterstationen und das »Deutsche Meteorologische Jahrbuch« umfangreiche Hinweise auf Temperaturen, Luftfeuchtigkeit, Regen sowie Windrichtung und -stärke. Die Topographie eines Landstrichs zeichnet Möglichkeiten auf, wie die geplante Glasarchitektur in die Gegebenheiten eingefügt werden kann. Letztendlich entscheidend aber wirkt sich das Mikroklima des zur Disposition stehenden Baugrundstücks aus. Hier sind von Bedeutung Nebelbildung, Luftverschmutzung oder Schnee- und Windbelastung, die mit zunehmender Höhe ansteigt. Mulden und Senken, in denen sich Kaltluft sammelt, können die Temperatur um einige Grade gegenüber der naheliegenden Ebene oder dem sanften Hang verringern. Auch die Nachbarbebauung und die geplanten oder möglichen Projekte laut Bebauungsplan sind von allergrößtem Interesse.

94 Das Glashaus ist gut eingebunden in die Architektur des Hauses. Der nach Süden liegende Innenwinkel des Einfamilienhauses ist durch ein Gewächshaus ergänzt worden.

Energetisches Konzept:

Das Haus wurde in reiner Leimbinderholzbauweise erstellt. Die Verglasung der stehenden Flächen ist mit zweifachem Isolierglas (16 mm) und die Dächer in Isolierglas aus innenliegender Stahlfadenverbundglasscheibe und außenliegender Spiegelrohglasscheibe erstellt worden. Eine Beschattung ist nicht vorgesehen, da das Spiegelrohglas für eine ausreichende Streuung des Sonnenlichtes sorgt. Der Boden des Gewächshauses ist zu 20% der Grundfläche geklinkert, die restliche Fläche verbleibt zur Bepflanzung.

Die Höhe von etwa acht Metern zwischen den unteren Lüftungsflügeln und den Dachflächenfenstern löst einen sehr effektiven Kamineffekt bei der Entlüftung aus.

Für die Beheizung des Gewächshauses sind Röhrenradiatoren unter den Fenstern angeordnet. Der Heizkreis läuft getrennt von der Wohnungsheizung. Die Beheizung (bei +5 Grad öffnen sich automatisch Thermostatventile) ist fast nie erforderlich (Gläser).

95 Im Obergeschoß des Gewächshauses wurde ein Balkon mit Blick und Zugang ins »Grüne« gebaut (Gläser).

Wenn bereits Bäume und Sträucher auf dem Grundstück wachsen, lassen sich der geplante Hausentwurf und die Wahl des Standortes unter Umständen darauf abstimmen. Ein Ahorn oder eine Linde, die im Herbst ihr Laub abwerfen, sind allerdings eher ein willkommener Sonnenschutz als eine hohe Fichte oder Tanne mitten auf dem Grundstück, die auch im Winter viel Schatten werfen, wenn die Sonneneinstrahlung dringend benötigt wird. Doch erfordern auch Laubbäume eine sorgfältige Berücksichtigung in das Planungskonzept, da das dichte Geäst von Birke oder Eiche in den Wintermonaten erheblichen Schatten (bis zu 40%) werfen kann.

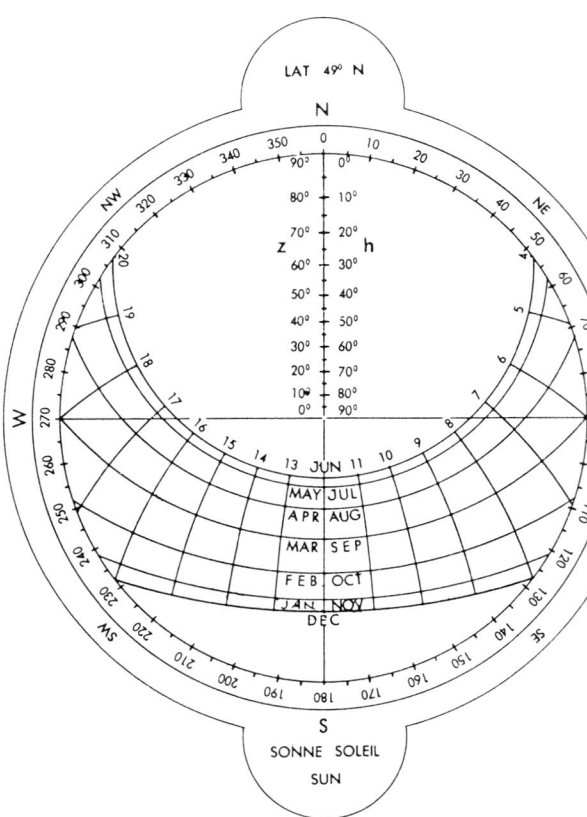

Nach ausführlicher Beurteilung des Grundstücks kommt dem Standort des Hauses die wichtigste Bedeutung zu. Das Ziel ist eine optimale Ausnutzung der Sonneneinstrahlung und Umwandlung in Heizwärme für das Kernhaus. Unter Verwendung von Sonnenbahndiagrammen läßt sich die Sonnenwärme auf Flächen und Doppelverglasung verschiedener Neigungen und beliebiger Orientierung nach Tages- und Jahreszeit genau ablesen. Eine schnelle Aussage über die »Sonnbarkeit« eines Punktes erlaubt ein recht einfaches Gerät, das Horizontoskop nach Tonne. Es wird, wie auch der Diagrammsatz Sonnenwärme, vom Institut für Tageslichttechnik (7000 Stuttgart 80) angeboten. Nach Ausrichtung (mit Hilfe von Kompaß und Wasserwaage) läßt sich über einer für einen bestimmten Breitengrad geltenden Skala an den reflektierenden Umrissen des vorhandenen oder geplanten Hauses ablesen, wann der betreffende Punkt, an dem das Gerät steht, von der Sonne beschienen wird. Das Horizontoskop läßt sich nicht nur draußen auf dem Grundstück einsetzen, sondern ebensogut bei der Beurteilung eines gezeichneten Entwurfes.

Der Gebrauch des Sonnenverlaufdiagramms oder des Horizontoskops läßt schnell herausfinden, wie sehr die Sonne ihre Himmelsbahn verändert. Während sie im Sommer mittags fast im Zenit steht, steigt sie im Winter nur flach über den Horizont. Diese Tatsache nimmt Einfluß auf die Orientierung des Wintergartens oder den geplanten Glasanbau. Damit auch in den kühlen Wintermonaten die flache Sonneneinstrahlung ins Haus gelangt, empfiehlt sich die Öffnung des Hauses nach Süden. Sie bietet den höchsten Grad der Nutzung für passive Solarenergie.
Eine Abweichung nach Osten, aber auch nach Westen um 25 Grad kann eine Einbuße an Sonnenenergie bis zu zehn Prozent zur Folge haben. In jedem Fall sollte jedoch gewährleistet sein, daß die direkte Besonnung nicht beeinträchtigt wird.

96 Diagramm Sonnenwärme zum Bestimmen des Strahlungsempfangs auf Flächen und durch Doppelverglasung (Freymuth).

Wer die Wahl des Standortes hat und nicht Rücksicht auf bauaufsichtliche Belange nehmen muß, entscheidet sich für die ökologisch sinnvolle Süd-West-Orientierung. Obgleich die Ost- und Westseite mit gleichen Mengen an Globalstrahlung bedacht werden, sind Westlagen die besseren Positionen. Am Nachmittag liegen die Außentemperaturen meist höher als am Vormittag, wenn z. B. noch morgendlicher Hochnebel eine rasche Erwärmung der Luft behindert.
Je stärker die Ausrichtung des Gebäudes aus der Nord-Süd-Achse abweicht, umso eher ist zu befürchten, daß sich die Räume unter Glas im Sommer zu stark aufheizen. Nach Osten oder Westen gerichtete Glasräume sind gerade von Juni bis August morgens und abends oft großer Hitze ausgesetzt. Dies kann auch im Geschoßwohnungsbau, wenn eine ausreichende Querlüftung und ein umfassender Sonnenschutz fehlen, unangenehm werden.
Die wohlproportionierte Orientierung eines Gebäudes sieht vor, daß die Südfassade etwa 1,5 mal länger sein sollte als die Ost- oder Westseite.

97 Das Wohn- und Geschäftshaus als städtebaulicher Neuansatz ist mit einer hohen Qualität des Wohnbereiches verbunden. Die Lärmentwicklung an dieser stark befahrenen Kreuzung hätte die Nutzung offener Loggien eingeschränkt; die 10 qm großen Wintergärten auf der Südwestecke erlauben eine ganzjährige Nutzung im direkten Zugang von Wohn- und Eßbereich und bieten einen echten Ersatz für fehlende Freiflächen (Poly, Steinebach, Weber).

Es gibt kein allgemein gültiges Rezept, nach dem der Standort eines Wintergartens festgelegt werden kann. Ganz gleich, ob ein neues Haus geplant oder ein bestehendes Gebäude erweitert, saniert oder umgebaut werden soll, in jedem Fall ist es ein vordringliches Ziel, daran mitzuarbeiten, unsere Verbindung zur Natur wieder enger zu knüpfen. Wohnhäuser sollten die natürliche Umwelt einbeziehen und die Trennung zur nahen Umgebung durch eine grazile Architektur und eine vegetationsreiche Ausstattung so gering wie möglich halten.

Dazu können Architekten und die späteren Bewohner der Glashäuser bereits in der Planungsphase einen wesentlichen Beitrag leisten.

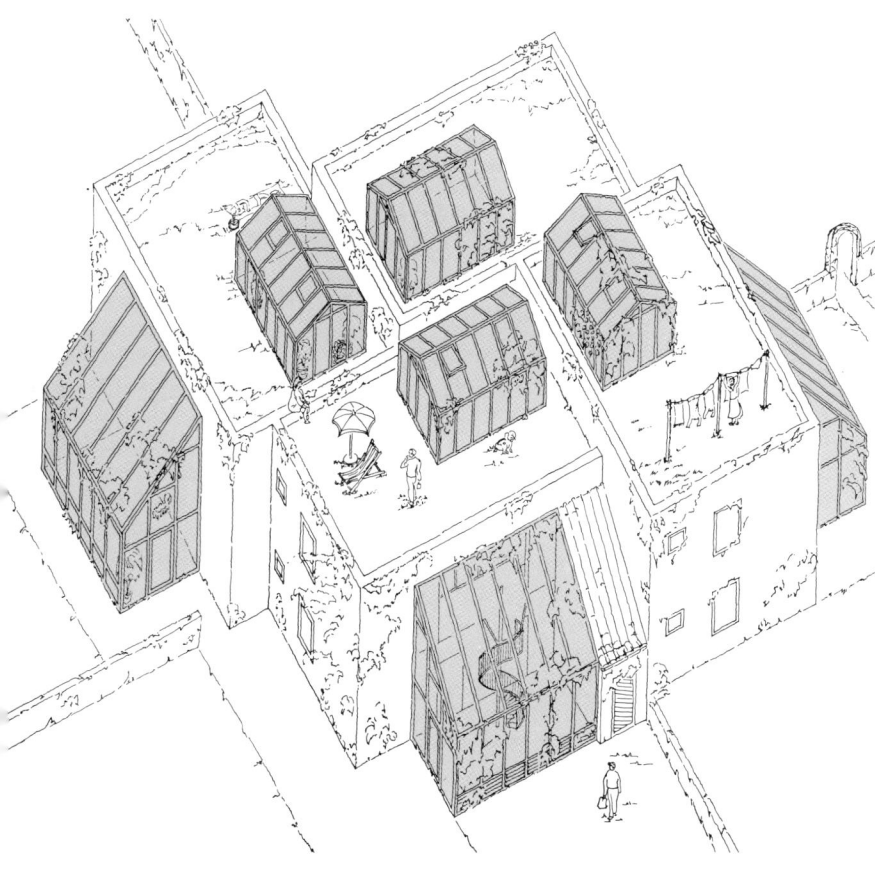

98 Möglichkeiten der Nutzung von Dachflächen (und Fassaden) mit zeittypischen Mitteln werden in der isometrischen Ansicht eines Projektes für den kommunalen Wohnungsbau dargestellt (Architektur Schneider, Lauter).

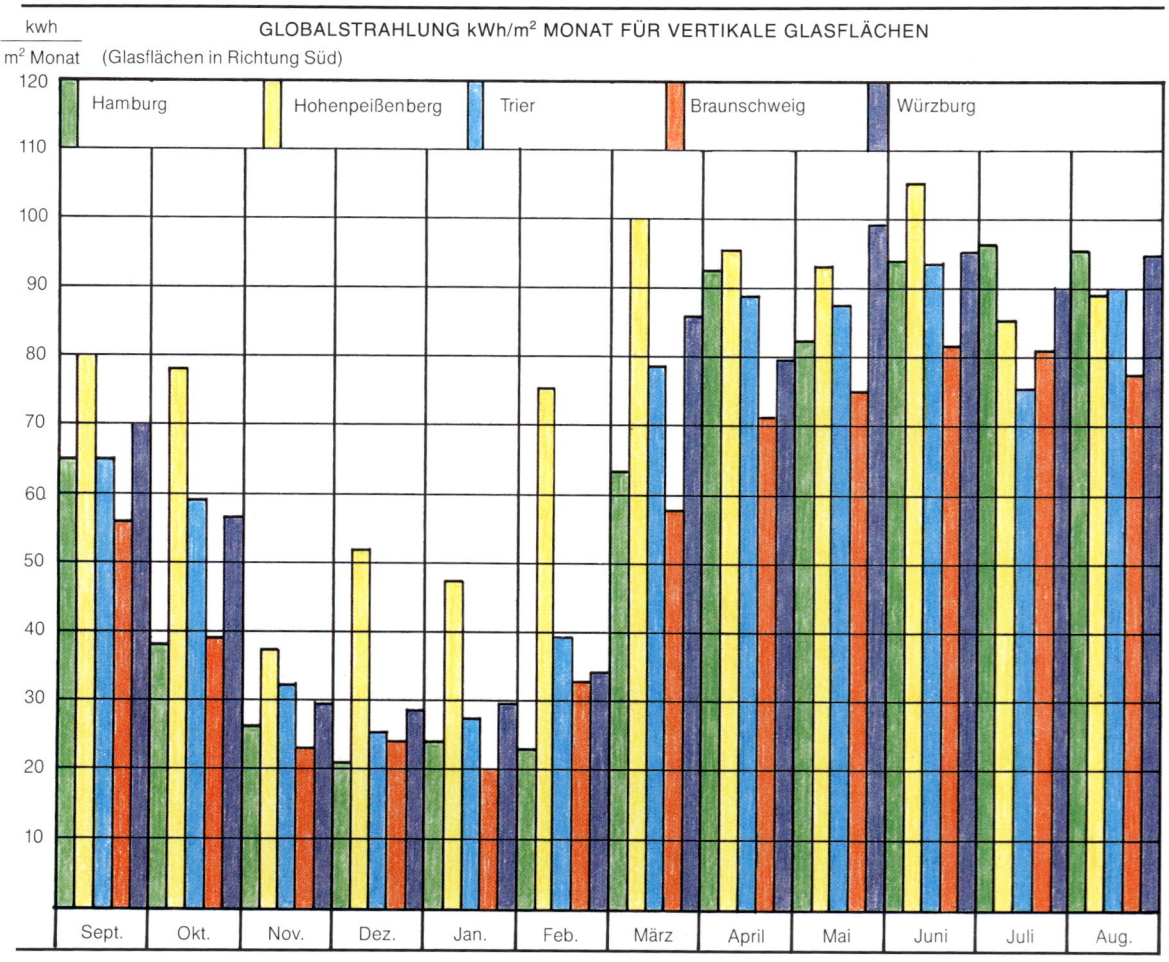

GLOBALSTRAHLUNG kWh/m² MONAT FÜR VERTIKALE GLASFLÄCHEN

kwh / m² Monat   (Glasflächen in Richtung Süd)

Hamburg   Hohenpeißenberg   Trier   Braunschweig   Würzburg

99   Die Globalstrahlung wird von der geografischen Lage und der Jahreszeit bestimmt. Im Hochsommer hat Hamburg die höchsten Werte, sonst das bayerische Hohenpeißenberg (775 m).

Die Energiebilanz gibt Auskunft über die Qualität eines Standortes

Zu einem wesentlichen Bestandteil erfolgreicher Planung kann die Anfertigung einer Energiebilanz werden. Sie gibt Auskunft über Wärmegewinne, -verluste und über die Effektivität bestimmter Maßnahmen. Anhand konkreter Planungs- und Entwurfsunterlagen machen Fachberater für Haustechnik Angaben über den Standort des ge-

planten Vorhabens. Meist als Gutachten wird eine Energiebilanz in Auftrag gegeben mit dem Ziel, die Orientierung, aber auch die Architektur und wärmespeichernde Maßnahmen auf das Ergebnis der Bilanz abzustimmen bzw. zu korrigieren. Je präziser die Architektenvorlagen, um so exakter sind die Empfehlungen, die sich aus der Energiebilanz ergeben. Das Beispiel auf S. 178 ff. macht die Aussagen solch eines Gutachtens deutlich.

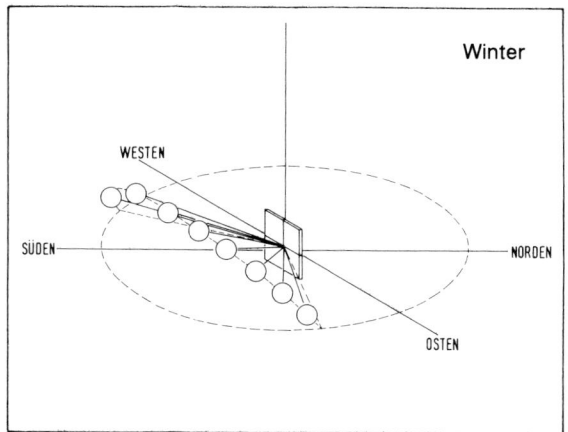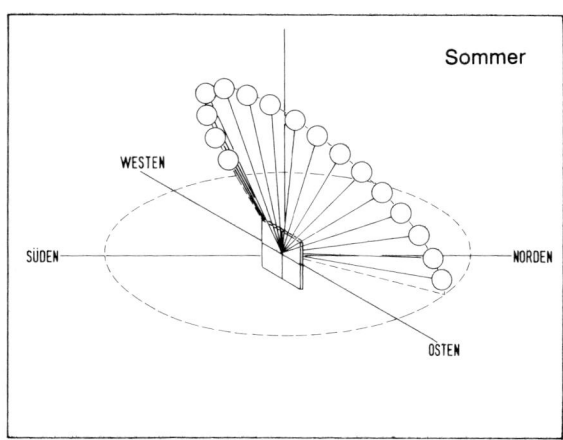

100/101   Sonneneinstrahlung auf vertikale *Flächen im Winter und Sommer*

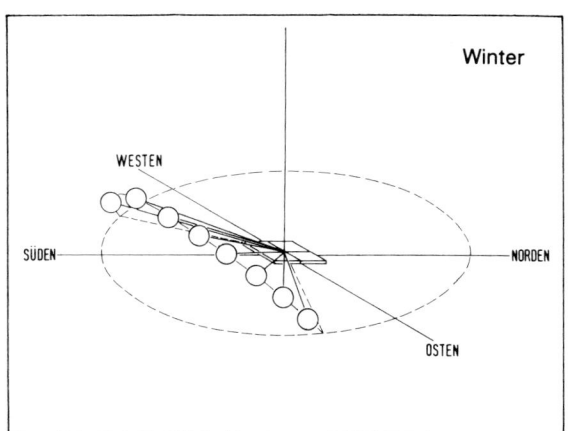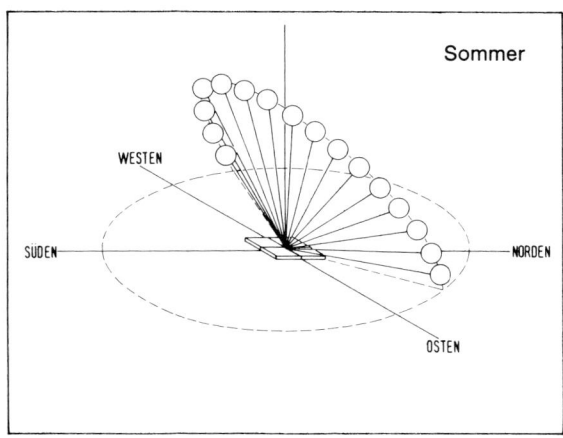

102/103   Sonneneinstrahlung auf horizontale *Flächen im Winter und Sommer*

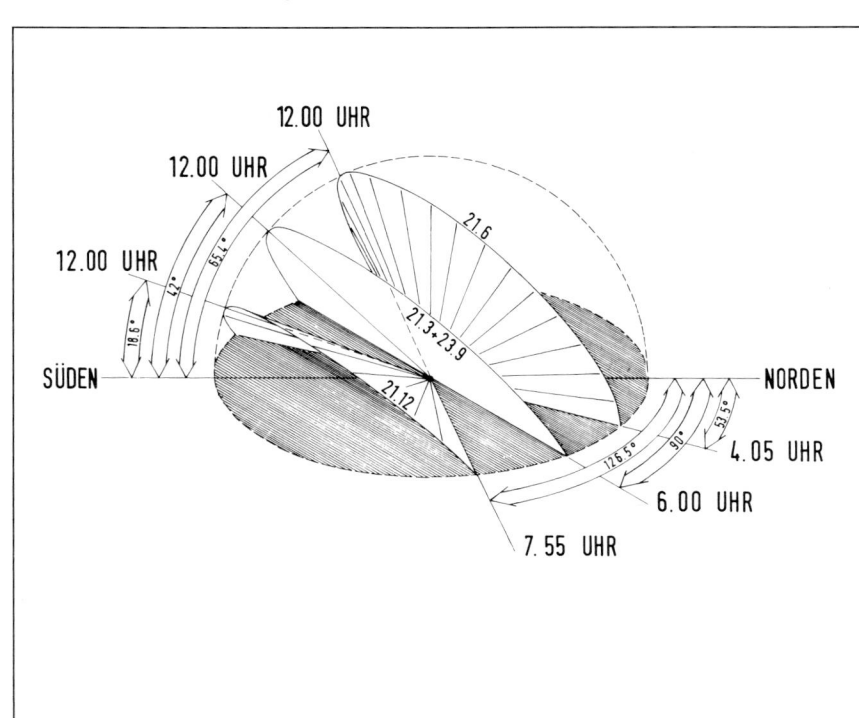

104   Die Einstrahlungsrichtung der Sonne ändert sich mit den Jahreszeiten in bezug auf die Höhe wie auch nach einem räumlichen Muster. Dies muß bei Planungen von Passiv-Solar-Architektur berücksichtigt werden.

DIE ARCHITEKTUR

Neben vielen anderen Aspekten, den geforderten Raumgrößen, den besonderen, sich verändernden Wünschen der Bauherren, beeinflußt die passive Solarnutzung das architektonische Konzept eines Hauses ungewöhnlich stark. Wer sich nicht darüber hinwegsetzen möchte, wird bald erfahren, daß sich geschlossene Baukörper in konventionellem Sinne nicht durchsetzen lassen. Im Wettstreit um wohnliche und funktionelle Zweckmäßigkeit und auch unter dem Einfluß neuer Bautechniken und niedrig angesetzter Budgets wurde der Begriff »Energie« oft unterbewertet.

In früheren Jahrhunderten wurden die klimatischen Vorteile eines Standortes sorgfältig abgewogen und genutzt. Der »genius loci« prägte die Architektur des Hauses, sie ordnete sich der Nachbarbebauung ein und war Ergebnis einer langen Bautradition. Dadurch wurde auch das ökologisch-psychologische Geflecht von Geborgenheit, Orientierung und Identifikation der Bewohner mit einem Ort unterstützt.

Heute müssen Architekten wieder lernen, bei dem Versuch konsequenter Energieeinsparung auf stilistische Eigenwilligkeiten zugunsten energetisch sinnvoller Bauformen zu verzichten. Gewiß fällt dieser Schritt nicht jedem Planer leicht, er wird natürlich auch nicht von jedem Bauherrn erwartet oder verlangt. Solange unsere Energieressourcen noch in einem (glaubhaft) überschaubaren Maße zur Verfügung stehen, wird nicht jeder zur Bedingung machen, daß alle Möglichkeiten zur Einsparung tatsächlich genutzt werden. Noch ist es fast ein Versuchsstadium, das voller Überraschungen steckt, wenn ein Haus nach strikt ökologischen und energetischen Gesichtspunkten geplant wird.

105   Die Isometrie zeigt, wie sich der Architekt den Umbau eines kleinen Hauses der 50er Jahre vorstellt. Die Erweiterung wird durch einen mittig angeordneten, den vorhandenen durchdringenden, neuen Baukörper hergestellt. An der dem Garten zugeordneten Südseite soll durch den zweigeschossigen Wohnbereich die gewünschte Großzügigkeit erzeugt werden. Über eine Empore erschließt man den Schlafbereich im Obergeschoß, der durch einen Dachausbau ebenfalls vergrößert wird. Die beiden nach Süden orientierten Glashäuser sind sowohl dem Anbau als auch dem rückwärtigen Altbau (Küche und Eßbereich) zugeordnet und stellen ein differenziertes Angebot für verschiedenartige Nutzungen dar (z. B. Gewächshaus und Erweiterung des Wohnbereiches) (Böker) ▷

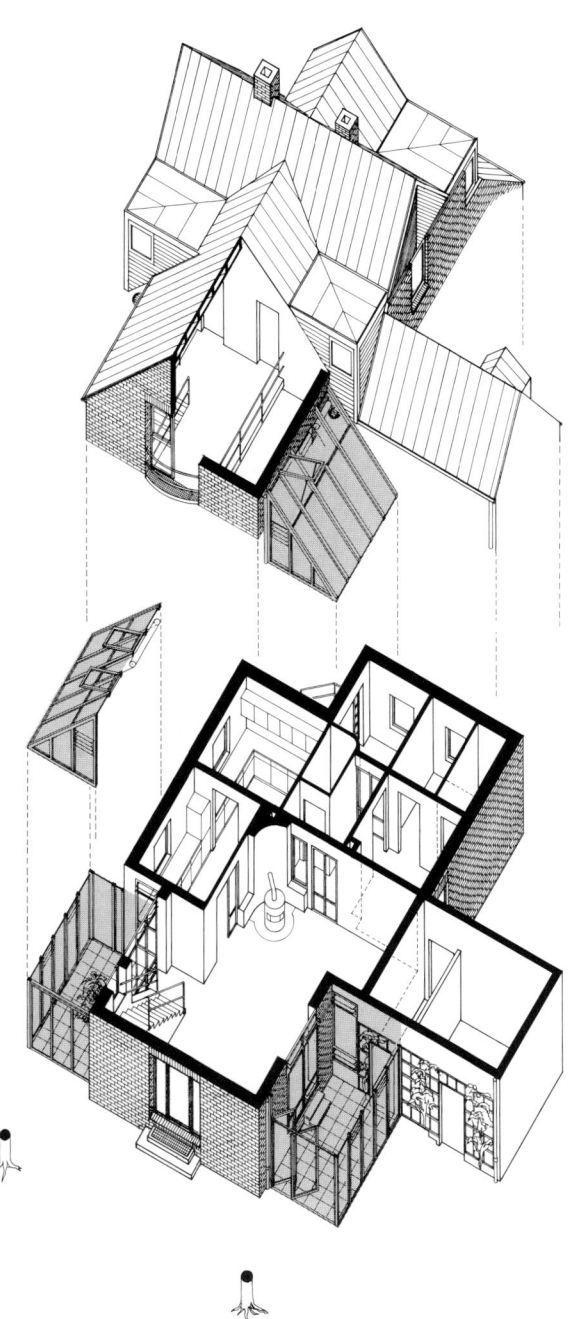

Konsequente, auf hohe Ausbeute der Sonnenenergie ausgerichtete Architektur bedeutet, daß
die Häuser mit einer großflächigen gläsernen
Hülle ausgestattet werden. Eine energetisch
orientierte Architektur setzt voraus, daß die Bauform sehr kompakt ist, um die Wärmeverluste zu
minimieren. Ideal ist eine polygonale Form, die,
facettenartig geschuppt, einer Halbkugel nahe-
kommt. Das nach Norden gerichtete Kernhaus
wird wind- und wetterabweisend gehalten. Nach
Süden öffnet sich das Haus, damit die Sonnenenergie großzügig Zutritt findet und mit Hilfe der
»Treibhausfalle« zur Wärmegewinnung nutzbar
gemacht werden kann. Konsequent mit der Sonne planen und bauen bedeutet die Integration
zahlreicher technischer und biologischer Einrichtungen, die die Architektur beeinflussen können
wie auch die Anordnung des Grundrisses eines
Hauses. Gemäß dem Temperaturgefälle sind
nach Norden die kleingehaltene Diele, das Treppenhaus und Abstellräume als Pufferzone gerichtet, nach Süden orientiert sind diejenigen Wohnräume gelegen, die im Sommer durch Verschattung angenehm temperiert bleiben und sich im
Winter bei tiefstehender Sonne schnell erwärmen. Energetisch richtig wäre es weiterhin, die
nach Osten und Westen gerichteten Fenster als
Erker auszubilden. Dadurch erhielten die dahinterliegenden Räume in den Übergangszeiten
mehr Sonnenstrahlung.

Wie hoch der Anteil der gläsernen Bauteile auch
ist, Glasanbauten und Wintergärten lockern in
jedem Fall die Architektur auf und verleihen den
Häusern erhöhte Transparenz. Das gilt für die
Planung von Einfamilienhäusern, aber ebenso für
verdichtete Bebauung. Reihen- und Kettenhäu-
ser, aber auch der Geschoßwohnungsbau können eine höhere Qualität erreichen.
Einfluß auf die Architektur mit Glas nimmt besonders der Einfallswinkel der Sonne, der einem
stetigen Wechsel unterworfen ist. Vertikale, nach
Süden gerichtete Verglasungen gewähren im
Winter den größten Gewinn. Benachteiligt sind
solche Konstruktionen hingegen in den Sommermonaten, was aber durchaus beabsichtigt sein
kann, denn nur im Winter und in der Übergangszeit werden große Energiegewinne benötigt. Horizontale oder schräge Verglasungen dagegen
bieten im Sommer die höchsten Einstrahlungs-
quoten, wenn ohnehin ein Überangebot an Energie besteht.

106   *Die Ortsrandlage an den Altmühlwiesen, die Blickbe-
ziehungen zur Burg und den umgebenden Bergen, Rücksichtnahme auf die Freiräume der Nachbarhäuser und die
Individualität der Bauherren ließen ein sich zur Natur auffä-
cherndes Gefüge entstehen.*
*Da die Hausbesitzer beruflich mit Naturstein verbunden
sind, wurden weitgehend örtliche Materialien verwendet.*
*Der eingeschossige Wintergarten mit filigranen weißen
Sprossen, einem altrosa-farbenen Wendeflügelfenster und
zwei pastellgrünen Flügeltürpaaren ist dem Wohnraum im
Süden vorgelagert. Er ist Ersatz für den überdeckten Freisitz,
sozusagen als verstecktes Gartenzimmer, das auch an son-
nigen Wintertagen genutzt werden kann. Im Sommer erwei-
tert sich der Wohnraum über eine große Holz-Glas-Schiebe-
tür in den Wintergarten hinein und dieser wiederum auf
großzügige Terrassen, die sich zum Garten abtreppen.*
Konstruktion und Verglasung:
*Tragende Stahlkonstruktion mit thermischer Trennung aus
Neoprengummi, Isolierglas, thermisch getrennte Aluminium-
türen und -fenster (farbig einbrennlackiert) im Dachbereich:
Isolierglas aus Verbundglasscheiben.*
Sonnenschutz und Belüftung:
*Zwei außenliegende Gelenkmarkisen werden über einen
Impuls gemeinsam gesteuert; durch Wind- und Sonnen-
wächterautomatik   (Niederwöhrmeier,   Kief-Niederwöhr-
meier).*

107 Das Berliner Einfamilienhaus, von den Architekten Bruno und Max Taut in den 20er Jahren gebaut, sollte eine Wohnraumerweiterung nach Süden, zum Garten, erhalten. Ausgeführt wurde eine Stahl-Konstruktion mit abgewinkelten Stahlträgern aus Stahlhohlprofilen mit aufgesetzten, wärmegedämmten, thermisch getrennten Alurahmen mit Isolierverglasung. Zur Verkleinerung der Dachfläche wurde die obere Fensterreihe im Winkel von ca. 50° nach hinten gekippt. Kletterpflanzen sollen sich an den Rankhilfen bis auf das Dach ziehen (Großklaus).

108 Große Glasflächen gliedern die Architektur des Einfamilienhauses, das nach Süden (vorn) um einen zweigeschossigen Wintergarten erweitert werden soll (Zugermeier, Discher, Meinen).

109   Die Wintergärten der Reihenhäuser wurden mit Leim-binderholz konstruiert, da Vollholz reißen oder sich verziehen kann. Für die senkrechten Glasflächen wurde die einfache und billige Verglasung mit innen- und außenseitigen Glasleisten gewählt.
Die Schrägverglasung aus Sicherheitsglas liegt auf Gummiprofilen und wird mit durchgeschraubten Aluprofilen gehalten. Der Traufpunkt ist mit einem Überstand der oberen Scheibe der Isolierverglasung von ca. 10 cm ausgeführt. Die Lüftungsflügel werden über ein Spindelgetriebe mit Handkurbel bedient. Zusätzliche Öffnungsflügel im senkrechten Bereich sind sinnvoll. Die senkrechten Glasflächen sind mit innenliegenden Bastrollos versehen. Die Haltekonstruktion aus feuerverzinktem Stahl ermöglicht das Auflegen einer Holzdiele unterhalb des Traufpunktes, um die Schrägverglasung bequem reinigen zu können.
Entlang der Außenwand wurde eine Bank aus Cotto Trittstufenplatten, die im Mörtelbett verlegt sind, vorgesehen. Die Bank dient als Stellfläche für Pflanzen, als Ablage oder auch als Sitzbank.
Im Winter stellt sich ohne Besonnung eine Temperatur ungefähr in der Mitte zwischen Raumtemperatur und Außentemperatur ein. Für extrem kalte Tage (unter – 15° C) sollte eine Heizmöglichkeit vorhanden sein, um den Raum frostfrei zu halten (Gross).

Am wirtschaftlichsten sind Glaskonstruktionen mit einem sehr steilen Neigungswinkel (etwa 70 Grad), der sich jedoch bei vielen Objekten aus gestalterischen Gründen ausschließt. Deshalb müssen in den meisten Häusern sinnvolle Kompromisse geschlossen werden. Die Kombination aus senkrechter und schräger Verglasung, so wie sie bei den Gewächshäusern angewandt wird, findet aus diesem Grunde die größte Akzeptanz. Der Einfluß der Gestaltung von Außenräumen und insbesondere der Bepflanzung darf nicht unterschätzt werden. Im Wechsel der Jahreszeiten liefern Pflanzen innerhalb des Glashauses und außerhalb (meist als sommergrüne Kletterpflanzen oder Bäume mit lichter Krone) eine willkommene Beschattung. In enger Zusammenarbeit des Architekten und Landschaftsarchitekten kann somit eine Architektur entstehen, die Pflanzen (zum Beispiel auch durch Zuhilfenahme von Spalieren) zu Gestaltungsfaktoren werden läßt, die dazu beiträgt, daß Innen- und Außenräume besser miteinander verwachsen.

110   Der Geschoßwohnungsbau ist durch Wintergärten aufgewertet. Der Grundriß der einzelnen Wohnungen wurde auf die vorgestellten Wintergärten hin konzipiert. Durch deren zentrale Lage ergaben sich Erweiterungsmöglichkeiten der Wohnfunktionen und Wohnflächen ohne Mehrkosten. Die Wintergärten sind durch Schiebetüren getrennt. Im Sommer besteht die Möglichkeit, die Glasvorbauten auch als Balkon zu nutzen, da fast alle Fenster (zum Teil sogar raumhoch) zu öffnen sind. Als Sonnenschutz dienen außenliegende Markisen (Focht).

111   Neues Bauen und Wohnen in alter Umgebung. Im Rahmen des Bundeswettbewerbes erhielt die Wohnanlage in Osnabrück höchste Anerkennung. Individuelles Wohnen miteinander ist in diesem Projekt leichter geworden, in dem sich Erker und Wintergärten, Terrassen und Sonnenplätze, glasüberdachte Wege und Markisoletten, Arkaden und Dachgauben ablösen. Eine lebendige Architektur, die von Kletterpflanzen bald umspielt sein wird. Zahlreiche Rankhilfen, Spaliere und Drähte machen ihnen den Weg nach oben leicht. Besonders ist außerdem an diesem Projekt, daß es über einer Parkgarage errichtet worden ist (Schneider-Wessling).

DIE DIMENSIONEN

Form und Gestalt der Baukörper stehen in engem Zusammenhang mit der Dimension der Glasanbauten. Aus energetischen Gesichtspunkten läßt sich feststellen, daß die Qualität und der Wirkungsgrad mit der Größe des Wintergartens zunehmen.

Wer sich eines fertig angebotenen Bausatzes bedient, sollte von einer Mindestgröße von 15 bis 20 qm ausgehen. Auf einer solchen Fläche bleibt Platz für eine Sitz- und Eßecke sowie für Grünpflanzen. Wünschenswert sind größere Glashüllen, weil sie die Sonneneinstrahlung besser nutzen lassen. Die erwärmten Luftmassen steigen nach oben und gelangen in die oberen Räume. Dort erwärmen sie die Luft, solange ein Temperaturgefälle zwischen dem Glas- und dem Kernhaus vorliegt. Die sich allmählich abkühlende Luft sinkt ab, um dann erneut im Wintergarten erwärmt zu werden. Dieser thermische Kreislauf ist am besten zur Nutzung der kostenlosen Wärmeenergie zu nutzen, wenn der Glasvorbau an das nächste, höhere Geschoß anschließt und der Luftaustausch über Lüftungsklappen ermöglicht wird.

So groß Wintergärten nach Süden dimensioniert werden sollten, so sind sie nach den anderen Seiten kleiner zu halten. Wenn sie die Funktion einer Pufferzone übernehmen, die wenig oder gar nicht zusätzlich beheizt wird, ist diese zum Beispiel als Windfang vor dem Hauseingang lediglich als schmaler Vorbau von zwei Meter Breite vorzusehen.

Ebenso wie die Architektur zählt auch die Wahl der Dimension des Wintergartens zu den wichtigen Dingen, die in enger Absprache zwischen Architekt und Bauherrn unter Berücksichtigung der energetischen Gewinn- und Verlustrechnung diskutiert und geklärt werden müssen. Als wirtschaftlich – wegen relativ geringer Folgekosten trotz möglicher höherer Baukosten – haben sich großräumige Pflanzenhäuser erwiesen, wie sie Bestandteil ökologisch orientierter Planungen und Konzepte sind.

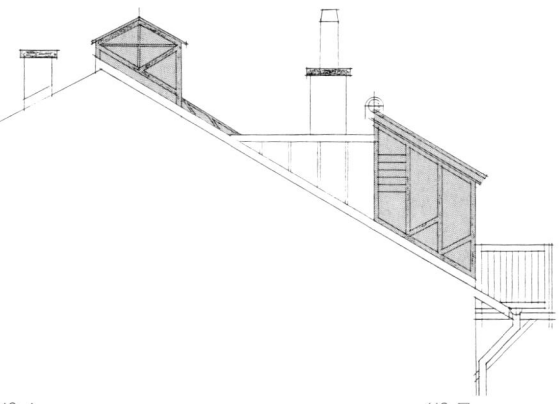

112 △

113 ▽

112   Schnitt für den Ausbau eines Dachgeschosses, bei dem die Verglasung einer flachen Gaube und im First eine Dachlaterne geplant sind (Gitter).

113   Als markanter Baukörper fügt sich das Glashaus mit gelben Sprossen in Dreiecksform und 45° Dachneigung an das Wohnhaus (Szypura).

114   Die gewölbte Verglasung gibt in schlichter Betonung der Achse in dem Einfamilienhaus den Blick frei in den Himmel.

115   5,50 Meter hoch ist der ganz in das Wohnhaus integrierte, zweigeschossige Wintergarten mit bewährtem Luftaustausch, siehe Abb. 363 ff. (Göger).

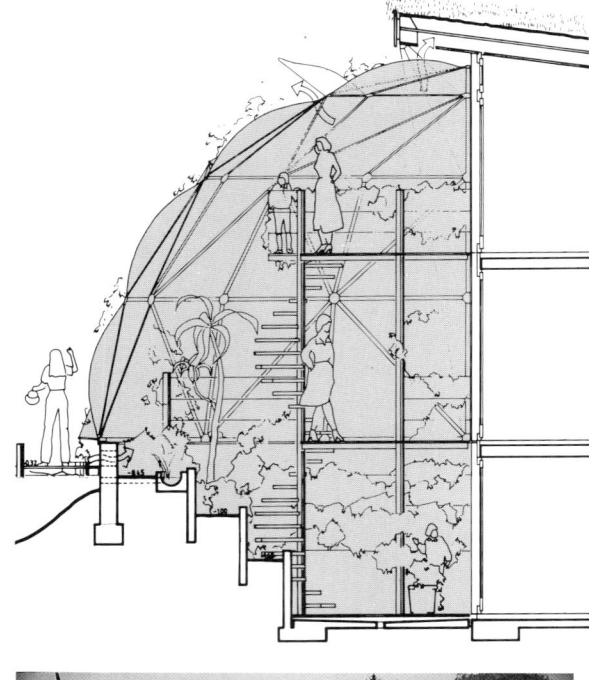

116   Der Entwurf eines solarenergetischen Wintergartens für eine Reihenhausserie als Rombendodekaeder, bestehend aus 24 identischen Plexiglas-Lichtkuppeln: Das Neuartige an dem Konzept ist die Mitbenutzung des Untergeschosses. Die Trombe-Wand als zweischalige, teilweise transluzente Wandkonstruktion nutzt die passive Solarenergie durch thermischen Auftrieb. Die Wand besteht aus klaren Plexiglas-Massivplatten auf Metallkonstruktion in der Außenschale, sowie Wellstegplatten in der inneren Schale. Zur direkten Raumbelüftung sind alle angrenzenden Räume mit zwischengeschalteten Kunststoffenstern versehen. Seitlicher Kuppelabschluß erfolgt durch Wellstegdoppelplatten. Die »Brennglaswirkung« der linsenförmigen Gläser soll als punktuell verstärkter Solareinsatz zum Beispiel das Reifen von Bananen beschleunigen. Entwurf: Wolf Gerischer und Daniel Kass, Mitarbeiter: Angela Oedekoven

117   Freiräume unter Glas lassen sich mit einem Baukasten-System jedem Baustil anpassen. Breite Schiebetüren und -dachteile ermöglichen hier eine enge Verbindung mit der Natur (Schüco). △

118/119 Außergewöhnlich: Die abweisende, fensterlose Aluminiumhaut des Einfamilienhauses öffnet sich zum 6 × 6 Meter großen Atriumhof, der teilweise überglast und mit einem zentralen Wasserbecken als Klimaregulator ausgerüstet ist. Die nach Osten gerichtete Hausecke wurde zugunsten der Frühstücksterrasse ausgespart (Schmitges). ▷

BAUAUFSICHTLICHE ANFORDERUNGEN

Der Anbau eines Wintergartens an ein bestehendes Gebäude oder der Neubau mit integrierten Glasbauteilen macht es in jedem Falle notwendig, die planungsrechtlichen Voraussetzungen zu prüfen. Auch bei einem kleinen aber ständig bewohnbaren Wintergarten ist derselbe Behördenweg zu beschreiten, wie es bei der Planung eines konventionellen An- oder Neubaus selbstverständlich ist.

Da das Bauordnungsrecht Länderrecht ist, bestehen in den einzelnen Bundesländern voneinander abweichende Regelungen: Es gibt keine allgemein gültige Regelung über erforderliche Baugenehmigungen. Deshalb muß jeder Einzelfall geprüft werden. Bei kleineren Bauvorhaben bis zu etwa 15 cbm umbauten Raum wird jedoch meistens keine Baugenehmigung verlangt.

Von entscheidender Bedeutung ist stets die Antwort auf die Frage, ob das geplante Glashaus als Aufenthaltsraum dienen soll, der »zum nicht nur vorübergehenden Aufenthalt für Menschen bestimmt ist oder nach Lage und Größe für diesen Zweck benutzt werden kann«. Inwieweit der Wintergarten ein Aufenthaltsraum ist, bestimmt letztlich der Bauherr selbst durch die Angabe der geplanten Art der Nutzung.

Handelt es sich nun um einen ständig bewohnbaren, beheizten Glasanbau, müssen auch die entsprechenden Anforderungen erfüllt werden. Dies sind eine ausreichende lichte Höhe, Beleuchtung mit Tageslicht, Sicherheitsglas im Über-Kopfbereich, Belüftung, Beheizung und vor allem der notwendige Wärmeschutz. Weist die großflächige Verglasung nicht den entsprechenden Wärmeschutz (lt. Wärmeschutzverordnung) auf – wobei es sich also nicht um einen Aufenthaltsraum handelt –, müssen Trennwände zwischen Wohnräumen und Wintergarten den Mindestwärmeschutz für das Kernhaus gewährleisten.

Interessant sind Lösungen, die als (meist unbeheizte) Nebenanlagen eingestuft werden, weil sie keine Aufenthaltsräume sind. So sind Gewächshäuser »Bauwerke, die zur Kultur und Unterbringung von Pflanzen dienen und ausschließlich von Personen zur Betreuung der Kulturen betreten werden« (aus DIN 11535, Punkt 1 u. 2). Wintergärten gelten häufig als gewächshausartig ausgebildete Vorbauten. Wenn sie an ein Wohnhaus gebaut werden, ändert dies nichts an ihrer Einstufung.

Die Einordnung als Nebenanlage bringt manchen Vorteil, weil solche Bauten nicht auf die zulässige Grundfläche und Geschoßfläche angerechnet werden und auch nicht der Wärmeschutzverordnung und den strengen statischen Anforderungen für Aufenthaltsräume unterliegen. Während ein ringsum verglaster, als Aufenthaltsraum genutzter Wintergarten nicht in den Bauwich (Bauflucht, Häuserzwischenraum) ragen darf, ist dies für ein Gewächshaus oder einen verglasten Vorbau durchaus gestattet. Hier gibt es also zahlreiche Varianten, ein Grundstück besser nutzen zu können.

Welche Möglichkeiten und Spannweiten sich daraus ergeben, bedarf einer individuellen Prüfung des Architekten und der Zustimmung der Bauprüfabteilung. Deshalb ist es unabdingbar, sich sehr früh über die Einstufung zu informieren.

KONSTRUKTIONSPHASE

Schon während der Planung sollte sowohl der Konstruktion als auch der Wahl der Materialien ausreichende Beachtung geschenkt werden. Sie greifen in die Überlegungen bezüglich der Statik und der bauphysikalischen Aspekte ein. Daraus ergeben sich folgende Überlegungen:
- Bemessung der Konstruktion und des statischen Systems
- Tauwasserbildung (einschließlich der Abführung des Schwitzwassers)
- Anordnung der Be- und Entlüftung unter Berücksichtigung der möglichen oder gewünschten Energieverwertung
- Konstruktive Ausbildung (mit der Verbindung zum Gebäude) und die Wahl der Werkstoffe.

Auch wenn die Baubehörde für einen kleinen Glasanbau keinen statischen Nachweis verlangt, muß ein statisch ausreichendes, frostfrei gegründetes Streifenfundament (oder eine Bodenplatte) geschaffen werden (am besten mit außenliegender Wärmedämmung). Außerdem gilt es, die vorgeschriebenen Lastannahmen für Schnee, Verkehrslast und Wind zu beachten.

Kritische Punkte, die stets mit besonderer Sorgfalt geplant und ausgeführt werden müssen, sind der obere Wandanschluß und der Sparren, der Traufpunkt sowie der Fußpunkt.

Der Übergang von dem geneigten Glasdach zum senkrechten Glasunterbau ist so zu lösen, daß das Regenwasser sofort abgeleitet werden kann. Eine Staubildung durch falsche Profilierung und manchmal durch eine zu schmal dimensionierte Regenrinne kann zu Eisbildung im Bereich der Glaskanten führen und Glasbruch verursachen.

Während für die Konstruktion eines Gewächshauses oder Glasvorbaus einfache Lösungen und Konstruktionen genügen (die meist sogar isolierverglast, korrosionsbeständig und dazu preiswert angeboten werden), ist bei einem beheizten Wohnraum unter Glas eine höhere Qualität der Konstruktion und Materialien erforderlich.

Unabhängig davon, ob die Tragkonstruktion aus Aluminium, Holz, Kunststoff oder Stahl besteht, sollte sie wärmegedämmt sein. Eine solche Trennung der Konstruktionsprofile aus Metall (bei

120   Die tragende Konstruktion des flächig wirkenden Segments besteht aus einer Kombination von Aluminium und PVC-Hartschaum-Ummantelung, s. Abb. 122 ff. (Bopp).

121   Die Fenster eines Altbaus, dessen Abriß nicht verhindert werden konnte, fanden hier eine sinnvolle Wiederverwendung (Schreiber).

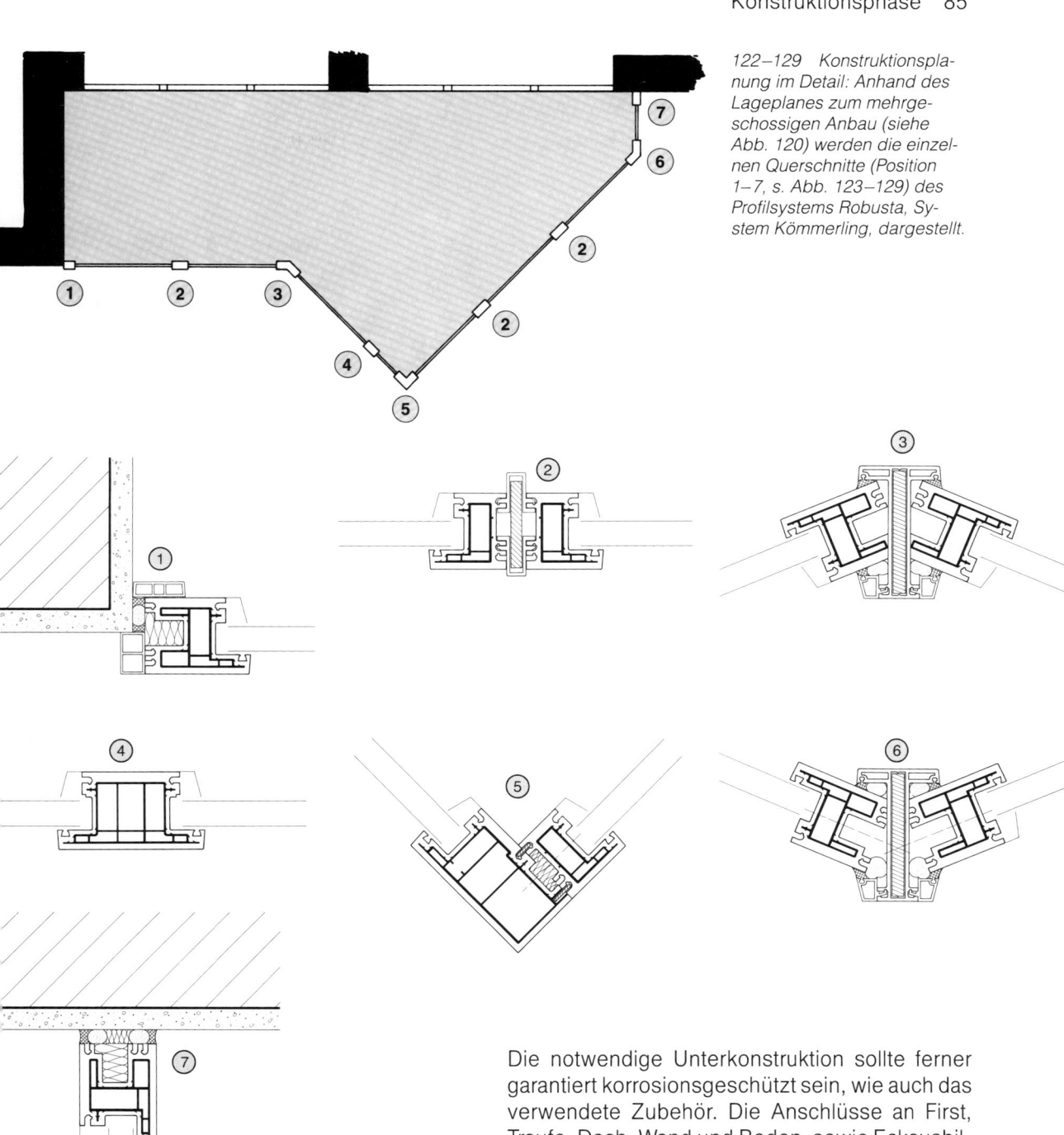

122–129 Konstruktionsplanung im Detail: Anhand des Lageplanes zum mehrgeschossigen Anbau (siehe Abb. 120) werden die einzelnen Querschnitte (Position 1–7, s. Abb. 123–129) des Profilsystems Robusta, System Kömmerling, dargestellt.

Holz wegen der geringen Wärmeleitfähigkeit nicht erforderlich) unterbindet zum Beispiel durch einen »isolierenden«, das heißt trennenden Kunststoffkern oder eine Kunststoffummantelung die Wärmeleitung von innen nach außen. Je geringer der Wärmedurchgang dadurch wird, um so besser ist es für die Energiebilanz.

Die notwendige Unterkonstruktion sollte ferner garantiert korrosionsgeschützt sein, wie auch das verwendete Zubehör. Die Anschlüsse an First, Traufe, Dach, Wand und Boden, sowie Eckausbildungen sind nicht nur wärmegedämmt, sie sind auch wasser- und möglichst dampfdicht auszuführen. Die dichtstofffreien Glasfalze sind belüftet und mit einem Dränagesystem für eventuelles Auftreten von Schwitzwasser auszustatten. Neben einer sorgfältigen Versiegelung der Verglasung (Isolierverglasung, Wärmeschutzverglasung, Sonnenschutzverglasung, und im Dachbereich mit Verbundsicherheitsglas) kommt es schließlich auf die technische Ausstattung an, die Anzahl und Anordnung der Lüftungsflügel (schlagregendicht), die Art des außen- oder innenliegenden Sonnenschutzes sowie die Art der Steuerung (manuell oder automatisch, per Thermostat).

DAS MATERIAL FÜR DIE KONSTRUKTION DES WINTERGARTENS

Das Angebot von Materialien ist sehr vielfältig. Es umschließt Aluminium, Holz, Kunststoff oder Stahl, wobei Kombinationen, besonders von Aluminium und Holz, ebenfalls üblich sind.

Aluminium wird am häufigsten verarbeitet. Es sind zumeist gezogene, stranggepreßte Profile, seltener wird Aluminiumguß angeboten. Die Oberflächen sind weiß oder andersfarbig pulverbeschichtet oder eloxiert. Aluminiumprofile können auf Unterkonstruktionen von Holz und Stahl montiert werden.

Holz erfordert nicht wie die anderen Materialien eine zusätzliche Wärmedämmung. Es werden z. B. Western Red Cedar, Kiefer, Oregon-Pine und tropisches Hartholz verwendet. Gerade bei Holz kommt es auf die richtige Konstruktion an, die darauf ausgerichtet ist, Wasserstau zu vermeiden. Alle Sprossen sollten so bearbeitet oder verwendet werden, daß die Oberkante eine Schräge von mindestens 18 Grad und nur eine geringe Tiefe aufweist, dann braucht das Holz keinen besonderen Schutzanstrich. Trotzdem werden die Konstruktionen meist offenporig mit einer Lasur oder einem deckenden Lack versehen und dadurch vor dem Ausbleichen und Grauwerden bewahrt. Aus Gründen der Haltbarkeit ist es ratsam, auf dunkle Anstriche zu verzichten. Während weiße Farben die Sonnenwärme gut reflektieren, heizen sich dunkel gestrichene Holzteile bis zu 80 Grad auf, wobei häufig an vielen Stellen Harz austreten kann.

Stahl ist ein schweres Material, das einbrennlackiert oder feuerverzinkt eingebaut wird. Er ist neben Gußeisen der Werkstoff der alten Wintergärten und erlaubt besonders große Spannweiten. Im Vergleich: Bei gleichen Profilabmessungen von 40×120 mm (Holz), $40 \times 120 \times 4$ mm (Aluminium und Stahl) wäre eine Gebäudetiefe von nur 2,22 Meter mit Holzprofilen möglich, mit Aluminium 3 Meter und mit Stahl 4,32 Meter.

Kunststoff zählt zu den neuen Materialien. Durch Glasfaser verstärkt oder in Verbindung mit Aluminium bieten diese unverrottbaren Materialien

neue Einsatzmöglichkeiten. Die Konstruktionssysteme unterscheiden sich auch durch ihre Profilstärke, die materialabhängig schwankt. Die meisten Systeme bieten Breiten, die zwischen 4 und 6 cm liegen.

◁ *130/131 Die Transparenz des Glasanbaus wurde er-*
höht, indem die Innenseiten der Profile und Sprossen ver-
chromt wurden und dadurch einen Spiegeleffekt erzielen
(Haslob, Hartlich, Schütz).

DIE BAUPHYSIKALISCHEN PROBLEME

Glasanbauten und Wintergärten können in erheblichem Umfang den Feuchtehaushalt des Wohnhauses beeinflussen. Dies tritt vor allem in den Übergangszeiten ein, wenn der Wintergarten nach innen zum Gebäude hin geöffnet wird. Die Feuchteabgabe von Pflanzen ist recht hoch, so daß mit der Bildung von Schwitzwasser an der Verglasung gerechnet werden muß. Anlaß für eine (unter Umständen überhöhte) Tauwasserbildung kann auch die Anwesenheit vieler Menschen sein. Während die Art der Verglasung von großer Wichtigkeit ist, übt die Orientierung des Glashauses kaum einen beachtenswerten Einfluß auf die Tauwasserbildung aus.

Schwitzwasser läßt sich zum einen durch hochwertige Verglasung vermeiden, aber nur im Zusammenhang mit ausreichender Belüftung. In ungünstigen Fällen und bei sehr »großzügigem« Umgang mit Wasser (wie beim Gießen der Pflanzen) kann schnell ein Gewächshausklima mit 90% relativer Luftfeuchtigkeit entstehen. Dann schimmeln sogar gut isolierte Holzhäuser, und das Wasser läuft an den Scheiben herunter. Im Wohnungsbau wird von 50% relativer Luftfeuchtigkeit ausgegangen. Bei höherwertiger Verglasung (zum Beispiel mit k-Wert von 1,3) entsteht bei Außentemperaturen von − 10° erst bei 60 bis 70% relativer Luftfeuchtigkeit das Tauwasser an den kalten Konstruktionsteilen.

Die Bildung von Schwitzwasser ist nicht nur ein konstruktives Problem (es wird meist durch sichtbare oder verdeckt liegende Schienen abgeleitet), sondern es beeinträchtigt auch die »visuelle Behaglichkeit«.

Die »thermische Behaglichkeit« ist dagegen bestimmt durch die empfundene Temperatur. Darunter wird der Mittelwert der Raumlufttemperatur und der Raumumschließungsflächen verstanden. Der Grund für die Charakterisierung der Behaglichkeit durch die empfundene Temperatur läßt sich so erklären: Vor einer großen Glasscheibe (vor allem bei einfacher Verglasung deutlich spürbar) entsteht an kalten Tagen der Eindruck, daß es zieht. Obgleich die Fenster fest geschlossen sind, streicht kühle Luft vorbei. Dieser Vorgang wird verursacht, weil der menschliche Körper sehr stark langwellige Strahlung an die Verglasung abgibt, genauer gesagt, mit der Verglasung im langwelligen Strahlungsaustausch steht. Da am Fenster eine niedrige Temperatur vorliegt, gibt der Körper viel Wärme ab, was als unangenehm empfunden wird.

132 ▽

KLIMATOLOGISCHE JAHRESMITTELWERTE						
ELEMENT	SCHLESWIG	BERLIN	ESSEN	WASSERKUPPE	MÜNCHEN	FREIBURG
Temperatur in °C:						
Mittleres Tagesmaximum	11.3	12.9	13.2	7.8	12.5	14.6
Klimamittel	8.0	8.8	9.6	4.8	7.6	10.3
Mittleres Tagesminimum	4.9	4.8	6.0	2.0	3.4	5.9
Anzahl der Tage mit						
Temp. max. < 0.0° C (Eistage)	20.6	25.5	15.6	73.8	32.7	17.4
Temp. min. < 0.0° C (Frosttage)	79.6	87.6	59.9	145.6	109.4	75.0
Temp. max. = 25.0° C (Sommertage)	12.5	33.9	24.7	2.9	33.4	48.9
Temp. max. = 30.0° C (Heiße Tage)	0.4	6.3	1.9	0.1	3.2	8.4
Gewitter	24.6	29.8	30.7	23.5	30.7	34.7
Nebel (Sichtweite ≤ 1000 m)	86.6	37.9	62.0	256.1	62.7	49.9
Schneedecke ≥ 0 cm (7 Uhr)	43.3	47.4	21.1	116.8	68.3	33.8
Niederschlag ≥ 0,1 mm	183.7	171.6	195.7	207.8	173.2	182.1
Niederschlagsmenge in mm	819	596.3	829	1124	964	903
Sonnenscheindauer in Stunden	1711	1671.7	1494	1590	1771	1760

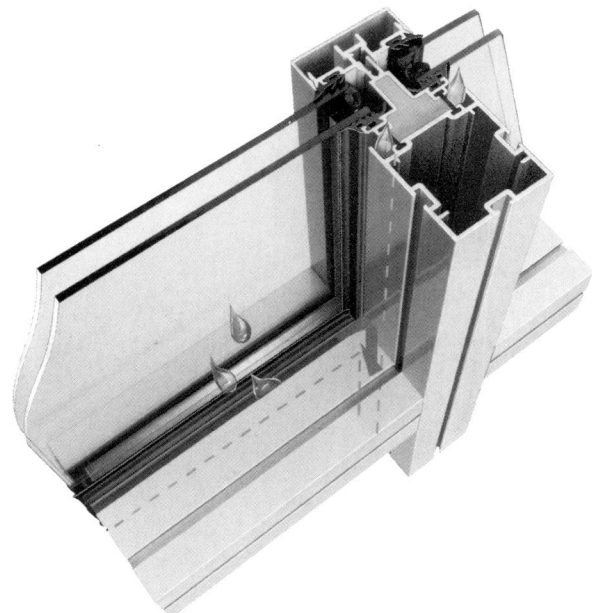

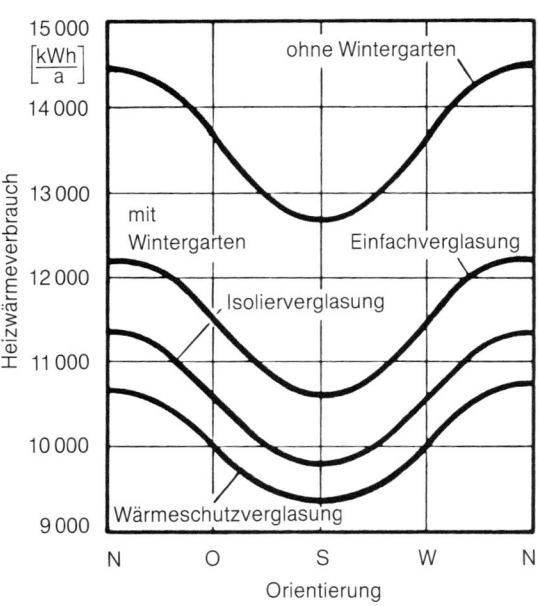

133 *Thermisch getrenntes Aluminiumprofil mit integriertem Auffangkanal für eventuell auftretendes Schwitzwasser (Bartscher).*

134 *Die Grafik zeigt am Beispiel eines freistehenden Hauses: Ein Wintergarten verringert den Wärmeverbrauch. Für die Nordseite liegt der absolute Wert sogar höher als auf der Südseite.*

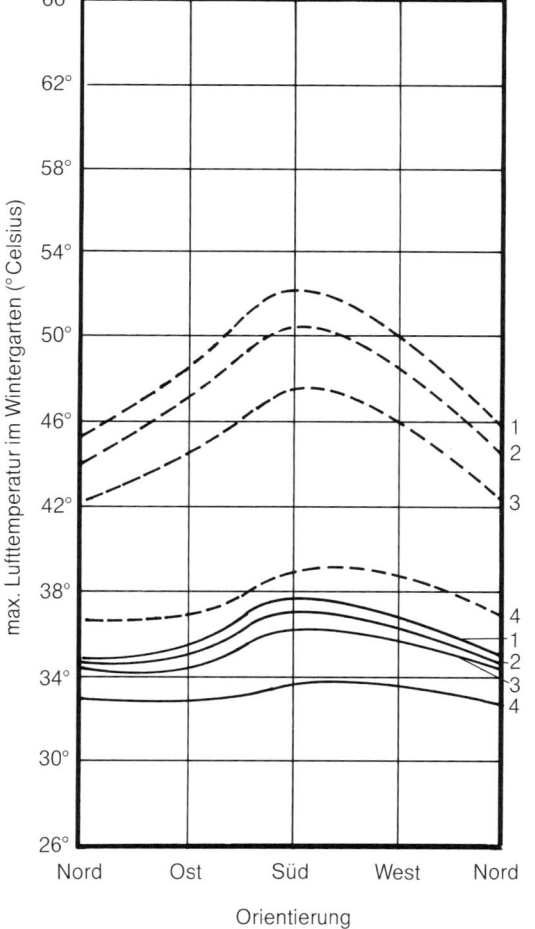

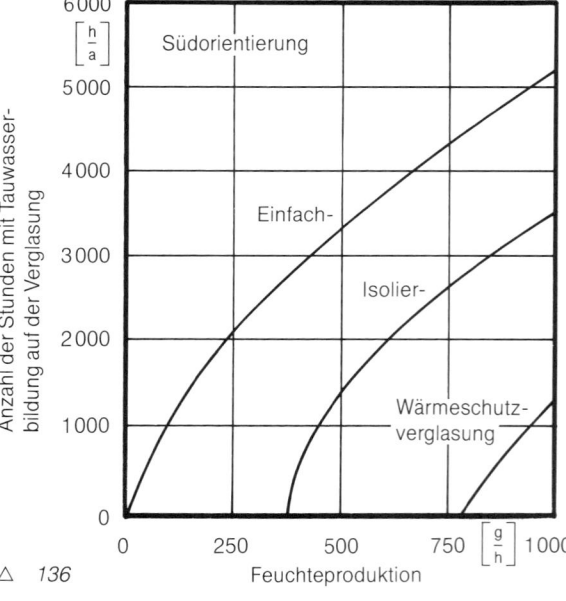

△ 136

◁ 135 *So unterschiedlich steigt die Temperatur im Wintergarten mit und ohne Sonnenschutz bei mäßig bis starkem Luftwechsel an. Gestrichelte Linie = ohne Sonnenschutz. Durchgehende Linie = mit Sonnenschutz*
1 = 2,5facher Luftwechsel/h
2 = fünffacher Luftwechsel/h
3 = zehnfacher Luftwechsel/h
4 = fünfzigfacher Luftwechsel/h

136 *Tauwasserbildung in Abhängigkeit von Feuchteproduktionen (siehe Tabelle 139) im Glashaus auf der Südseite: Hohe Werte bei Einfachglas.*

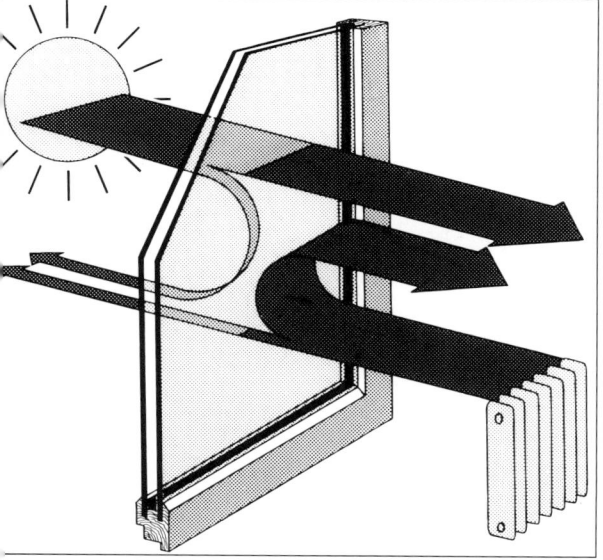

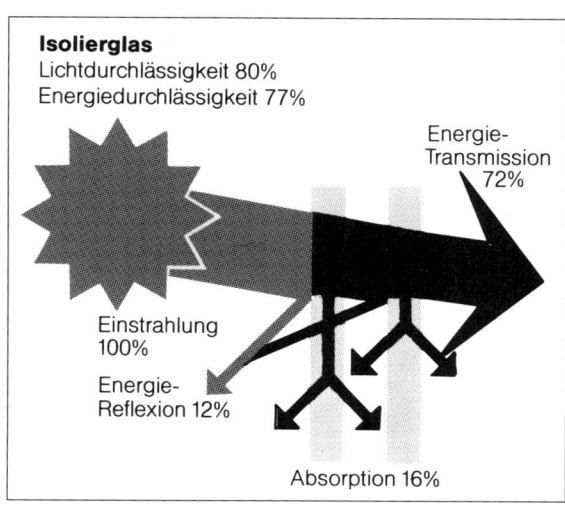

Isolierglas
Lichtdurchlässigkeit 80%
Energiedurchlässigkeit 77%

Energie-
Transmission
72%

Einstrahlung
100%

Energie-
Reflexion 12%

Absorption 16%

137   Isolierverglasung erwirtschaftet hohen Energiegewinn im Glashaus bei geringem Wärmeverlust. Die größte Einsparung bringt Wärmeschutzglas.

138   Die Sonnenstrahlen werden beim Auftreffen auf das Glas reflektiert und absorbiert. Nur 72% gelangen ins Glashaus (85% bei Einfachglas).

Es hängt weitgehend von der Art der Verglasung ab, wie häufig eine thermische Behaglichkeit im Wintergarten entsteht; das ist bei Glashäusern mit Einfachverglasung viel seltener als bei solchen mit Isolierverglasung. Den besten Wert weisen Wintergärten mit Wärmeschutzverglasung auf. Übrigens unterscheidet sich die Stundenzahl bzw. die Häufigkeit der empfundenen Temperatur nur geringfügig bei unterschiedlicher Orientierung des Glasanbaus. Sogar auf der Nordseite liegt die Stundenzahl im Jahr nur bis zu 400 unter der der Südorientierung.

FEUCHTEABGABE in der Wohnung durch Menschen, Pflanzen und Trocknungsvorgänge sowie in Naßzellen		
Mensch	leichte Aktivität	30– 60 g/h
	mittelschwere Arbeit	120– 200 g/h
	schwere Arbeit	200– 300 g/h
Bad	Wannenbad	ca. 700 g/h
	Duschen	ca. 2600 g/h
Küche	Koch- u. Arbeits-	600–1500 g/h
	Vorg. im Tagesmittel	100 g/h
Zimmerblumen	Alpenveilchen	5– 10 g/h
Topfpflanzen	wie Farn	7– 15 g/h
	wie mittelgroßer Gummibaum	10– 20 g/h
Wasserpflanz.	wie Seerose	6– 8 g/h
Freie Wasser-oberfläche		ca. 40 g/m²/h
Jungbäume (2–3 m)	wie Buche	2– 4 kg/h
Ausgewachs. Bäume (25 m)	wie Fichte	2– 3 m³/h

139   Einige Beispiele für die Feuchteproduktion, die im Wintergarten, besonders mit Einfachverglasung, bei niedrigen Temperaturen zu Schwitzwasser führt.

140   Die rahmenlose Verglasung bietet die größte Transparenz für den Wintergarten, die Dachfläche wird jalousieartig geöffnet (Glashaus Klemt).

GLAS UND VERGLASUNG

Die positiven Eigenschaften von Glas, wie die hohe Lichtdurchlässigkeit, werden bei einem Wintergarten besonders wirkungsvoll sichtbar. Der Hellraum begeistert immer wieder die Hausbesitzer und vor allem Besucher, die diese Umgebung und dieses Raumgefühl nicht gewohnt sind. Positiv ist es, daß das Glas die energiereiche, kurzwellige Strahlung (Tageslicht) hineinläßt, aber für die langwellige Strahlung (Wärmestrahlung) nach außen undurchlässig ist. Durch diesen Treibhauseffekt kann die Wärme gespeichert und zeitverschoben an die Raumluft abgegeben werden.
g-Wert: Unter diesem Wert versteht man den Energiedurchlaßwert der Sonnenstrahlung. Für wärmetechnische Berechnungen ist dieser Wert, der in Prozent ausgedrückt wird, wichtig. Er setzt sich aus direkter Sonnenenergietransmission und Abgabe von in der Verglasung absorbierter Sonnenenergie zusammen.
Beispiele für den g-Wert:
Einfachglas bis zu 87%
Isolierglas 70 bis 75%
Wärmeschutzglas 62%.
Die günstigen Werte für das Einfachglas werden aber durch hohe Wärmeverluste (hoher k-Wert) aufgehoben.
k-Wert: Als k-Wert wird der Wärmedurchgangskoeffizient als Maßeinheit für die Ermittlung des Wärmedurchganges von Baumaterialien bezeichnet. Er gibt die Wärmemenge an, die pro Zeiteinheit durch 1 qm eines Bauteils bei einem Temperaturunterschied zur Umgebungsluft von einem Grad (1 K) hindurchgeht. Das bedeutet: Je kleiner der k-Wert ist, desto größer ist die Wärmedämmungseigenschaft eines Werkstoffes.
Beispiele für den k-Wert (W/m^{2}k):
Einfachglas 5,7 (Glasstärke 6 mm)
Isolierglas je nach Scheibenzwischenraum 2,3–3,0
Wärmeschutzglas 1,3.
Das für Wintergärten und Fenster verwendete Glas wird als *Flachglas* bezeichnet. Es gehört zu der Gruppe der Kalk-Natron-Gläser, die weitgehend aus Quarzsand, Soda und Kalkstein erschmolzen werden. Es werden zwei Verfahren unterschieden:

Das klar durchsichtige *Spiegelglas* wird im Floatglasverfahren hergestellt, das undurchsichtige *Gußglas* im Walzverfahren. Diese beiden Hauptarten von Flachglas werden auch miteinander kombiniert. Gußglas kann durch ein Maschinenwalzverfahren auf den Oberflächen eine Ornamentierung erhalten, die eine günstige Lichtstreuung und je nach Art der Prägung auch eine gezielte Lichtlenkung bewirkt. Mit einer Drahtnetzeinlage, die in die flüssige Glasmasse eingewalzt wird, entsteht *Draht- oder Drahtornamentglas*. Nach DIN 18361 werden diese Arten zu den Gläsern mit Sicherheitseigenschaften gezählt (das Prüfzeugnis eines staatlichen Materialprüfungsamtes bietet Gewähr für ein einwandfreies Erzeugnis).
Zu den sogenannten *Funktionsgläsern*, die beim Bau eingesetzt werden, zählen Gläser mit besonderen Eigenschaften, wie kombinierte Glaseinheiten (Isolierglas), die erhöhtem Wärme-, Schall-, Sonnen- und Brandschutz dienen. Solche Eigenschaften lassen sich auch in Isolier- und Sicherheitsgläsern kombinieren.
Sicherheitsgläser dienen dem Schutz vor Verletzung bei Glasbruch (passive Sicherheit) und/ oder dem Schutz gegen Durchbruch oder im Ausnahmefall gegen Durchschuß (aktive Sicherheit). Neben dem erwähnten Drahtglas gehören dazu die Einscheiben- und Verbundsicherheitsgläser.
Einscheibensicherheitsglas (ESG) ist ein thermisch vorgespanntes Glas, das unempfindlich auf Temperaturschwankungen reagiert. Außerdem besitzt es eine sechsfache Widerstandsfähigkeit gegenüber normalem Floatglas. Bei Bruch zerfällt das Einscheibensicherheitsglas in ungefährliche Krümel.

Taupunkt-Diagramm

Beispiel: k-Wert = 2,7 (2,0) W/m²K
Raumtemperatur = + 20°C
rel. Luftfeuchtigkeit = 46%

Linie für 46% Luftfeuchtigkeit einzeichnen. Von ihrem Schnittpunkt mit dem k-Wert 2,7 (2,0) waagrecht nach rechts bis zum Schnitt mit der Raumtemperatur + 20°C. Vom Schnittpunkt parallel zu den Außentemperatur-Kurven weiter bis zur Temperaturskala. Ergibt eine Außentemperatur von –18,5 (–31)°C, bei welcher an der raumseitigen Scheibenoberfläche bereits ein leichter Beschlag entstehen kann.

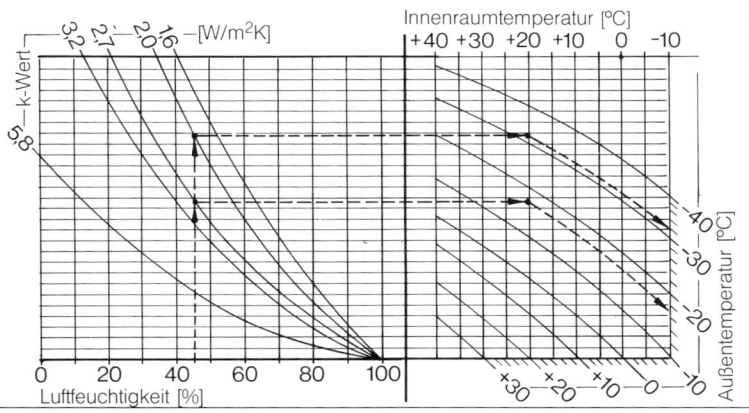

141 Aus dem Diagramm kann die Außenlufttemperatur ermittelt werden, bei welcher die Raumluft auf der Glasoberfläche zu kondensieren beginnt (Taupunkt).

142 Schalldämmende Verglasung für Wintergärten. Die Verglasung aus zwei Scheiben ist preiswert und erreicht dieselben k-Werte wie Isolierglas bei guten schalldämmenden Eigenschaften. ▽

Beispiele des Schalldämmverhaltens einiger Verglasungen:

1 einschalig
2–5 zweischalig

Prüfräume:

Volumina V_1 = 63 m³
Volumina V_2 = 63 m³
Zustand: leer
Art: Hallraum

Prüffläche: 2 m²

Prüfschall: Terzrauschen

Empfangsfilter: Terzfilter

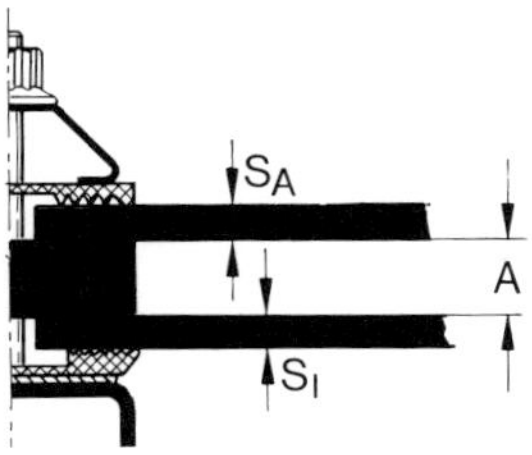

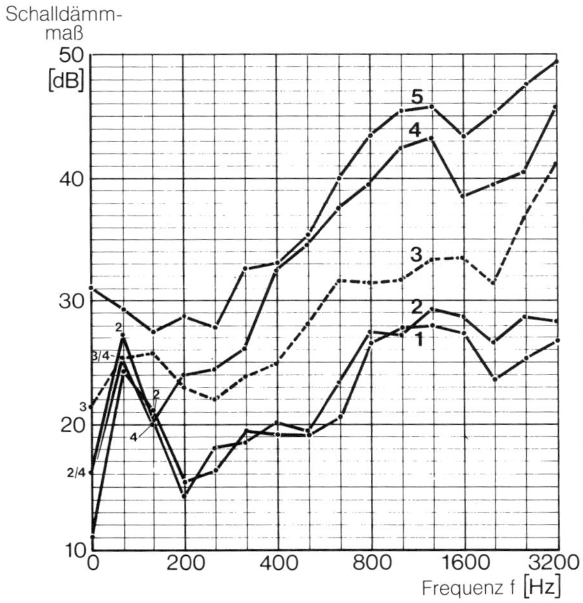

Ver-glasung	Guß-glas	Scheiben-abstand	Guß-glas	Verglasungsaufbau	Schalldämm-maß		Bemerkungen
Nr.	S_A mm	A mm	S_I mm	Zusatzmaßnahmen	R'_m dB	R'_w dB	
1	7	–	–	keine	23	25	Schalldämmwirkung kann durch Zusatzmaßnahmen nicht gesteigert werden
2	7	15	7	keine	24	26	Schalldämmwert kann durch Zusatzmaßnahmen erheblich verbessert werden
3	7	15	7	Randfugen versiegelt	29	31	–
4	7	30	7	Randfugen versiegelt Randbleche Stahl, zweischalig mit min. 1,5 mm Dicke	33	36	–
5	9	60	7	Alle Anschlußfugen versiegelt. Fuß- und Firstbleche mit Glaswolle ausgestopft, Stahlblech 1,5 mm dick zweischalig	37	40	kann durchVergrößerung von A auf 80 mm und durch zusätzlichen Einbau von Randdämpfungselementen über den Sprossen auf ein R'_w = 42 dB gebracht werden

Formelzeichen: R'_m = mittleres Schalldämmaß in dB R'_w = bewertetes Schalldämmaß nach DIN 52 210, Teil 4, Ausgabe 1975

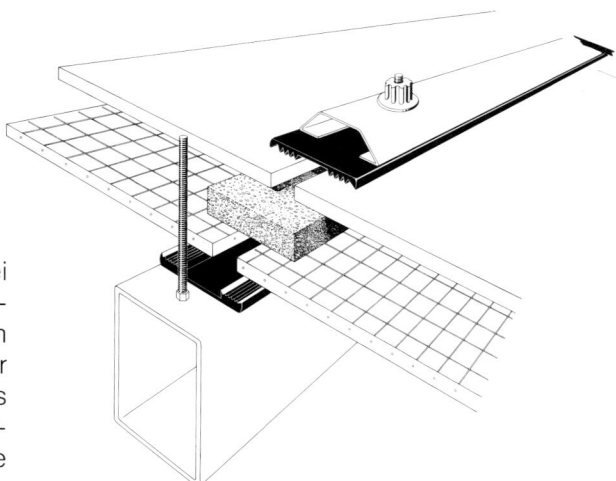

Verbundsicherheitsglas (VSG) wird aus zwei Scheiben hergestellt, die durch eine durchsichtige, zähelastische Folie verbunden sind. Zu einem Verbundsicherheitsglas werden zwei und mehr Glasscheiben verbunden, wobei auch Gußglas oder Einscheibensicherheitsglas verarbeitet werden. Bei Bruch hält die durchsichtige Folie die Splitter der Scheiben zusammen.

Panzerglas, das in Einzelfällen eingesetzt wird, ist ebenfalls ein Verbundglas.

143   Die Trocken-Verglasung setzt sich aus tragenden Teilen, Gläsern beliebiger Art und Dichtungsprofilen zusammen (141–146 J. Eberspächer).

Mehrscheiben-Isolierglas bezeichnet die Kombination von zwei und mehr Scheiben durch einen Randverbund unter Berücksichtigung eines Scheibenzwischenraums. Früher waren Isoliergläser unter der Bezeichnung »Thermopane« bekannt. Bei dem inzwischen überholten Verfahren wurden die Scheiben am Rand gelötet; heute wird Isolierglas glasverschweißt oder geklebt. Der Zwischenraum der Scheiben enthält kein Vakuum, wie oft angenommen wird, sondern getrocknete Luft oder ein spezielles Gas.

Sonnenschutzglas wird meist als Isolierglas ausgeführt, das dann zugleich als Schutz gegenüber dem Wärmeverlust aus dem Gebäude wirkt. Es werden zwei Methoden unterschieden: 1. Die getönte Scheibe (mit starkem Lichtverlust) absorbiert die Sonneneinstrahlung. Dabei heizt sich das Glas auf und gibt die Wärme nach außen und mit Verzögerung nach innen ab. 2. Eine hauchdünne Metallbeschichtung (Gold, Silber, Bronze) auf der Raumseite reflektiert die Einstrahlung nach innen zurück in den Wintergarten. Die Sonneneinstrahlung wird durch die Isoliergläser nicht oder nur geringfügig beeinflußt. Wenn der Glasanbau oder Wintergarten (fast) ganzjährig genutzt werden soll, kommt nur eine Isolierverglasung in Frage, und am wirkungsvollsten ist die Wärmeschutz-Isolierverglasung. Dadurch wird die »Wohnqualität« des Glashauses angehoben und die Bildung von Schwitzwasser deutlich gesenkt.

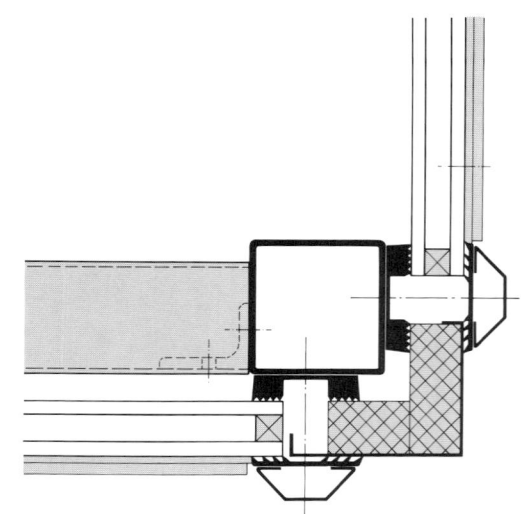

144   Im Horizontalschnitt: Die Konstruktion der Eckausbildung eines Wintergartens mit graziler Wirkung.

Für Schrägverglasungen im Dachbereich von Wohnräumen (Verglasung über Kopf) und für Senkrechtverglasung (z. B. bei verglasten Balkonen) bis zur Brüstungshöhe sind Sicherheitsgläser vorgeschrieben. Dies können Drahtglas, Acryl-Doppelstegplatten (Plexiglas) oder Isoliergläser sein, deren raumseitige Scheibe Sicherheitseigenschaften aufweist, wie z. B. die äußere Scheibe als Floatglas, die innere Scheibe als Drahtglas, ESG oder VSG. Am besten ist die Kombination: äußere Scheibe ESG, innere Scheibe VSG.

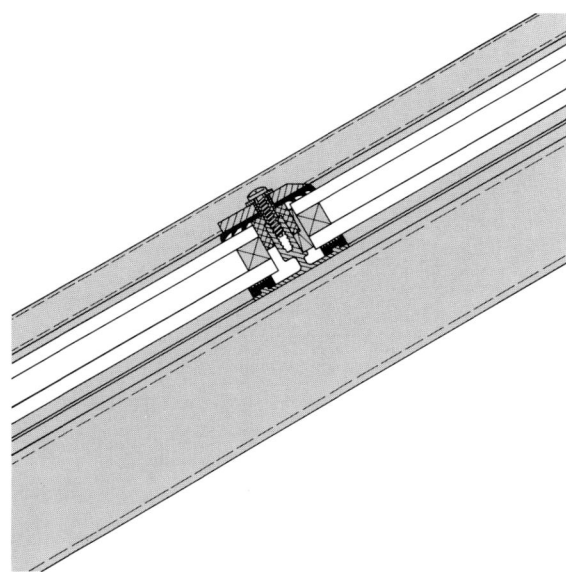

145 Der angeschrägt überdeckte Glasstoß garantiert Wasserdichtigkeit und verhindert Schmutzablagerungen durch ungestörten Wasserablauf.

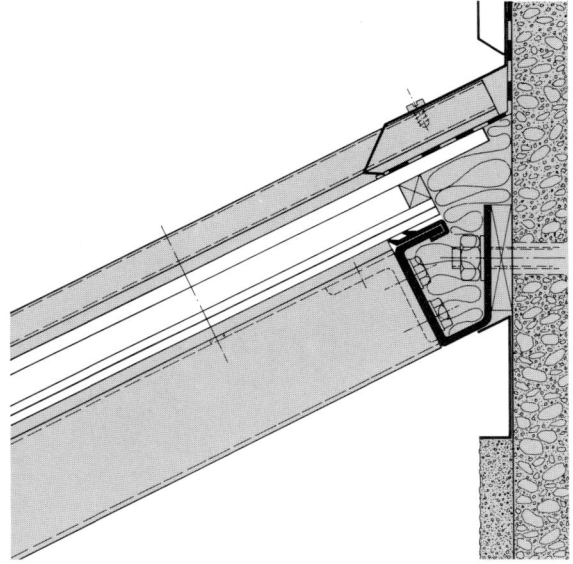

146 Der Firstanschluß einer Schrägverglasung an einer Hauswand.

Auch die senkrechte Verglasung sollte aus Isolierglas bestehen, und wo ein Sichtschutz gewünscht wird, empfiehlt sich eine Kombination mit undurchsichtigem Gußglas.
Wer seinen Wintergarten mehr als Pflanzenhaus und weniger als Wohnraum ansieht, kann sein Glashaus nach Gewächshausnormen verglasen, das heißt u. a. geringere Wärmedämmeigenschaft und Einfachverglasung. Diese Kostenersparnis lohnt sich jedoch oftmals nicht, weil die Nutzung des Wintergartens doch sehr eingeschränkt ist aufgrund der schnellen Auskühlung.

Normen für Gewächshäuser
DIB 11535 »Gewächshäuser. Grundsätze für Berechnung und Ausführung«.
Inhalt u. a.: Begriffe, Lastannahmen, Standsicherheit, Windverbände, zulässige Spannung, bauliche Durchbildung.
DIN 11536 »Gewächshaus in Stahlkonstruktion. Feuerverzinkt, 12 m Nennbreite«.
Inhalt: Norm-Gewächshaus mit folgenden Maßen:
Dachneigung: 1:2, entsprechend Neigungswinkel ca. 26,5°
Stehwandhöhe: ca. 2,30–2,80 m
Glasmaße: 60 × 174 cm, 60 × 200 cm (Stehwand)
Rinnenbreite: 20 cm
Rastermaß: 3065 mm
Die genannte Dachneigung wurde festgelegt, um einen möglichst großen »Lichtgenuß«, und durch großen Luftraum ein gutes Klima zu schaffen und dadurch an der arbeitsaufwendigen Schattierung zu sparen, Schwitzwasser gut abführen zu können sowie die Häuser leicht schneefrei zu halten.
Genormte Glasmaße für Gartenbau-Glas:
DIN 11525 »Gartenblankglas« Begriff: durchsichtiges Flachglas
DIN 11526 »Gartenklarglas« Begriff: lichtstreuendes Gußglas
Normmaße u. a.: 60 × 174, 60 × 200 cm bei Glasdicken von 3, 4, 5 mm.

Glas, vor allem die Gläser mit Sicherheitseigenschaften und Isoliergläser können am Bau nicht mehr zugeschnitten werden. Deshalb muß vor der Bestellung sehr genau aufgemessen werden! Der Scheibengröße von Gläsern kommt eine beachtliche Bedeutung zu. Es sollte der richtige Mittelwert zwischen dem Konstruktionsabstand der Sprossen und den maximalen Glasabmessungen gewählt werden. Das Sprossenraster für Schrägverglasungen kann mit oder ohne Quersprosse gestaltet werden. Ideale Abmessungen sind: Länge 2,00 und 2,50 Meter (min. 1,20 Meter, max. 3,60 Meter); Breite 60 cm (min. 30 cm, max. 130 cm). Der Neigungswinkel beträgt bei

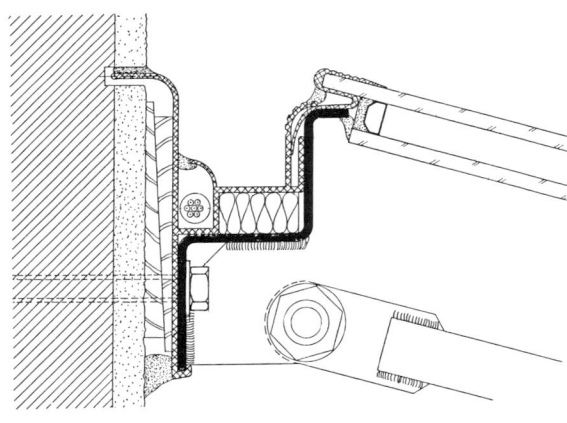

Schrägverglasung ohne Quersprosse mindestens 15 Grad und mit einer Quersprosse mindestens 30 Grad. Die Glasdicke, die (bis auf 1 bis 2% geringeren Lichteinfall je mm Glasstärke) keinen Einfluß auf die Funktion der Gläser ausübt, wird von verschiedenen Faktoren bestimmt, wie Gebäude über Grund, Scheibengröße, Neigungswinkel der Schrägverglasung, der Glasart (Float-, Guß- oder Sicherheitsglas) und dem Verwendungsort (Höhe über NN). In den meisten Fällen wird 24 mm starkes Glas mit 12 mm Zwischenraum gewählt.

Eine Besonderheit unter den Isoliergläsern für die Dachverglasung ist das Stufenisolierglas. Hier steht die obere Scheibe einige Zentimeter über und überdeckt den Glasstoß. Dadurch sind Quersprossen überflüssig, Wärmebrücken werden vermieden und das Regenwasser läuft ab, ohne sich vor den Sprossen zu stauen. Allerdings muß gewährleistet sein, daß der Randverbund der Gläser in diesem Bereich vor ultravioletter Strahlung geschützt oder uv-beständig ist.

Als Material für die Verglasung kommen neben Glas auch Kunststoffe, darunter vor allem Acryl, in Frage. Das Plattenmaterial besitzt eine sehr große Lichtdurchlässigkeit (92%), die bräunende UVA-Strahlung wird fast ungehindert durchgelassen, und als Stegdoppelplatte besitzt es sehr gute Dämmeigenschaften. Acrylglas läßt sich ferner (auch am Bau) leicht bearbeiten und besitzt ein geringes Eigengewicht. Im Gegensatz zu Glas dehnt es sich bei Wärme stark aus, was zu lästigen Knackgeräuschen bei Temperaturwechsel führt. Dies läßt sich durch besondere Fugenfälze einschränken. Die glatte Oberfläche (ohne Poren) verhindert eine Verschmutzung, und auch ein Vergilben oder Sprödewerden des Kunststoffs ist nicht zu befürchten. Der Hersteller gewährt eine 10-Jahres-Garantie.

147–149   Rahmenlose Isolierverglasung für Tragkonstruktionen beliebiger Art, wie Rund- oder Vierkantrohr, Gitterträger, Vierkantholz. 147 Firstpunkt. Anschluß Glasdach-Wand, 148 Traufpunkt mit der speziellen Welle, 149 Fußpunkt. Anschluß Glashaus-Boden (Glashaus Klemt).

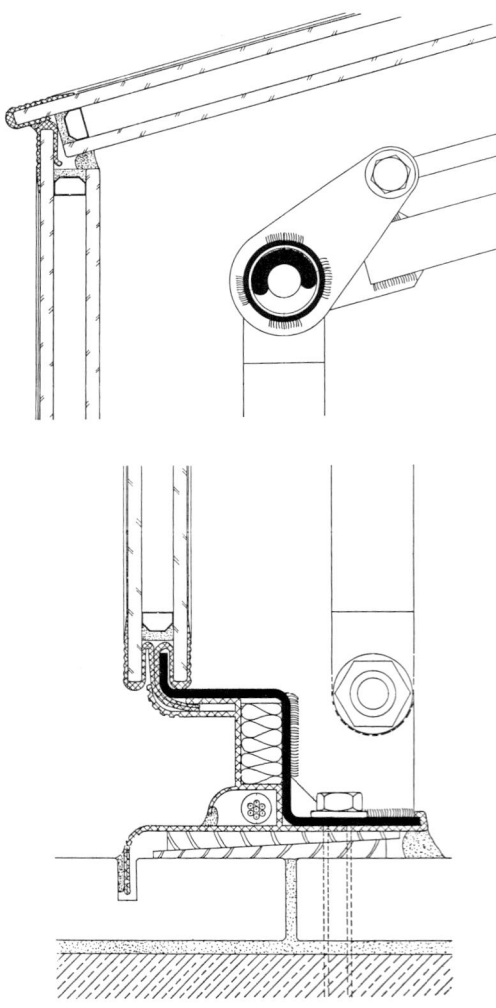

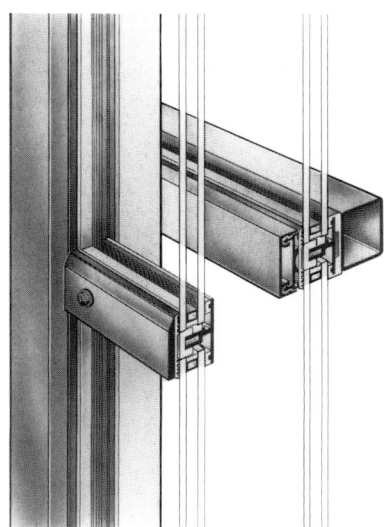

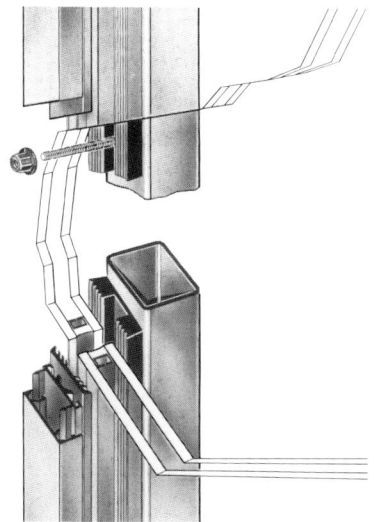

150   In diese Profile können Gläser zwischen 20 und 60 mm Dicke eingesetzt werden, bei wahlweiser Deckschiene (J. Eberspächer)

151   Das Fassadenraster, basierend auf einer Stahlkonstruktion, wirkt bei einer Ansichtsbreite von 50 mm optisch leicht.

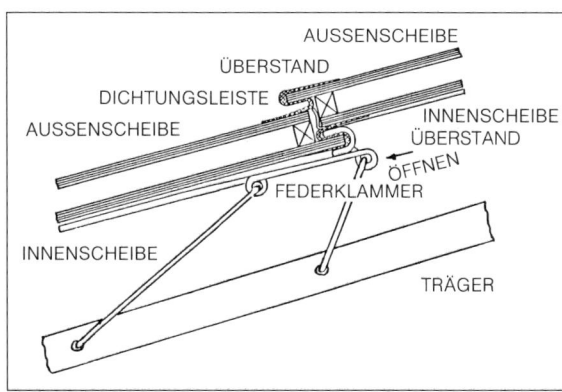

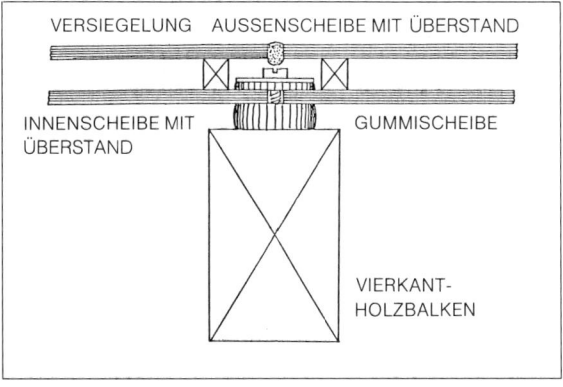

152   Schnitt der rahmenlosen Verglasung einer schuppenförmigen Dachverglasung (Glashaus Klemt).

153   Verglasung ohne Rahmen. Die Mehrscheiben-Isoliergläser werden an den Holzbalken mit Schrauben und Gummischeiben an den Überständen der Innenscheibe befestigt (Glashaus Klemt).

154   Schema der Wirkungsweise von Wärmeschutzglas mit einer Beschichtung der Außenseite der inneren Scheibe.

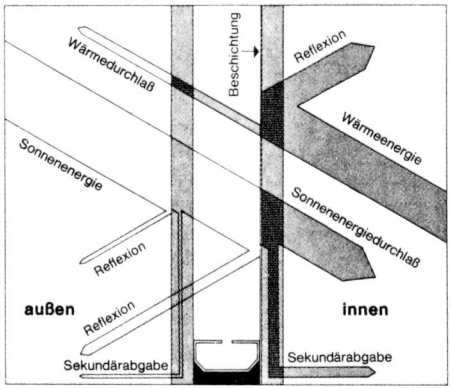

BE- UND ENTLÜFTUNG

Ebenso wie in jedem anderen Wohnraum ist auch im Wintergarten und Glasanbau ein regelmäßiger Austausch von verbrauchter und frischer Luft erforderlich. Ideal wäre ein 20- bis 30facher Luftwechsel pro Stunde. An sonnenreichen Tagen im Sommer ist aber vor allem die Entlüftung des Glashauses unumgänglich, um einen Hitzestau zu vermeiden. Im Hochsommer treten bei freier Südlage 60 bis 80 Grad auf – eine unerträgliche Hitze. Hier schafft neben einer zusätzlichen Schattierung nur eine ausreichende Entlüftung die gewünschte Abhilfe. Das Ziel sollte sein, die Innentemperaturen nur wenig über die Außentemperatur ansteigen zu lassen.

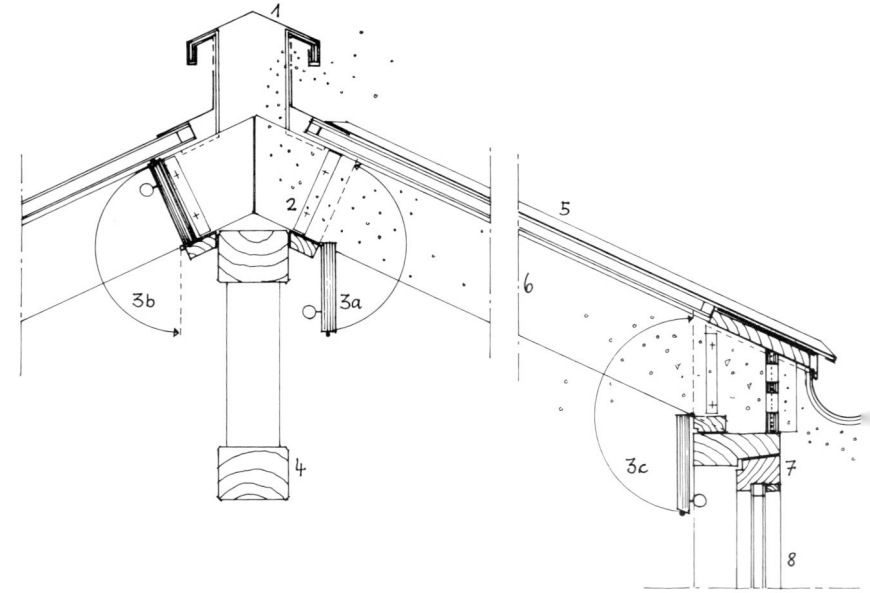

155   Schnitt durch den Dachaufbau
1   Firstentlüfter aus Zink
2   Anschlagleiste
3a Entlüftungsklappe geöffnet
3b Entlüftungsklappe geschlossen
3c Lüftungsklappe geöffnet
4   Peri-Schalungsträger als Firstpfette
5   Iso-Verglasung auf Neoprene mit Glockenprofil direkt verschraubt
6   Sparren 6/12 Brettschichtholz
7   Lochbrett mit Fliegengitter
8   Fensterelement mit nach außen öffnenden Flügeln

155/156   Dauerlüftung mit System. Die rotlasierten Fensterflügel werden nur nach Bedarf bedient (Herde, Bayer).

157   Per Kurbel werden beide Fensterklappen gleichzeitig geöffnet. Auf Wunsch: Mit Fliegenschutzgitter. (Wollin).

◁ 158 Lüftungsfenster im First des Wintergartens als »Haifischflosse« (Planbox).

159a An kühlen Tagen: Entlüftung des Wintergartens und Wärmeabgabe ins Kernhaus.

159b An heißen Tagen: Entlüftung nach außen, durch Querlüftung, aber Türen und Fenster zum Kernhaus müssen geschlossen bleiben. Dachschattierung (Schüco).

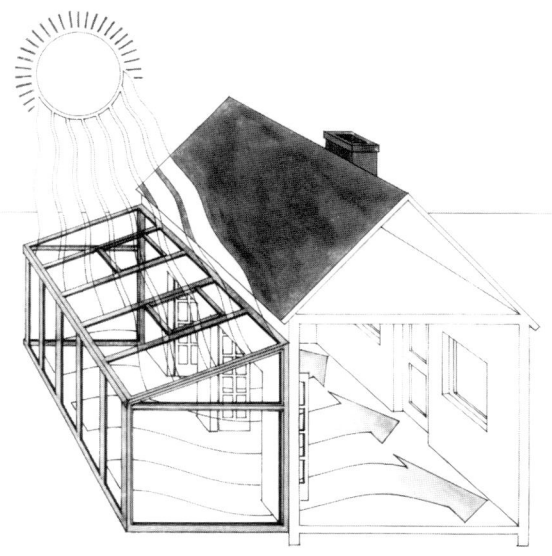

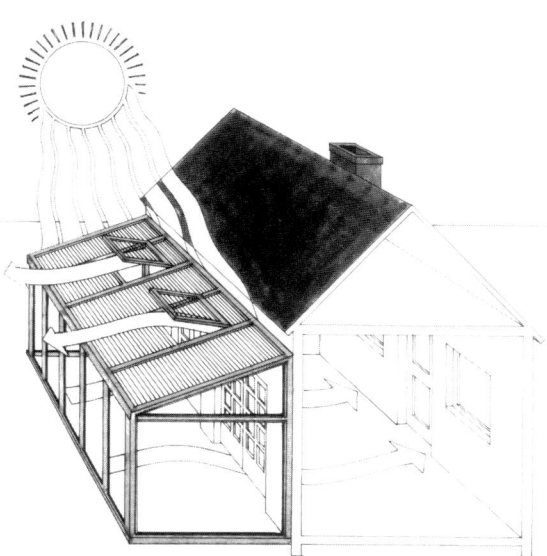

Um eine optimale Lüftung gewährleisten zu können, sollte der Strömungsquerschnitt der Öffnungen etwa 10% der Glasflächen betragen. Nach einer anderen Berechnung sollte die Gesamtöffnungsfläche 20 bis 25% der Grundfläche des Wintergartens bemessen. Wichtig für eine gute Belüftung ist die richtige Anordnung der Zuluftöffnungen (möglichst tief) und der Abluftöffnungen (möglichst hoch im First- oder Giebelbereich). Der Anteil der Abluftöffnungen sollte etwas höher sein als der Zuluftanteil, weil dadurch die Lüftungsthermik verstärkt wird (ohne die unteren Zuluftöffnungen sind die Abluftklappen wirkungslos). Wertvoll ist auch die diagonale Anordnung der Öffnungselemente, um eine wirkungsvolle Querlüftung zu erreichen. Den Idealfall für eine perfekte Entlüftung bietet die schuppenförmige Anordnung von Gläsern, die bis zu einem Winkel von 75 Grad geöffnet werden können. Dadurch kann sogar die ganze Glasfläche zur Entlüftung herangezogen werden (Klemt Glasbausystem), wobei außerdem fast der angenehme Eindruck entsteht, sich unter freiem Himmel aufzuhalten.

160 △

161 △

Zur Lüftung werden entsprechend der Größe des Glashauses und den Wünschen der Bauherren Dreh-/Kippflügel, Schwing- oder Klapp-Schwingflügel, bzw. öffenbare Lamellenfenster (meist für die Zuluft) verwendet. Auch Flügel- oder Schiebetüren, die nach draußen bzw. in das Wohnhaus führen, werden zur temporären Be- und Entlüftung herangezogen.
Eine manuelle Bedienung der Lüftungselemente durch Oberlichtöffner ist zwar preisgünstiger als eine automatische Regelung. Aber ganz ohne temperaturgesteuerte Lüftungsklappen oder Ventilatoren zur Entlüftung läßt sich das Klima unter Glas (bei Abwesenheit) kaum vernünftig regeln. Eine Hilfe sind elektrisch betriebene Lüftungsanlagen (auch mit integrierter Heizung zu haben), die an der senkrechten Wand für die Zuluft und oben im First zum Absaugen der Abluft eingesetzt werden. Die Steuerung erfolgt über einen Thermostaten oder Hygrostaten (Lüftomatic). Wirkungsvoll und nicht aufwendig ist eine *Permanentlüftung*, die durch schließbare Öffnungen oder Schlitze am Boden (oder an der Schwelle) die kühle Zuluft hineinläßt und die erwärmte Luft, die nach oben steigt, am First nach draußen

oder auch ins Haus leitet. Die Luft wird hierbei entlang der Verglasung geführt, ohne sich im Glashaus stark zu erwärmen. Durch eine innenliegende Markise, etwa im Abstand von 10 bis 20 cm zum Glas, entsteht ein Luftkanal, der einen schnellen Luftaustausch unterstützt.
Effektvoll ist auch ein Dachaufsatz oder eine Lüftungskuppel zum Lüften von Glashäusern, deren Wirkung durch einen rotierenden Lüfter deutlich verstärkt werden kann.
Einige Systeme bieten eine sogenannte Zwangsentlüftung an, die in den Profilen unsichtbar integriert ist.
Diese Arten der Dauerlüftungen verhindern nicht ganz den sommerlichen Hitzestau, bieten jedoch eine wertvolle Basis innerhalb eines Gesamtkonzeptes für die Be- und Entlüftung des Glashauses. Zusätzlich müssen Lüftungsklappen manuell oder automatisch betätigt werden können. Kleinere Fenster und Kippflügel können durch einen schmalen Druckzylinder betrieben werden, dessen Inhalt (Gas oder Wachs) sich je nach Temperatur ausdehnt oder zusammenzieht und den Flügel über ein Gestänge öffnet oder schließt. Große Fensterklappen und Fensterreihen brauchen we-

160 Das ganze Dach wird per Schalter oder Thermostatsteuerung angehoben. Die Belüftung erfolgt unten durch Kippfenster (Ehrenberg).

161 Der Wintergarten wird zum Freiluftzimmer, wenn das Fenster mit Motorbedienung zur Seite geschoben wird (Hage).

162 Vom Gewächshausbau übernommen: Großflächige Fensterklappen ermöglichen den raschen Luftaustausch (Spengler).

163 Die fünf qm große Lüftungsklappe machte trotz der Südlage einen Sonnenschutz überflüssig. Der Pflanzenabstand zum Glas sollte mindestens 40 cm sein (Rolf).

164 Ungewöhnlich: Sommerliches Aufheizen des Wintergartens entfällt, wenn das gesamte Glasdach zur Seite geschoben wird (Scholten). ▽

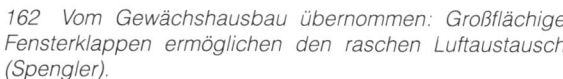

162 △   163 ▽

gen ihres höheren Gewichtes ein stabileres System, wie die im Gewächshausbau üblichen Zahnstangen. Sie werden über eine Knickkurbel oder einen Elektro-Stellmotor, der manuell ein- und ausgeschaltet oder automatisch gesteuert wird, bedient. Ein Deckenventilator mit großen Flügeln kann nicht Rohrventilatoren zur wichtigen Luftzirkulation oder zum Abführen warmer Luft und Umschichten von kalter und warmer Luft ersetzen. Doch sorgen diese – neben ihrem attraktiven Aussehen – für Luftbewegung innerhalb des Glashauses, wenn sie frei aufgehängt werden.

Ausreichend dimensionierte Lüftungsöffnungen sind unerläßlich. Bei einer Fehlplanung läßt sich das Glashaus an den Sonnentagen nicht nutzen, und die Konstruktionselemente werden einer unnötigen Belastung ausgesetzt. Hinzu kommt, daß sich die Speicherflächen an Boden und Wand ständig aufheizen und unerwünscht hohe Temperaturen an die angrenzenden Wohnräume abgeben.

Bei einer gelungenen Gebäudekonzeption läßt sich im Sommer die starke Lüftungsthermik auch zur Kühlung der Wohnräume einsetzen. Im Winter und in der Übergangszeit dagegen wird die erwärmte Luft nicht nach außen, sondern ins Haus geführt. Nach ihrer Abkühlung fließt sie wieder zurück ins Glashaus zur erneuten Erwärmung.

BESCHATTUNG UND SONNENSCHUTZ

Zur Regulierung des Innenraumklimas im Wintergarten ist zusammen mit einer Be- und Entlüftung die Schattierung die wirkungsvollste Maßnahme. Auf vielen Grundstücken bietet sich ein Baumbestand als natürliche Beschattung an. Geeignet sind jedoch nur Laubgehölze, die ihre Blätter im Herbst abwerfen und dann möglichst viel Sonnenlicht in den Wintermonaten zum Glashaus durchlassen. Da auch das dichte Geäst Schatten wirft (bis zu 40%), ist darauf zu achten, daß die flachen Sonnenstrahlen im Winter zumindest während der Mittagsstunden ungehindert in den Wintergarten gelangen können.

Als natürliche Schattenspender können auch kleinblättrige Gehölze und Kletterpflanzen außerhalb und innerhalb des Glashauses gepflanzt werden. Nach zwei bis drei Jahren erfüllen sie ihre Funktion der sommerlichen Beschattung. In den ersten Jahren werden Sonnensegel unter die Verglasung gespannt, die eine gute Reflexion der Sonneneinstrahlung bewirken und zugleich einen Windkanal bilden, durch den die Streiflüftung schneller nach oben gleitet und durch Klappen abgeführt werden kann.

Der Nachteil solcher Bepflanzung: An kühlen, sonnenlosen Tagen wird verhindert, daß die diffuse Strahlung das Glashaus erwärmt. Ein »Urwald« im Wintergarten schließt im Sommer die Sonnenwärme aus. Deshalb ist hier eine besonders sorgfältige Wahl und Plazierung der Gewächse von größtem Wert. Auch ein vorkragender Balkon oberhalb des Glashauses oder ein »Hochsitz« innerhalb des Wintergartens bietet bei hochstehender Sonne teilweise Schatten.

165 △   166 ▽

Zu den gebräuchlichsten Maßnahmen der Beschattung zählt der mechanische Sonnenschutz. Die Frage ist, ob er außen oder innen angebracht werden soll. Im direkten Vergleich ist das Außensystem dem innenliegenden überlegen, weil die Sonnenstrahlung reflektiert wird, bevor sie in das Glashaus gelangt. Als bewegliche Sonnenschutzmaßnahmen bieten sich Markisen, Jalousien, Rolläden, Sonnenschutzstores und Raffrollos an. Die preiswerteste Schattierung bieten einfache Strohmatten oder Stäbchenrollos, die bei einem flachgeneigten Dach direkt auf das Glas gerollt werden.

Außenliegender Sonnenschutz hat aber einen großen Nachteil. Er ist vergleichsweise teuer, weil die Anbringung, das Gestänge, die Schienen und der Stoff wind- und wetterfest sein müssen. Die innenliegende Markise oder Jalousie ist dagegen nicht der Witterung ausgesetzt und kann daher preiswerter sein. Perfekte Sonnenschutzsysteme sehen vor, daß der Stoff oder die Jalousie auf der Innenseite in Führungsschienen befe-

165   Regenwächter. Steuergerät mit »Aufnehmer«, dessen eingebaute Heizung das Abtrocknen der Sensorfläche beschleunigt (Warema).

166   Wind- und Sonnenwächter. Die Windgeschwindigkeit wird am Windgeber drehzahlabhängig abgetastet.

◁ *167 Notwendig im Hochsommer: Die durch Regen- und Windwächter automatisch gesteuerte Schrägfallmarkise als Sonnenschutz (Niederwöhrmeier + Kief-Niederwöhrmeier).*

stigt wird, mit einem Abstand zur Glasscheibe von etwa 5 bis 15 cm. Bei einigen Systemen ist diese Schiene in das Profil (innen) bereits integriert. In der Regel lassen sich Wintergärten auch nachträglich durch einen außen- oder innenliegenden Sonnenschutz nachrüsten. Die Effektivität hängt aber in großem Maße von der Oberfläche des Sonnenschutzes ab, insbesondere für innenliegende Maßnahmen. Je besser sie reflektieren, um so wirkungsvoller sind sie. Aluminium- und speziell bedampfte Folie, wie sie in der Raumfahrt eingesetzt werden, reflektieren die Strahlungsenergie, ohne daß sie im Raum wärmewirksam werden kann (z. B. Agero Reflex-rol).

168 Der Glasanbau vor dem Wohnraum wird durch eine außenliegende Markise vor Überhitzung bewahrt. In Schienen wird die Markise über ein Umlenkrohr an der Traufkante bis an den Fußpunkt geführt (Koerber + Hager).

169 Zusammengerollt wird die Markise durch eine transparente Abdeckung vor Regen geschützt (Hierer).

170 Transparenter Sonnenschutz, der nicht störend wirkt, weil er in den Schienen der schwungvollen Profile geführt wird. ▷

171 Preiswerter senkrechter Sonnenschutz, passend zum Plus-System-Wintergarten, der ganz aus Holz besteht. ▽

Ein zu selten bedachter Nebeneffekt solch transparenter Folien ist der Wärmeschutz im Winter. Sie bewahren die Wärme durch das zwischen Folie und Glas entstehende Luftpolster wesentlich länger im Glashaus.

Wem solche beschichteten oder aus Leichtmetall hergestellten Folien zu »cool« sind, sollte sich für helle Farben entscheiden. Dunkle Töne sind wegen der großen Absorption der Sonnenstrahlen ungeeignet. Neu ist ein Diolengewebe (Hüppe Deconetta), das auf seiner Außenseite aluminiumbedampft ist. Im allgemeinen genügt es, Sonnenschutzmaßnahmen im schrägen Dachbereich zu treffen, weil dadurch die intensive Sonnenstrahlung im Sommer ferngehalten wird. Bei größeren Glashäusern kann auch der Schutz an senkrechten Wänden sinnvoll sein. Technisch stellt dies kein Problem dar, weil kombinierte Schräg-Senkrechtsysteme (innen- oder außenliegend) zum gängigen Angebot zählen.

Bei der Planung der Sonnenschutzvorrichtungen ist auf die Lüftungselemente Rücksicht zu nehmen. Vor allem bei außenliegenden Rollos oder Markisen kann es zu Überschneidungen kommen, die meist nur durch einen sehr großen Abstand der Führungsschienen zur Glas- und Fensterebene verhindert werden.

172 Die Raffstores sind an den Untergurten der Träger so befestigt, daß die Lüftungsfenster in ihrer Funktion nicht beeinträchtigt werden (Richarz).

173 Innenmarkise für einen halbkreisförmigen Glasanbau, die eine individuelle Schattierung zuläßt.

174 Außenliegende Sonnenschutzanlage aus Fiberglas, mit PVC umhüllt. Wärmeabschirmung bis 84%.

175 Ein Wärmeschutzrollo reduziert in kalten Nächten den Wärmeverlust des Wintergartens.

176   *Pflanzlicher Sonnenschutz von innen durch die Mimo-sen-Akazie (Schneider-Wessling).*

177   *Unter dem Blütendach der Glyzinie (Wisteria) kann es sehr schattig werden.*

178   *Feuerbohnen sind ein preiswerter Schattenspender, der bis zu vier Meter hoch wird. Die jungen Früchte sind (gekocht) ein schmackhaftes Gemüse.* ▷

HEIZUNGSTECHNIK

In den meisten Fällen wird ein Wintergarten durch verschiedene Systeme erwärmt. In den Sommermonaten und der Übergangszeit reicht es aus, den gestuften Wärmegewinn durch das passive Solar-Heizsystem zu nutzen. Dabei wird die Sonnenenergie sowohl aus direkter Einstrahlung als auch aus diffusem Licht gewonnen. Die rückwärtige massive Hauswand lädt sich auf und läßt als Masse-Speicherwand dem dahinter liegenden Raum zeitverschoben die gespeicherte Wärme zukommen. Die Warmluft kann auch durch Öffnungen in der Wand in das Kernhaus geleitet werden. Mit Hilfe eines Ventilators (Hybrid-System) wird dieser Vorgang beschleunigt. Die überschüssige warme Luft kann aber auch über einen Ventilator oben abgesogen und entweder in einen anderen Raum (z. B. zur Nordseite gelegen) oder in einen Schotterspeicher unter dem Boden geblasen werden. Hier wird die Luft zur Abgabe während der kühleren Nachtstunden gespeichert. Wegen der meist zu hohen Geräuschentwicklung dieser Geräte können sie allerdings oft nur vorübergehend in Betrieb genommen werden.

Auch der Bodenbelag des Wintergartens und die Erde in den Beeten speichern Wärme. Je schwerer und dichter Stoffe sind, um so größer ist ihre Speicherfähigkeit. Wasser besitzt die beste Eigenschaft. Aber auch Naturstein, Beton, Ziegel und feuchte Erde verfügen über gute Wärmespeichereigenschaften. Holz dagegen ist als schlechter Wärmeleiter bekannt.

Außerdem beeinflußt die Absorptionseigenschaft der Oberflächen die Aufnahme von Sonnenenergie. Weiß glänzende Flächen wie Keramikplatten verfügen über einen Reflexionsgrad von 82% und eine ungünstige Absorption von nur 18%. Ähnlich verhält es sich bei hellen Farbanstrichen. Schieferplatten dagegen reflektieren nur 10% und absorbieren 90%. Die besten Absorptionseigenschaften weisen absolut schwarze Oberflächen auf.

Die Verwendung von Materialien im Wintergarten sollte deshalb nicht nur unter ästhetischen Gesichtspunkten getroffen werden, sondern unter Berücksichtigung energetisch sinnvoller Lösungen.

179   Prinzipschnitt für ein biologisches und energiegerechtes Bauvorhaben, siehe nächste Seite (Hamesse).

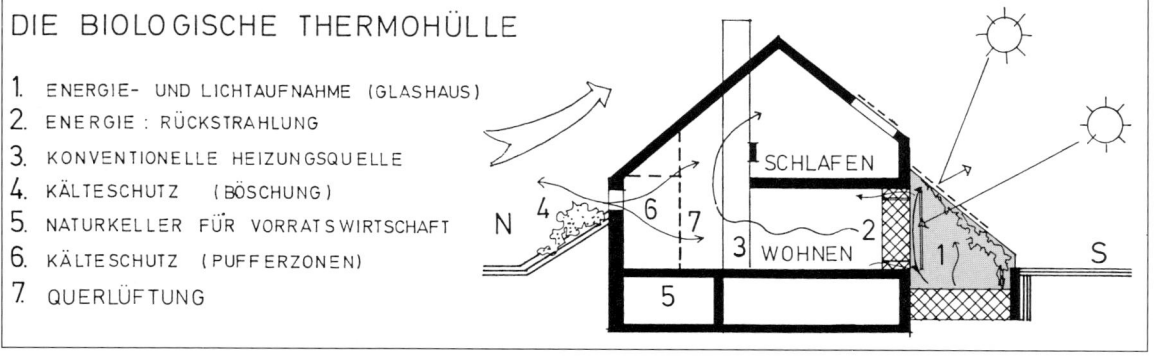

DIE BIOLOGISCHE THERMOHÜLLE

1. ENERGIE- UND LICHTAUFNAHME (GLASHAUS)
2. ENERGIE : RÜCKSTRAHLUNG
3. KONVENTIONELLE HEIZUNGSQUELLE
4. KÄLTESCHUTZ (BÖSCHUNG)
5. NATURKELLER FÜR VORRATSWIRTSCHAFT
6. KÄLTESCHUTZ (PUFFERZONEN)
7. QUERLÜFTUNG

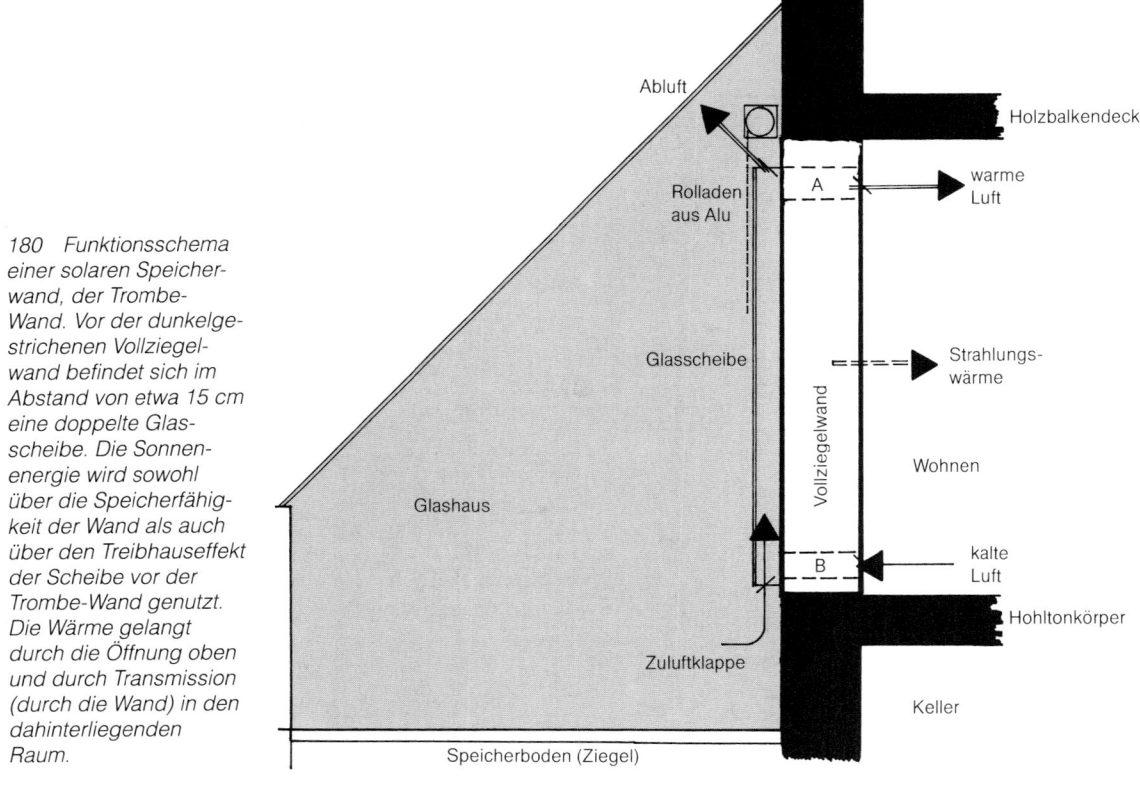

180 Funktionsschema einer solaren Speicherwand, der Trombe-Wand. Vor der dunkelgestrichenen Vollziegelwand befindet sich im Abstand von etwa 15 cm eine doppelte Glasscheibe. Die Sonnenenergie wird sowohl über die Speicherfähigkeit der Wand als auch über den Treibhauseffekt der Scheibe vor der Trombe-Wand genutzt. Die Wärme gelangt durch die Öffnung oben und durch Transmission (durch die Wand) in den dahinterliegenden Raum.

181 Grundriß für ein ökologisch-gerechtes Energiesparhaus mit Glasanbauten, siehe Schnitt Abb. 179 (Hamesse) ▽.

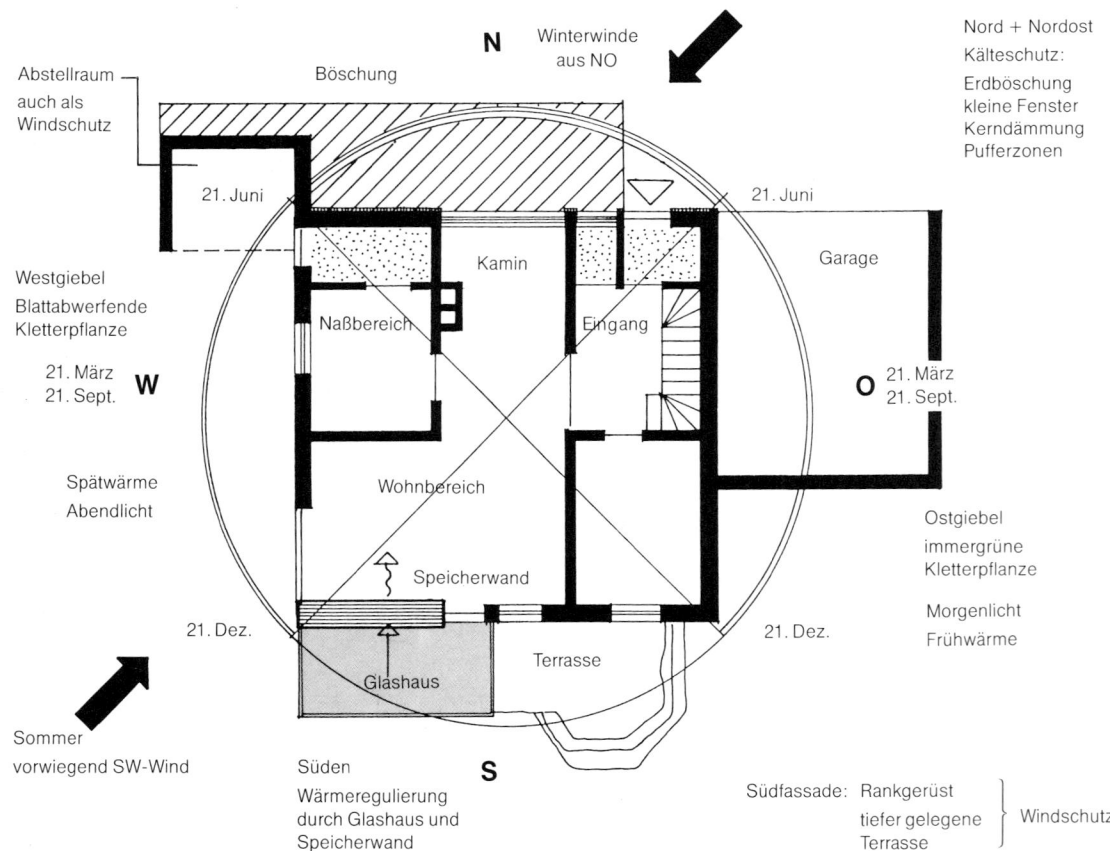

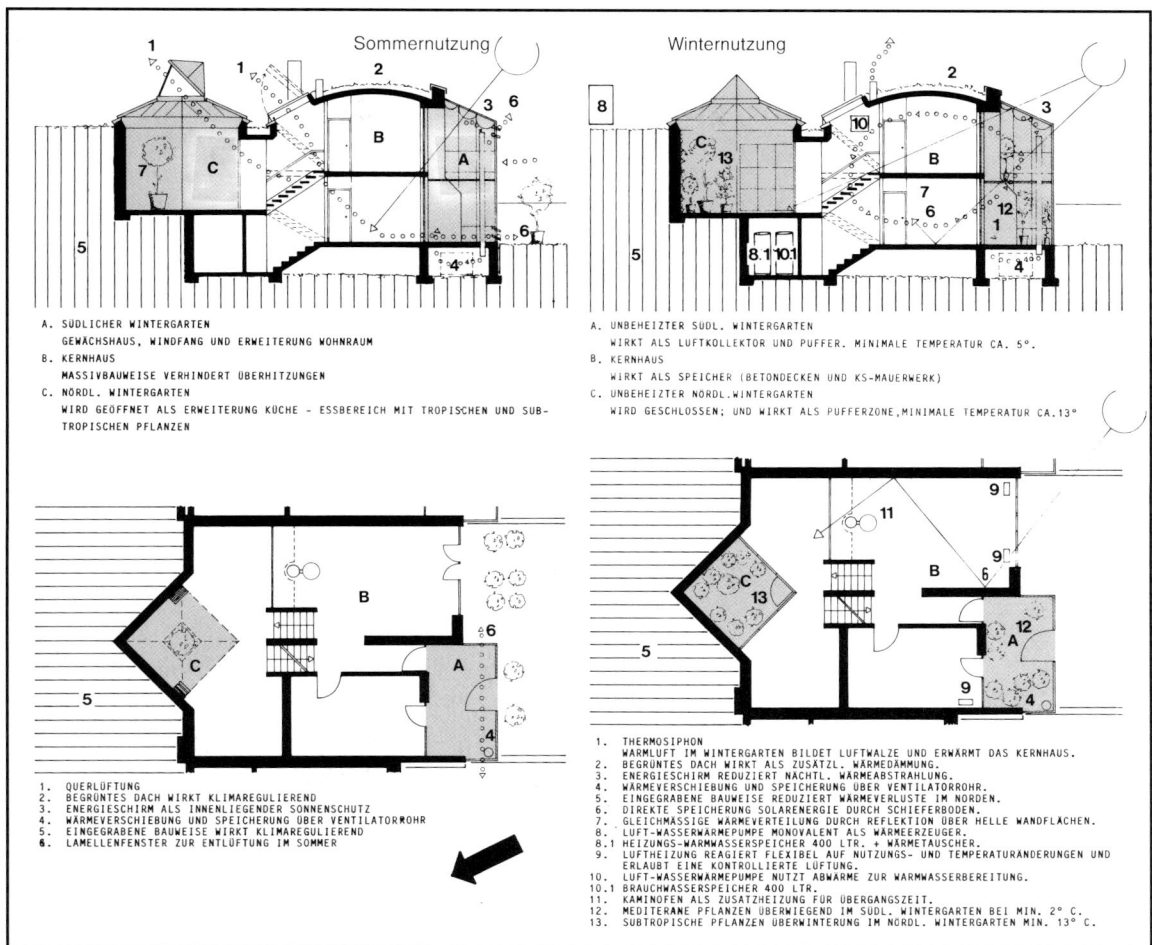

182 Energiekonzept. Funktionsschemata als Schnitt und Grundriß bei Sommer- und Winternutzung (Architektur Schneider, Lauter).

Aber auch die besten Speichermedien können nicht vermeiden, daß an etwa 60 Tagen im Jahr der Restwärmebedarf durch Zusatzheizung gedeckt werden muß. Je größer der Wärmeanspruch ist, um so mehr aktive Heizenergie muß eingesetzt werden. Für eine behagliche Raumtemperatur werden je nach Außentemperatur mindestens 20 Grad benötigt. Wer seinen Wintergarten vom Wohnhaus abschotten kann und eine subtropische Bepflanzung ausgewählt hat, kommt mit einer Mindesttemperatur von etwa 5 Grad aus. Fußbodenheizungen, Radiatoren und Konvektoren sind träge Heizsysteme, deren Wärmezufuhr nicht spontan zu regeln ist. Sie sind eine ideale Basiswärme. Erforderlich sind daneben flink reagierende Systeme (wie elektrische Heizlüfter). Vorteilhaft sind auch Systeme, die den Wärmeüberschuß durch Ventilatoren in andere Gebäudeteile verteilen.

Auch das Verhalten der Bewohner trägt entscheidend dazu bei, die Wärme im Kernhaus und Wintergarten sinnvoll auszugleichen. Im Winter ist es meist richtiger, nur nach innen zu lüften.

Die Zusatzwärme kann durch einen Kaminofen, einen Kachelofen oder auch einen zentralen Heizungsherd, der mit Holz befeuert wird, gewährleistet werden. Unter den zentralen Warmwasserheizanlagen sind Gas-Niedertemperaturheizungen günstig. Sinnvoll ist natürlich auch die Erweiterung der Heizanlage für das Wohnhaus durch einen getrennten Heizkreis für den Wintergarten. Dann öffnen sich bei der vorgegebenen Temperatur, wie z. B. + 5 Grad, durch eingebaute Frostwächter die Thermostatventile und beheizen das Glashaus. Durch eine gute Wärmedämmung läßt sich der Bedarf an Zusatzwärme stark reduzieren. Dazu trägt auch ein temporärer Wärmeschutz wie ein Wärmeschutzrollo mit einer stark reflektierenden Beschichtung bei. Er wird wie ein innenliegender Sonnenschutz in Schienen geführt und entlang den Glasscheiben bis auf den Boden heruntergelassen. Er kann auch zwischen Wintergarten und Kernhaus für eine thermische Zonierung sorgen.

AUSBAU UND EINRICHTUNG

Der Wohnraum unter Glas sollte entsprechend seiner vorgesehenen Nutzung eingerichtet werden. Wenn ein ganzjähriger Wohnwert geplant ist, werden Einrichtung und Bodenbelag die Atmosphäre der angrenzenden Räume aufgreifen. Wer im Wintergarten eher den geschützten Freiraum sieht, wird den Bezug zur Terrasse und zum Garten suchen. Dann empfiehlt es sich, den Bodenbelag für den Glasanbau und den anschließender Wege oder des Sitzplatzes einheitlich zu gestalten, weil dadurch eine großzügigere Wirkung entsteht.

Die Möblierung hat ebenfalls einen großen Einfluß auf die »Behaglichkeit«. Obgleich die Möbel vor direkten Witterungseinflüssen geschützt sind, verbietet die meist erhöhte Luftfeuchtigkeit und intensive Sonnenstrahlung (Ausbleichen) die beliebige Wahl des Mobiliars. Eine wohltuende Atmosphäre im Wintergarten vermitteln bequeme Holz- und Korbmöbel, für die eine höhere Luftfeuchtigkeit günstig ist.

Zu bedenken beim Ausbau sind auch Anschlüsse für Strom und Wasser. Der Wasseranschluß erleichtert die Pflege der Gewächse, ob sie nun einzeln von Hand oder automatisch gewässert werden sollen.

Eine sorgfältig geplante Aus- oder Beleuchtung von Sitzgruppen, Wegen und Pflanzen ist ein wesentlicher Bestandteil bei der Planung eines Glasanbaus.

185 △

186 ▽

185   Der Wintergarten als gepflegter Eßplatz mit edlem, polierten Granitboden (Gerischer Architektur).

186   Unter dem steilen Dach (günstig für die Strahlen der Wintersonne) bleibt viel Kopffreiheit um die Sitzgruppe.

187   Ein Deckenventilator. Erinnerung an »Casablanca« und auch nützlich als Luftumwälzer (Wollin).

◁ 183   In dem Wintergarten in Ganzholzkonstruktion vermitteln Korbmöbel eine warme, wohnliche Stimmung (Heiss, Pfeifer).

◁ 184   Bei der Anordnung und Größe von Sitzgruppen dürfen die Zu- und Durchgänge im Haus und zum Garten nicht unbeachtet bleiben (Sodomann).

188 Eine frische Wintergarten-Atmosphäre, ideal für sonnige Tage. Die Möbel passen gut zu der Stahlkonstruktion (Atelier 77).

189 Ein Hauch von Nostalgie: So waren schon Wintergärten um die Jahrhundertwende eingerichtet (Weida, Kovacs).

190 Freundlich wirkendes Mobiliar und ein Schaf im transparenten Glashaus. Ein interessanter Kontrast von Weiß und Grün.

191   In dem filigranen »Kunstwerk« aus Stahl und Glas ist auch Platz für lustige und farbenfrohe Möbel (Seelbach).

192   Helle Rattanmöbel machen den erweiterten Wohnraum gemütlich. Die verspiegelte Decke bringt mehr Helligkeit in den Anbau (Hage).

193   In der gläsernen Loggia gibt es Platz für eine große
Runde. Die Marmortischplatte paßt zu dem Steinfußboden –
und die schlichten Stühle haben sich seit langem bewährt.

194   Der erweiterte Wohnraum unter Glas sollte hier
nicht Glashausatmosphäre erhalten, sondern lediglich als
sonniger freundlicher Sitzplatz
wirken (Atelier 77).

TECHNISCHE AUSSTATTUNG

Wintergärten können vollautomatisch betrieben werden. Durch einen Thermostat gesteuert, werden Lüftungsklappen betätigt, Sonnenschutzanlagen bedient, oder Ventile im Heizsystem geöffnet oder geschlossen, um die geforderte Temperatur einzuhalten. Inwieweit der technische Aufwand erforderlich ist, sollte vor dem Einbau geprüft werden. Bei außenliegendem Sonnenschutz ist ein Regenwächter sowie ein Wind- und Sonnenwächter zum Schutz einer elektrisch betriebenen Markise notwendig. Beide Steuergeräte lassen sich im Bedarfsfall auch manuell betätigen. Wichtig bei diesen Geräten, wie auch bei automatischer Belüftung, ist eine vorgegebene Zeitverzögerung während der Bedienung. Sie sorgt dafür, daß bei laufend wechselnder Sonneneinstrahlung oder sich ändernder Windgeschwindigkeit die Anlagen nicht zu häufig betrieben werden.

Wichtig ist auch die Anschaffung eines Ventilators zur Umwälzung der Luft. Mit diesem preiswerten Gerät lassen sich Luftfeuchte und Wärme im Glashaus verteilen. Vor allem im Winter ist es vorteilhaft, die kühle Luft am Boden mit der erwärmten Luft in dem oberen Bereich zu mischen. Immerhin beträgt der Temperaturunterschied im Wintergarten pro Meter Höhe 1 bis 1,5 Grad.

Auch die Bepflanzung kann automatisch durch einen Bewässerungscomputer betreut werden (Gardena). Eine einfache Programmierung steuert die Tröpfchenbewässerung, wobei ein Feuchtefühler die Kontrolle über die Bodenfeuchtigkeit übernimmt. Individuelle Dosierung für einzelne Pflanzen ist möglich, da die Tröpfchenbewässerung punktuell das Wasser abgibt. Auch die Düngung ist über solch ein System möglich.

Einmal abgesehen von der Konstruktion, der Wahl des Materials für die Profile und auch abgesehen von der Verglasung, empfehlen die meisten Anbieter eine zweckmäßige Ausstattung. Dazu gehört ein Angebot von Türen in verschiedener Größe sowie eine Anzahl an Dach- und Seitenfenstern. Trotz Standardmaß lassen sich oft auch individuelle Anordnungen ermöglichen. An Stelle von Kippfenstern können auch Dreh-Kipp-Fenster vorgesehen werden. Aber meist gehört das Sicherheits-Zylinderschloß in der Tür schon zum Extra. Sonderwünsche können oft nicht von dem Anbieter allein erfüllt werden. Erst unter Mithilfe von Spezialfirmen lassen sich Glasanbauten perfekt ausstatten. Das gilt zum Beispiel für besonders kleine Motoren zum Betrieb von Lüftungsklappen, wie auch für Raffinessen in der Regeltechnik.

AUSFÜHRUNGSPHASE

In dieser Phase entscheidet sich, ob die Planung sorgfältig genug durchgeführt, ob nichts übersehen wurde.

Wenn genaue Pläne vorliegen, muß auch nach ihnen exakt gearbeitet werden. Zunächst sollte die Baustelle für den Um- oder Neubau gut vorbereitet sein. Ein genügend großer Arbeitsraum und Flächen zur Lagerung der Materialien müssen freigehalten werden. Beim Anbau in einem vorhandenen Garten sollten Pflanzen rechtzeitig versetzt werden, damit sie später wieder anwachsen. Und wenn es um den Dachausbau geht, sind der Transportweg und die Transportmittel genau zu durchdenken und zu kalkulieren. In schwieri-

196   Der Fußpunkt: Auf dem Fundament sind die Eichenschwelle, der Kragträger und die Holzstütze eingebaut.

196 △   197 ▽

195   Das Fundament wird mit einer äußeren Wärmedämmung versehen. Die Fundamentmasse kann als zusätzlicher Wärmespeicher genutzt werden.

197   Der Boden: Hirnholzpflaster in magerem Lehm auf Hourdis (Ziegelhohlkörper) in zementgebundenem Blähton auf den gewachsenen Boden verlegt.

198 △

199 △

gen Lagen hilft nur der Einsatz eines Hubschrau-
bers. Wer bei seinem Wintergarten auf hohe Wärmedämmung Wert legt, muß damit beim Fundament beginnen. Eine aufmerksame Bauüber-
wachung durch den Architekten verhindert, daß
beim Auf- und Einbau von Materialien Fehler
gemacht werden, die vorerst und vielleicht auch
später nicht sichtbar werden. So ist es durchaus
erlaubt, sich vor dem Einbau für das Innenleben
der wärmegedämmten Profile zu interessieren,
um sicherzugehen, daß eine Wärmedämmung
tatsächlich vorliegt. Auch beim Einbau und Anset-
zen entstehen recht schnell Kältebrücken, die
sich aber durch sorgsame Handhabung vermeiden lassen.

200 △   202 ▽

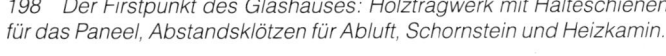

201 △

198   Der Firstpunkt des Glashauses: Holztragwerk mit Halteschienen
für das Paneel, Abstandsklötzen für Abluft, Schornstein und Heizkamin.

199   Der Boden ist speicher- und diffusionsfähig: Die hohlen Ziegel-
platten (Hourdis) auf zementgebundenem Blähton als unterirdische
Luftkanäle.

200   Die Innenecke: Das Holztragwerk als Pfettenkonstruktion, zimmermannsmäßig abgebunden.

201   Das Holztragwerk des Wintergartens mit Giebel und der Speicherwand auf der Nordseite (vorne links).

202   Der Zuluftschlitz zwischen dem bereits eingebauten Glaspaneel
und der Schwelle garantiert später eine Dauerbelüftung; fertig zu sehen
auf Seite 126 ff. (Cousin).

203   Selbst geplant und gebaut: Die Materialien, wie Holzprofile – bis 2,7 Meter Länge, damit sie in dem Pkw-Kombi transportiert werden konnten –, zwei Kippflügel, vier Fenster zum Herausnehmen. Einfachglas, 4 und 6 mm stark in Hartholzleisten (10/20 mm) mit Vorlegeband und Versiegelung eingebaut. Die Materialkosten betrugen pro qm etwa 200 DM (Prühs)

204   Manchmal muß das Material von oben kommen, wie hier per Autokran für einen Dachausbau (siehe Abb. 31).

Bei der Ausführung kommen viele verschiedene Gewerke zusammen, die nach einem genauen Zeitplan eingesetzt werden müssen, denn die Baustellen sind besonders bei nachträglichen Anbauten zu klein, um von mehreren Handwerkern gleichzeitig bearbeitet zu werden.

Wichtig ist die gemeinsame Bauabnahme mit dem Bauherren, dem Architekten, dem Anbieter. Die Gewährleistungsfrist aufgrund eines VOB/B-Vertrages beträgt zwei Jahre. Handelt es sich nur um den Kauf eines Wintergartens, ohne Aufbauarbeiten, verjähren Ansprüche bereits nach sechs Monaten.

BEPFLANZUNG UND WARTUNG

Die Bepflanzung des Wintergartens macht eine laufende, meist tägliche Pflege erforderlich. Das Gießen ist nur eine der notwendigen Arbeiten, die sich aber durch eine automatische Tröpfchenbewässerung erheblich vereinfachen läßt. In jedem Fall ist es bei größeren Pflanzflächen besser, gezielt zu bewässern (auch mit einem Sprühschlauch), ohne die Blätter zu benetzen. Dadurch wird die Luftfeuchtigkeit nur geringfügig erhöht. Automatisch arbeitende Anlagen sollten von Zeit zu Zeit durch normales Gießen unterstützt werden, damit die Düngersalze in die unteren Erdschichten gespült werden. Gedüngt wird nicht wie bei Zimmerpflanzen, sondern eher wie bei den Gartenpflanzen. Es werden organische Dünger und auch mineralische Langzeitdünger, wie Plantosan oder Osmocote, im Frühjahr (März) angewandt, und zwar reicht die Hälfte der angegebenen Menge. Im geschützten Glashaus wachsen die Pflanzen, vor allem wenn sie in Beeten ausgepflanzt sind, ohnehin recht schnell. Ein üppiger Wuchs verlangt aber bald wieder einen Rückschnitt, damit kein Urwald mit zuviel Schattenbildung entsteht. Durch richtiges Schneiden lassen sich Pflanzen zu einer gewünschten Entwicklung anregen. Am besten wird diese Arbeit (im Frühjahr oder auch im Herbst) zumindest in den ersten Jahren einem Gärtner überlassen. Gelegentliches Umpflanzen von Büschen kann notwendig werden, wenn das Erdvolumen nicht mehr ausreicht. Beete sind in diesem Punkt einer Pflanzung in Töpfen weit überlegen. Die Erdmischung ist den jeweiligen Pflanzenwünschen anzupassen. Die »Grüne Solararchitektur« schlägt für vorwiegend subtropische Pflanzung folgende Mischung in 45 cm Stärke vor:

2 Teile mineralische Landerde
1 Teil Torfmull (Weißtorf)
½ Teil gewaschenen Sand.

Die Düngermengen werden dann nach erfolgter Bodenuntersuchung eingebracht, da die Nährstoffanteile des Bodens sehr verschieden sein können. Bei dem regelmäßigen Gang durch den Wintergarten ist das Augenmerk auch auf Schädlinge zu richten, die sich gelegentlich sehr rasch vermehren. Läuse, Weiße Fliegen (Mottenschildläuse), Spinnmilben und Schildläuse gehören zu den häufigsten Vertretern. Da sie oftmals nur vorübergehend auftauchen oder selbst durch andere Tiere beseitigt werden, ist mit der Bekämpfung zunächst zu warten. Wenn sich der Befall als hartnäckig und zunehmend erweist, helfen meist schon ungiftige Mittel, wenn ihnen ein gutes Haftmittel (Netzmittel) hinzugefügt wird, wie 0,1 bis 0,2% Pril oder auch Citowett in der angegebenen Konzentration. Einfach zu handhaben ist auch Spruzit (in der Spraydose) auf Pyrethrum-Basis. Das bewährte Sommeröl Elefant wirkt erfolgreich bei einem Befall von Blattläusen und Weißer Fliege. Allerdings sollte dieses Mittel nicht auf frische Blätter und Triebe gespritzt werden, sondern besser nur auf hartlaubige Pflanzen. Die Bekämpfung der Schädlinge im Glashaus wird problematisch, wenn zu giftigeren Mitteln gegriffen werden muß. Hier ist es wiederum von Vorteil, wenn die befallene Pflanze im Topf steht und zur Behandlung ins Freie gestellt werden kann.

Wartung der Glashauskonstruktion

Im allgemeinen ist nicht damit zu rechnen, daß die Konstruktion eine laufende Wartung erforderlich macht. Das Erneuern von Scheiben ist am besten von Fachfirmen zu übernehmen. Die einwandfreie Funktion der Beschläge und technischen Einrichtungen (Sonnenschutzanlagen) kann durch einen Servicevertrag sichergestellt werden, den viele Firmen anbieten. Allein die Reinigung der Glasscheiben ist in regelmäßigen Abständen nötig. Viele Glashausbesitzer übernehmen diese oftmals strapaziöse Arbeit selbst, etwa zweimal im Jahr, im Frühjahr und vor allem Herbst, damit die Wintersonne möglichst ungehindert den Wintergarten erwärmen kann. Wer diesen Aufwand scheut, kann mit dieser Arbeit auch eine spezielle Glasreinigungsfirma beauftragen. Neben der Reinigung von außen (besonders schmutzig sind die Flächen oberhalb der waagerechten Sprossen, weil sich das Regenwasser staut) ist das Glas auch innen von dem Belag zu säubern.

Die Häufigkeit der Reinigung hängt mit von der Dachschräge ab. Je steiler das Dach, um so besser säubert es sich selbst. Auch gefrorener Regen auf dem Glasdach nimmt viel Staub und Schmutzanteile auf.

Die Tragkonstruktion und Sprossen sind sehr pflegeleicht. Besonders Aluminium und Kunststoffkonstruktionen bedürfen keines weiteren Aufwandes. Stahl erhält nach Bedarf (Rostbefall) einen pflegenden Anstrich bzw. wird ausgebessert. In der Regel wird die Lackierung nach 5 bis 10 Jahren erforderlich. Bei Holz werden Lasuren meist nach 2 Jahren, Lackierungen nach 6 bis 8 Jahren nötig. Je besser die Profile und Sprossen an den Kanten abgerundet sind, um so länger hält sich meist der Anstrich.

33 BEISPIELHAFTE WINTERGÄRTEN

1
WINTERGARTEN
DER GUTEN ALTEN ART

Die Formensprache des bestehenden Einfamilienhauses bestimmte den Entwurf für den Anbau mit einem Pultdach aus Glas.

Das Konzept

Die Küche wurde erweitert, der unbeheizte Anbau dient jetzt als Eßplatz. Dadurch öffnet sich das Haus großzügig zum Garten. Die Küche wirkt nach dem Einbau wesentlich heller, obwohl in den Wintergarten fast nie die Sonne direkt hineinscheint. Außerdem erwärmt die diffuse Strahlung den gläsernen Raum ganz erheblich. Die Nutzung ist im wesentlichen auf die Übergangszeit beschränkt. Pflanzkübel werden entsprechend der Jahreszeit hineingestellt.

Konstruktion und Material

Architektenkonstruktion (Red Cedar, 6,5 cm starke Profile) mit Isolierverglasung, im Dach mit Verbundsicherheitsglas. Profile und Sprossen sind weiß lackiert.
Der Anschluß an die vorhandene Gasheizung ist möglich. Ein zusätzlicher Sonnenschutz ist nicht erforderlich, da die vorhandenen Laubbäume für ausreichende Beschattung sorgen. Die beiden Lüftungsklappen werden manuell nach Bedarf bedient. Auf elektrisches Licht wurde zugunsten von Kerzenlicht verzichtet.

Kosten

Die Kosten pro Quadratmeter betragen etwa 3500 DM.

Planung: Dipl.-Ing. Rainer Behrend
Ausführung: Cornelius Korn

205 Ansicht Nord

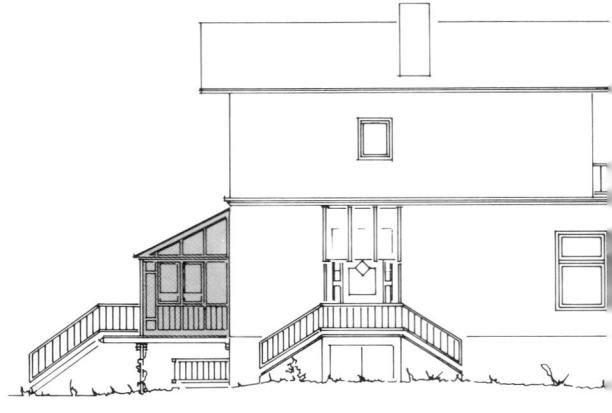

206 Ansicht West

207 Grundriß Erdgeschoß

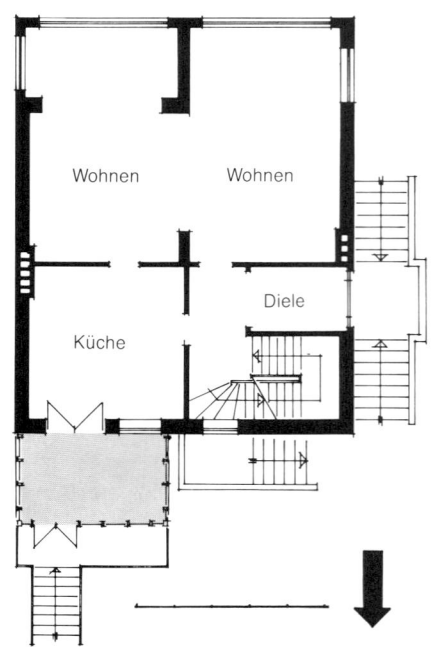

208   In schöner schlichter Art der früheren Wintergärten paßt sich der Anbau
dem Einfamilienhaus an. Auf aufwendige Energiesparmaßnahmen wurde
verzichtet, da der hinzugewonnene
Raum nur während der Übergangszeiten bewohnt und genutzt werden soll. Im
Winter ist es ein bewährtes Pflanzenhaus für frostempfindlichen Oleander,
den Bleiwurz und Pelargonien.

209   Der Anbau des Wintergartens be-
wirkte nicht nur eine Umstellung des
Grundrisses. Auch äußerlich geschah
eine Verwandlung: Der Eingangsbereich erhielt ein schützendes Dach und
das Geländer der Kellertreppe wurde
der Brüstung am Glasanbau angeglichen.

2
ANBAU IM STIL DER ZEIT

Ganz selbstverständlich wirkt die Architektur des angefügten Wintergartens, weil die Maße der Sprossenfelder in Anlehnung an die Gesamtfassade aufgenommen wurden.

Gemeinsame Intention von Architekt und Bauherrin war vor allem der Zugewinn an Qualität, weniger der von Wohnfläche.

Das Konzept

Die gesamte Organisation des Hauses ist im Hinblick auf den beherrschenden Ort des nur 10 qm großen, zentralen Wintergartens neu überdacht und geordnet worden.

Umfangreiche Umarbeiten wurden notwendig, wie die Verlegung der Küche und des Eßraumes; das Kaminzimmer mußte neu eingerichtet werden; Wände wurden verändert, z. T. geöffnet oder geschlossen; die Terrasse wurde verlegt und erweitert, und die gesamte Gartensituation der veränderten Nutzung angepaßt.

Konstruktion und Material

Das Material (Red Cedar in Architektenkonstruktion, Profilstärke 6,5 cm, und die Farbwahl wurden dem bestehenden Bau angeglichen: Rotbrauner Klinker, weißlackiertes Holz, schwarzblau gestrichener Stahl. Die Heizung ist an die vorhandene Warmwasseranlage angeschlossen.

Wegen des geschlossenen Daches ist im Sommer nicht mit einer Überhitzung zu rechnen. Trotzdem kann durch Öffnen der beiden seitlichen Türen (zur Terrasse und zur Gartentreppe) eine Querlüftung geschaffen werden. Zusätzlich bieten Raffrollos über Fenster und Türen bei Bedarf Sonnenschutz.

Planung: Dipl.-Ing. Peter H. Wilkens
Ausführung: Cornelius Korn

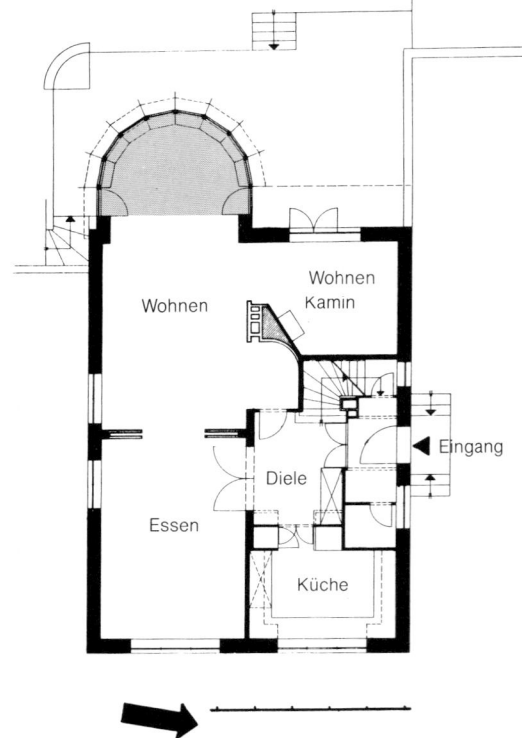

210   Grundriß Erdgeschoß

211   In zurückhalten-
dem Halbrund fügt sich
der Glasanbau an das
Einfamilienhaus der
zwanziger Jahre. Das
vermehrte Raumangebot
kommt auch dem Ober-
geschoß zugute. Das
Dach des Wintergartens
ist begehbar und erfreut
sich als Sonnenterrasse
großer Beliebtheit.

212   Ohne Abtrennung
zum Wohnraum öffnet
sich der ringsum vergla-
ste Anbau zum Garten.
In der Geborgenheit des
lichten Raumes ergeben
sich neue belebende
Eindrücke. Die Heizkör-
per, unmittelbar unter
den Fenstern gelegen,
garantieren behagliche
Temperaturen auch bei
großer Kälte.

3
GLASANBAU ALS ENERGIESPARHAUS: NUR ZEHN QUADRATMETER GROSS

Den nachträglichen Bau eines Anlehnhauses hat sich der Bauherr und Architekt in Regensburg als Versuchsobjekt nicht entgehen lassen. Da er sich mit der Nutzung der passiven Sonnenenergie beschäftigt, hat er (in Verbindung mit der Messung einer Wärmepumpenanlage) die Innen- und Außentemperaturen aufgezeichnet und verglichen.
Das Ergebnis ist überraschend: Bei Winterkälte (außen − 4° bis + 3°) wurden innen bei strahlendem Sonnenschein bis + 38 Grad gemessen (5. Februar 1985).

Konstruktion und Ausstattung
Die Holzkonstruktion wurde mit Sparren (8/16 cm) und Riegeln (8/8 cm) in Brettschichtholz erstellt.

213   Ansicht der Südseite mit Wintergarten

Verglast wurde mit Isolierglas 2 × 6 mm mit 16 mm Zwischenraum, die innere Scheibe ist Sicherheitsglas. Die senkrechte Verglasung ist mit Holzleisten, die Schrägverglasung mit Alu-Profilschienen abgedeckt.
Zur Lüftung dienen Drehtür und Klappflügel. Die warme Luft wird nach Bedarf oben im First mit einem Ventilator über ein Rohr abgesaugt und ins Arbeitszimmer auf der kühlen Nordseite geblasen (siehe Grundriß Abb. 214).
Der Bodenaufbau besteht aus einer 10 cm starken Unterbetonplatte auf Kiesschotter, darauf liegen keramische Spaltplatten (24 × 24 cm).

Kosten
Die Kosten für den Anbau mit einer Grundfläche (außen) von 3,78 × 2,88 m und einer Höhe von 1,05 m bzw. 3,25 m betragen etwa 10 000 DM. Hinzu kommen Eigenleistungen für das Verlegen der Fliesen, den Anstrich und den Sonnenschutz.

Planung: Dipl.-Ing. Wolfram Pistohl

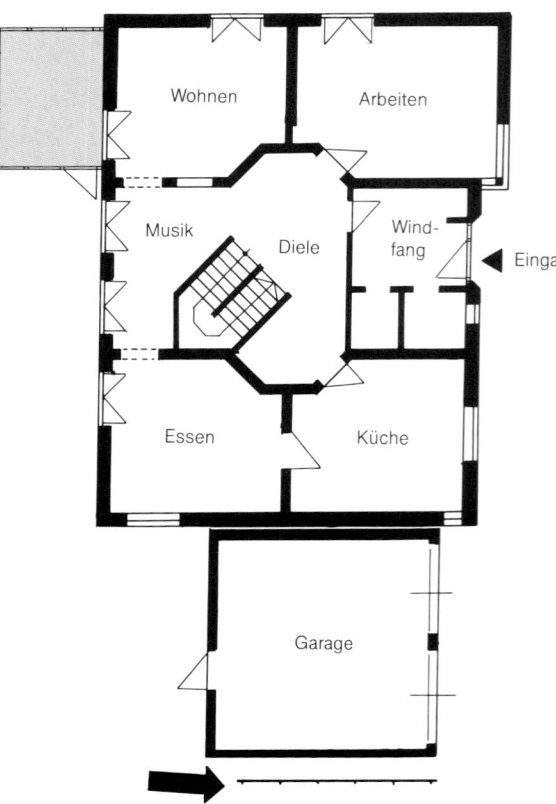

214   Grundriß Erdgeschoß

215   Dieser kleine Glasanbau beweist, daß auch Wintergärten mit bescheidenen Ausmaßen zum Energiegewinn beitragen können. Zudem bleibt er ein geschützter Platz an kühlen Tagen. Rechts an der Wand ist das weiße HT-Rohr zu erkennen, durch das warme Luft abgesogen werden kann.

216   Der Teich vor dem einfachen Anlehnglashaus ist nicht nur Blickfang. Er erhöht auch die Intensität der Sonnenstrahlen. Im Hochsommer bewahrt das Herunterlassen der Sonnenschutzsegel an einer Perlonschnur die Bewohner vor »Backofenhitze«.

4
ERWEITERUNG EINES EINGESCHOSSIGEN BÜRORAUMES

Der Büroraum wurde 1986 durch eine Puffer- und Übergangszone bei gleichzeitiger baubiologischer Renovierung des bestehenden Gebäudes erweitert.

Architektonisches Konzept

Wegen der Grundstückssituation ergab sich eine Erweiterung nach Süden und Westen, die der optimalen Nutzung von Sonnenenergie entgegenkommt. Die Glasfassade sollte transparent wirken, innen dagegen eine wohnliche Atmosphäre durch tragende Holzkonstruktion und Holzfußboden entstehen.

Konstruktion und Verglasung

Das Pultdach mit eingezogenen Ecken an der Süd- und Westseite liegt in Höhe der vorhandenen Flachdachkante auf. Dadurch wird ein guter Übergang zum Dach geschaffen. Die Tragstruktur besteht aus einer Holz-Pfettenkonstruktion (Douglasie), die Fassade aus Aluminium-Glaspaneelen (Vitral) mit Isolierverglasung (Zwischenraum = 16 mm).
Die Aluprofile sind außen dunkelgrün (RAL 6007) einbrennlackiert, Sichtmauerwerk und geputzte Wände des vorhandenen Gebäudes mit weißer reiner Mineralfarbe behandelt. Das Hirnholzpflaster ist in Borsalz getränkt, die Oberfläche mit Naturharzöl-Imprägniergrund behandelt.

Sonnenschutz und Lüftung

Natürlicher Schutz besteht durch neugepflanzte Bäume, Schnurbaum (Sophora japonica) und Eberesche (Sorbus). Geplant ist innen ein heller Raffstore (Silent Gliss).
Schließbare Zuluft ist entlang der Schwelle am Boden installiert und schließbare Dauerentlüftung entlang des Firstes. Kippflügel befinden sich im Pultdach, zwei diagonal angeordnete Schiebetüren bewirken zusätzlich eine Querlüftung in der Fassade.

217   Der gläserne Anbau aus wartungsfreien, selbsttragenden Paneelen fügt sich in den bestehenden Garten. Der neu angelegte Teich dient hier zum Ausgleich des Kleinklimas.

218   Eine gute Ergänzung: freundlich weiße Wandflächen und der warme Holzton des Fußbodens.

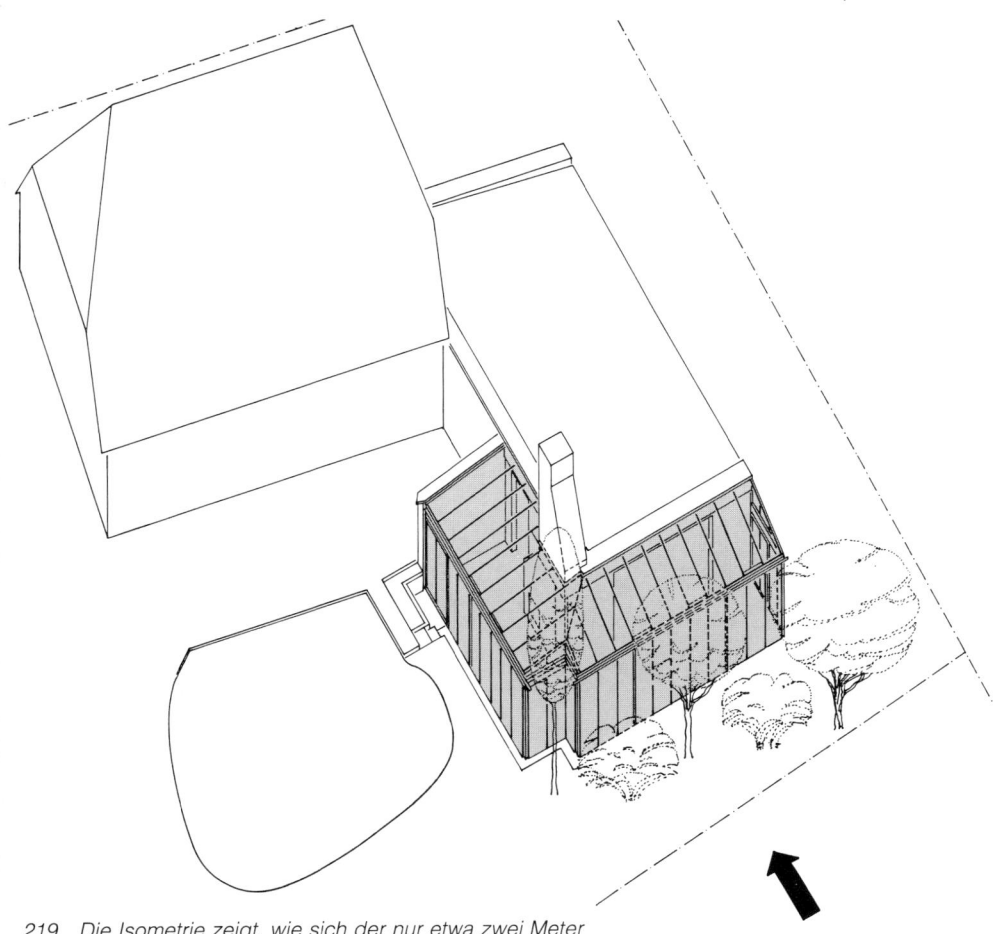

219   Die Isometrie zeigt, wie sich der nur etwa zwei Meter breite Glasbaukörper um den eingeschossigen Bau schmiegt.

220   Der Schnitt durch den Anbau stellt die Lüftung nach dem natürlich-thermischen Prinzip dar. Der Fußboden, 8 cm starkes Hirnholzpflaster, ist in eine 6 cm dicke Lehmschicht verlegt, darunter liegen Hohlziegelplatten.

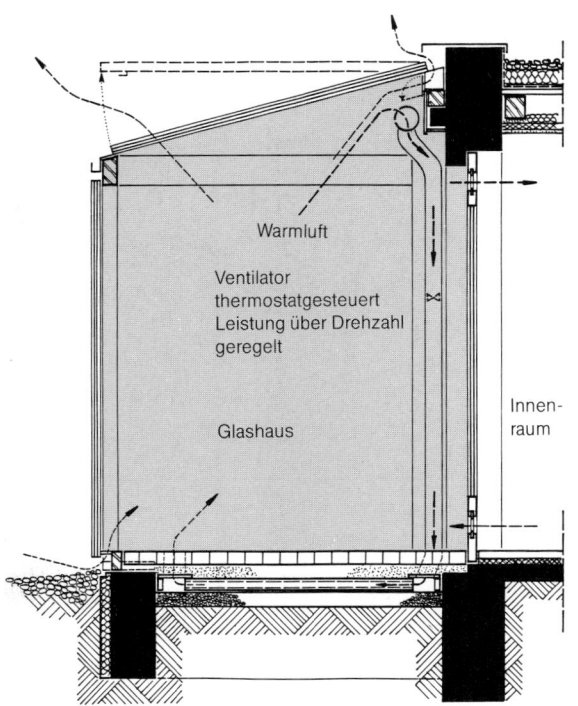

Heizung

Durch Art und Lage des Glashauses ergibt sich die passive Nutzung der Sonnenenergie. Es ist geplant, die erwärmte Luft im First über ein Lüftungsrohr abzuziehen und im Fußboden zu speichern. Bei gewünschter Kühlung wird kalte Luft nach oben geführt.

Beheizt wird in den Übergangszeiten durch zwei Plattenheizkörper, sowie einen Kamin, der mit Fenstertüren zum Ofen schließbar ist. Warmluft wird in eine Hypokaustwand und wahlweise in den Wintergarten abgegeben. Nach Abkühlung erwärmt sie sich in dem doppelwandigen Kamin.

Bepflanzung

Wegen der recht kleinen Fläche und der grünen Umgebung ist nur dekorative Pflanzung (Phönixpalme, Lorbeerbaum) vertreten.   ▶

221   Der Blick von der Ostseite: Sommergrünes Laub sorgt für Sonnenschutz des wohnlich warmen Wintergartens. Die schließbare Dauerlüftung (runde Öffnungen) unten an der Schwelle und im First verhindern eine Überhitzung. Praktisch ist der schmale Kiesstreifen als »Schmutzfänger« bei Regen.

222 Die Lüftungsflügel im Dach lassen sich einfach per Hubspindel öffnen und schließen.

223 Über Lüftungsschlitze der Holzschiebefenster (unten im Foto) kann warme Luft nach innen in den Arbeitsraum geführt oder über die Dauerentlüftungsklappe (oben) nach außen abgeleitet werden.

Kosten

Die Dachverglasung mit fünf Klappflügeln kostete etwa 960 DM, die senkrechte Fassadenverglasung etwa 580 DM, die Grundfläche incl. Fundament 1660 DM, Holztragwerk, Fußboden, Umbau der vorhandenen Fassade mit raumhohen Fenstern betrugen etwa 2100 DM (Preise pro Quadratmeter). Für Eigenleistungen waren etwa 100 Stunden nötig, sowie ca. 1000 DM für Materialkosten.

Erfahrungen

Die Lüftung erbringt die geplante Kühlung; die Sonneneinstrahlung ermöglicht, dank des Speicherangebotes, eine fast ständige Nutzung.

Planung: Dipl.-Ing. Ökotekt Jan Cousin
Ausführung: Mertens Glastechnik

224 Der Fußboden: Hirnholzpflaster in eine Lehmschicht verlegt mit eingelassener, abnehmbarer Bodenentlüftung. Unten am Glaspaneel ist die schließbare Zuluftschiene aus Holz zu erkennen.

5
UMBAU EINES LANDHAUSES
DER 20er JAHRE

Lage
Leicht abfallendes Seegrundstück in Oberbayern

Architektonisches Konzept
Als die jetzigen Besitzer das Refugium übernahmen, war das Haus vollgestopft mit diversen Stilmöbeln und Teppichen. Zudem waren die Räume sehr dunkel. Der Umbau sollte deshalb in erster Linie viel Licht und Helligkeit ins Haus bringen. Bäuerliche Attribute waren nicht gewünscht. Die obere Etage wurde mit Holz verschalt und alles weiß glänzend lackiert. Ein überdachter Freisitz wurde angebaut, damit man auch bei Regen und milder Witterung draußen sitzen kann. Um das Tageslicht besser in den Wohnbereich weiterzuleiten, ist auch die Innenseite des Wintergartens verglast. So erhält selbst die Galerie mit der Bibliothek noch Licht vom Wintergarten. Die Höhe des Freisitzes (40 cm über Gelände) wurde auch für den Wintergarten übernommen. Die dadurch notwendigen Stufen zum Wohnraum trennen die Bereiche deutlich.

225 Ein Beispiel für gepflegte Landhausarchitektur mit dem wohlintegrierten, von außen fast verschlossen wirkenden Wintergarten, und dem tief heruntergezogenen Dach über dem vorgelagerten Freisitz.

Verglasung
Die kleinen Fenster wurden durch große Sprossenfenster ersetzt. Farbige kleine Eckgläser sind als Akzente für die grüne Bepflanzung aus Blattpflanzen, wie Farne, Palmen und Birkenfeige gewählt worden. Die Farben sind gestaffelt: Rot für die Außenfenster, Blau für den Durchgang und Grün für die Galerie. Das Glas im Außenfensterbereich wurde als Isolierglasscheibe ausgebildet. Das heißt: Es wurden je zwei rote Scheiben verwendet. Bei einem Versuch mit Klarglasscheiben für außen spiegelten diese als schwarze Flächen.

Sonnenschutz und Heizung
Wegen der Lage nach Westen und des geschlossenen Daches sind keine besonderen Maßnahmen gegen eine Überhitzung zu treffen. Das Dach des vorgelagerten Freisitzes gibt ausreichend Sonnenschutz (als Ersatz für eine Markise).
Der Wintergarten ist wie das gesamte Erdgeschoß mit einer Fußbodenheizung ausgestattet. In den Belastungszonen vor den Fenstern sind zusätzliche Flachkonvektoren angeordnet.

Planung: Dipl.-Ing. Architekten Weida & Kovacs

227 Signalfarbgläser, wie sie für Bundesbahneinrichtungen gebraucht werden, dienen hier als Farbtupfer in den transparenten Wänden des Wintergartens. Schöne alte Thonet-Möbel und auserlesene, große Grünpflanzen, wie Birkenfeige und Nestfarn (vorne links) lassen ein wenig nostalgische Stimmung aufkommen. ▷

226   Bugholzmöbel schaffen eine wohnliche Atmosphäre in dem lichten Raum. Der Blick durch die Öffnung der gläsernen Trennwand führt zu dem geräumigen Wohnraum mit der Wendeltreppe, die zur Bibliothek führt.

▶

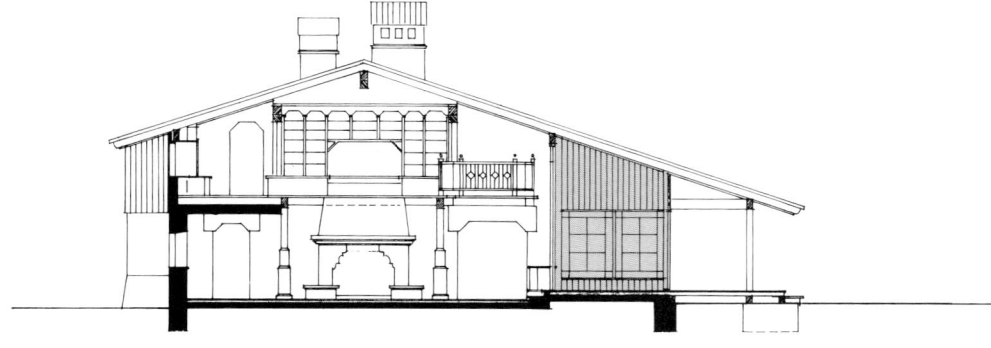

228 Schnitt durch den Wohnraum mit Wintergarten

229 Grundriß Erdgeschoß

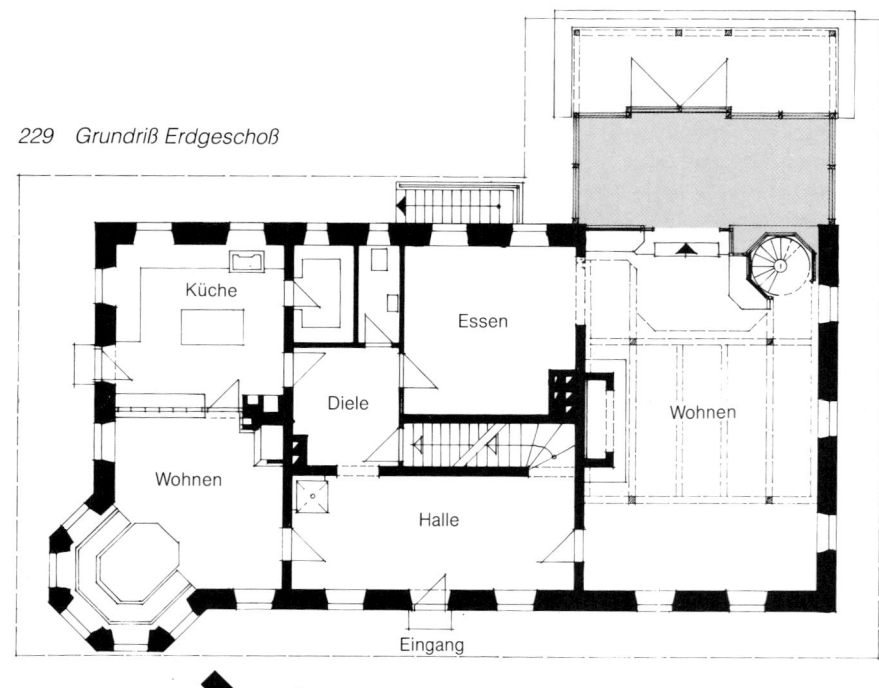

230 Grundriß Obergeschoß

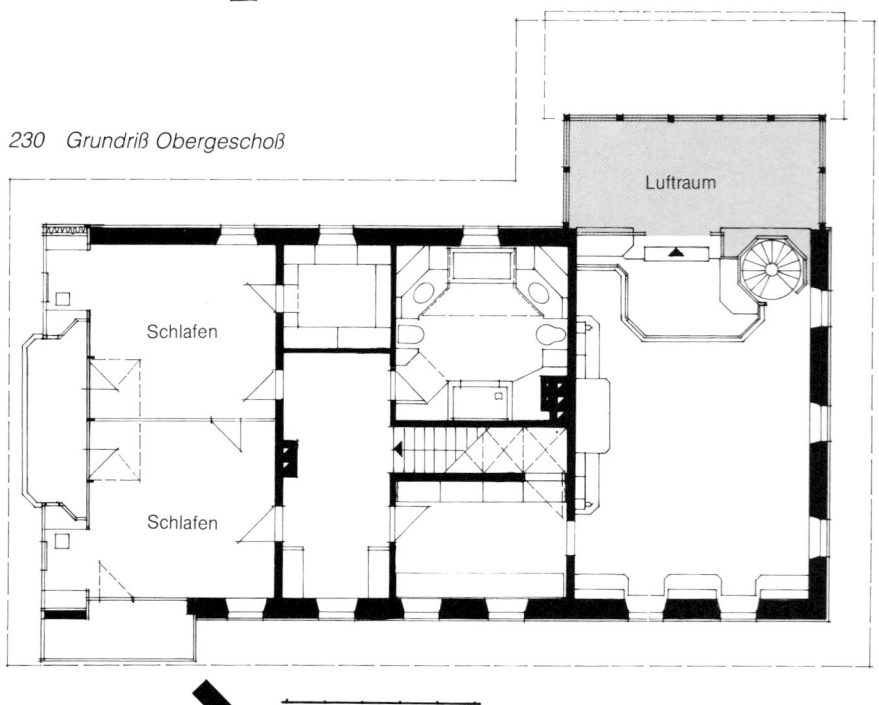

6
NEUE FORMEN FÜR DEN LICHTDURCHFLUTETEN ANBAU

Aus formalen Gründen wurde eine bewußte Trennung zwischen Wohnhaus und Glasanbau angestrebt. Der etwa 8 m vorkragende Glaskubus besteht aus klaren Dreieckformen, er ist durch einen kurzen gläsernen Gang ans Wohnhaus angeschlossen. Durch ein teilweises Loslösen vom Boden entstand ein fast schwerelos wirkender Baukörper.

Konstruktion

Stahlfachwerkträger (R-Träger), Obergurt aus T 50, Untergurt aus 16 mm Rohr, Schlaufen aus 6 mm Rundstahl. Alle Stahlteile sind entrostet, grundiert und zweimal mit Kunstharzlack gestrichen. Die notwendigen Aussteifungselemente sind farblich hervorgehoben.

Lüftung, Heizung, Sonnenschutz

Ein Lüftungsflügel (3,0 × 0,6 Meter), der gleichzeitig als Ausgang zum Reinigungsbalkon dient und ein großer Ventilator. Das Glashaus, das im Winter mindestens 5 Grad warm ist, wird mit einem Gasofen beheizt.
Durch den hohen Baumbestand ist keine künstliche Beschattung erforderlich.

Kosten

Da es sich um Selbstbau (mit Freunden) handelt, liegen die Kosten mit etwa 18 000 DM bei einer Grundfläche von etwa 27 qm ungewöhnlich niedrig.

Planung: Architekt Werner Seelbach

231 Aus topographischen Gründen wurde das Glashaus an die Süd-West-Ecke des modernisierten Wohnhauses frei über den steil abfallenden Hang mit hohem Baumbestand gebaut.

232 Ein kurzer Glasgang, der gleichzeitig Ausgang zum Gartenhof ist, schließt den gläsernen Baukörper an das Wohnhaus an.

▶

◁ *233   Das Glashaus wurde weniger als Wärmepuffer oder Sonnenfänger gebaut. Vielmehr erfüllt es den Wunsch nach einem hellen, lichtdurchfluteten Raum. Bewußt eingesetzte Farben setzen in dem »Hellraum« aus weißlackierter Stahlkonstruktion und weißem Keramikbelag (auf 4 cm Wärmedämmung und 5 cm Estrich) wohltuende Kontraste.*

234   Die Seitenansicht macht die Liebe zu klaren geometrischen Formen deutlich, die hier konsequent verwendet worden sind.

7
AUSBAU UND ERWEITERUNG DES DACHGESCHOSSES EINES TYPISCHEN STADTHAUSES DER JAHRHUNDERTWENDE

Architektonisches Konzept

Unter Einbeziehung des Balkons (Nord-West-Lage) und Einbau einer Galerie über dem Wohn- und Eßbereich wurde die Wohnfläche von 123 qm auf 160 qm vergrößert. Die Raumhöhe der Altbausubstanz wurde großzügig genutzt, so daß über eine zweigeschossige Schrägverglasung ein großer »Wintergarten« entstehen konnte. Die veränderte Gartenansicht schließt sich formal den Fassaden der Nachbarbebauung an.

Konstruktion und Verglasung

Selbsttragende, weiß lackierte Holzkonstruktion mit Verglasung im Wand- und Dachbereich, die 30 cm hohe Brüstung mit Holzausfachung. Für Wartungsarbeiten wurde ein schmaler Balkon vorgesehen, quer zum First des Wintergartens dient ein Stahlrohr zum Einklinken einer Leiter und des Lifebelts. Verglasung: Thermoplus neutral; k-Wert = 1,3 W. Ungewöhnlich: Die großflächige Schrägverglasung im Dachbereich.

Sonnenschutz und Lüftung

Wegen der Nord-West-Lage des Wintergartens und der über das Dach ragenden Krone der Blutbuche wurde auf komplizierte Lüftungsmaßnahmen verzichtet. Im Winter scheint die Sonne nur selten über die gegenüberliegende Bebauung hinweg. Zur Vermeidung eines Wärmestaus können Türflügel seitlich des Wintergartens sowie Fenster in der Galerie geöffnet werden.

Heizung

Zusätzlich zur vorhandenen Heizung wurde ein niedriger Konvektor mit 10 Kw Leistung in ganzer Breite des Wintergartens (4,5 m) vorgesehen.

Kosten

Die Kosten für die Glasfassade betragen pro Quadratmeter etwa 1000 DM, die der Grundfläche etwa 2450 DM.

Planung: Architektin Dipl.-Ing. Angelika Scholz
Ausführung: Cornelius Korn

235 Durch eine zweigeschossige Schrägverglasung wurden die beiden neuen Bauteile verbunden: Der erweiterte Wohn-Eßbereich unter Einbeziehung des vorhandenen Balkons und die Galerie in der Dachebene.

236 Isometrie

237 Schöne Aussichten eröffnet der Anbau, der die große Raumhöhe der Altbausubstanz voll ausgenutzt hat. Die Treppe (links) führt zu der Galerie. Im Hintergrund ist das Geländer des »Putzbalkons« zu sehen.

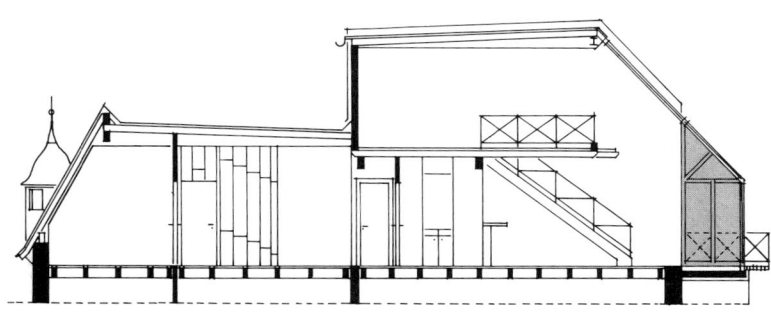

238 Längsschnitt

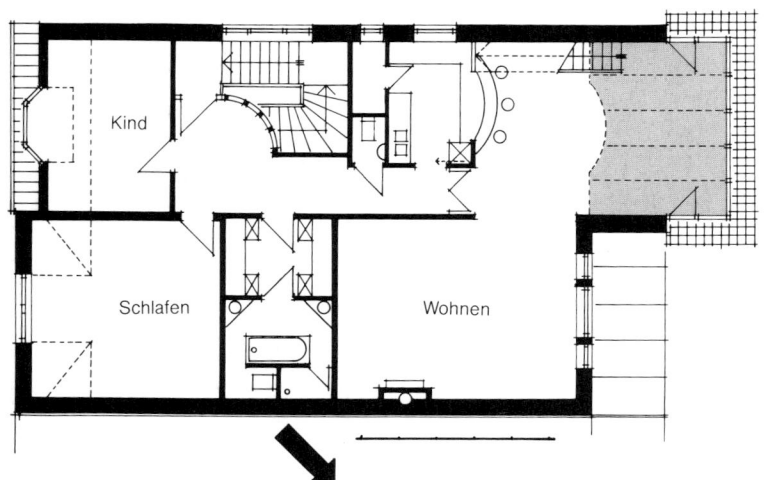

Kind

Schlafen

Wohnen

239 Grundriß Dachgeschoß ■

8
DREIGESCHOSSIGER WINTERGARTEN FÜR EIN MEHRFAMILIENHAUS

Der nachträgliche Anbau eines dreigeschossigen Wintergartens an ein Mehrfamilienhaus ohne Balkone bewirkt eine deutliche Verbesserung der Wohnqualität, die optische Aufwertung der Fassade, hohen Immissionsschutz und eine erhebliche Energieersparnis: Bei einer vorhandenen 30 cm dicken Außenwand aus Hohllochziegeln und einem 50%igen Fensteranteil an der Außenwand im Bereich der Wandfläche ergibt sich ein k-Wert von 1,79. Durch einen Wintergarten mit Zweischeiben-Isolierverglasung wird der Wärmebedarf des dahinter liegenden Raumes um etwa 75% reduziert. Dabei sind Dämmwirkung des Wintergartens und der erzielbare Strahlungsgewinn berücksichtigt. Die Heizkostenersparnis beträgt etwa 200 DM pro Jahr je Wohnung.

Konstruktion und Verglasung

Systemkonstruktion als tragende Stahlkonstruktion. Die Primärstruktur übernimmt die tragenden Funktionen und setzt sich aus Stahlstützen sowie elementierten Deckenplatten mit Trapezblechen zusammen. Die Wintergartenelemente werden aufeinander abgestimmt, wobei der Euromodul von 10 cm und die Form des 30-cm-Rasters herangezogen werden. Die Sekundärstruktur dient für die ausfachenden Fensterflächen, und die Tertiärstruktur zum Ausbau von Einrichtungen zum Sonnen- und Wärmeschutz. Die Montage erfolgte ohne Kran durch Hochreichen der leichten Elemente von außen (keine Belästigung der Mieter). Die unbeheizte Pufferzone ist isolierverglast, zum Teil mit Sicherheitsglas.

Sonnenschutz und Lüftung

Die vorgeschlagenen Sonnenschutzrollos wurden vom Bauherrn und den Mietern abgelehnt. Kletterpflanzen sollen hochranken. Lüftung durch Öffnen der Dreh-Kipp-Fenster (vier Fenster pro Geschoß), die auch Querlüftung ermöglichen.

Bepflanzung

Eine Befestigung für Pflanzkästen am Brüstungsgitter ist möglich. Die Bepflanzung ist Sache der Mieter.

240   Im Modell läßt sich schnell die Wirkung des geplanten Anbaues erkennen.

241   Die Fassade des dreigeschossigen Wohnhauses vor dem Anbau der Wintergärten.

242   In der Isometrie wird das geplante Vorhaben an dem dreigeschossigen Mehrfamilienhaus verdeutlicht.

243   Der nachträgliche Anbau wird nur von außen getätigt und wird bei dem verwendeten Baukastensystem sehr schnell fertiggestellt.

244   Etwa zwei Meter tief ist der hinzugewonnene Raum.

Kosten

Etwa 2000 bis 3000 DM pro Quadratmeter

Planung: Dipl.-Ing. Fred Ranft in Contor für Architektur und Stadtplanung Aachen (Casa)
Ausführung: Mero

9
AUSBAU EINES DACHGARTENS ZU EINEM GLASHAUS MIT REINER SÜDORIENTIERUNG

Energetisches Konzept

Die Temperierung des Erdgeschosses unter dem Glashaus erfolgt durch eine Warmluftschleife (Hybrides-Heizsystem) mit Überdruck und Gebläseunterstützung. Dadurch wird ein begrünter Wintergarten mit ganzjähriger Nutzung möglich.

Konstruktion und Verglasung

Die Sparren-Pfetten-Konstruktion besteht aus Leimbindern; Trocken-Verglasungssystem mit Aluminium-Preßprofilen und Neoprene-Dichtungen. Verglasung: Zweischeiben-Isolierglas mit Wärmereflektionsbeschichtung und Argon-Füllung (k-Wert 1,4). Die untere Scheibe ist als Sicherheitsverbundglas ausgeführt.

245 △

Sonnenschutz und Lüftung

Für die Sommermonate sind Sonnensegel sowie laubabwerfende Kletterpflanzen vorgesehen. Be- und Entlüftung geschieht über Zuluft- (Stehwand) und Abluftklappen (First). Außerdem: Hybride Warmluftschleife über Ventilator (20 W/300 cbm pro Stunde).

Kosten

Etwa 18 000 DM

Planung: Dipl.-Ing. Jürgen Ludwig

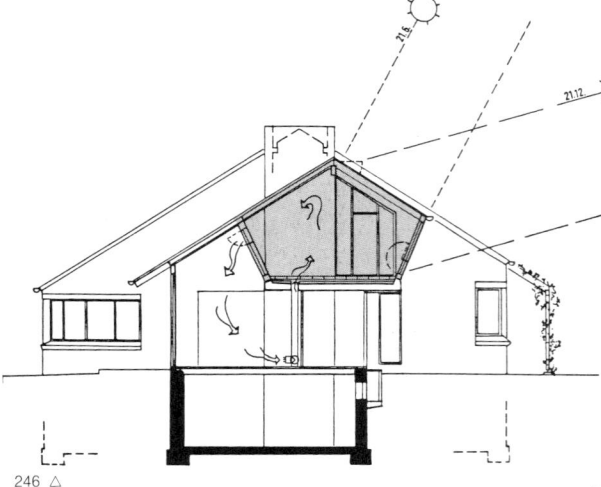

246 △

245 Der nachträgliche Ausbau des selten genutzten Dachgartens ermöglichte die Errichtung eines Ganzjahres- und Allzweckraumes, der sich harmonisch der Architektur anpaßt.

246 Schnitt mit Sonnenstand vom 21. Juni und 21. Dezember

247 Grundriß Dachgeschoß ▷

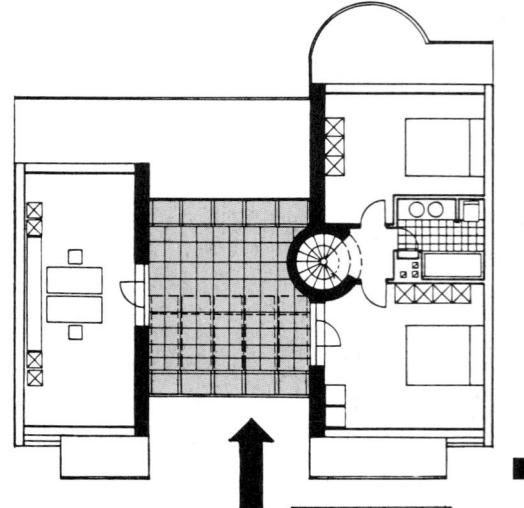

10
UMBAU EINER FABRIKHALLE: ZEITGEMÄSS UND PREISWERT

Bei der Verwandlung des zweigeschossigen Backsteinbaus in ein modernes Wohngebäude wurden die Anbauten der letzten Jahrzehnte entfernt. Die ehemalige Schuhfabrik steht in einer süddeutschen Kleinstadt. Die äußere und innere Atmosphäre sollte erhalten bleiben. Als neue Attribute wurden der Erschließungsbalkon auf der Rückseite und der Wintergarten auf dem Dach ergänzt.

Konstruktion und Verglasung

Der Wintergarten wird von beiden Maisonette-Wohnungen gemeinsam als regengeschützter Treffpunkt und Aussichtsplatz auf die Stadt genutzt. Eigene Konstruktion aus Walzprofilen und Quadratrohren. Die sechs Fachwerkträger sind so ausgebildet und konstruiert (Auskragung), daß alle Rechteckrohre Druckrohre sind (auch Untergurt) und alle Stäbe Zugstäbe sind.
Die Einfachverglasung besteht aus Drahtspiegelglas (7 mm), mit Glashaltestiften und Kunststoffkleber abgedichtet. Von den beiden Wohnungen ist der Wintergarten durch isolierverglaste Elemente getrennt.

Sonnenschutz und Lüftung

Innenliegende Raffstores werden manuell durch ein Zugseil bedient, sie sind jedoch nur an der Südseite angebracht.
Natürliche Belüftung erfolgt durch vier Lüftungsklappen (unten) und vier Lüftungsflügel (oben), die Steuerung wird von Hand übernommen. Der Flügelanteil beträgt etwa 10% der Gesamtfläche.

Heizung

Es sind nur schwach dimensionierte Rippenrohrheizkörper vorgesehen. Der Fußboden ist nicht als Speicher ausgebildet, da dies aus Belastungsgründen unmöglich war. In den Wintermonaten ist die Glaskanzel nicht benutzbar; in der Übergangszeit können die Wohnungen die aufgenommene Sonnenwärme voll nutzen. Das Obergeschoß braucht dann nicht beheizt zu werden.

Kosten

Bei etwa 60 qm Gesamtfläche liegen die Kosten um 700 DM pro Quadratmeter bei Eigenleistungen; um 1300 DM pro Quadratmeter bei normaler Vergabe.

Planung Fabrikumbau: Architekten Clemens Richarz, Theo Seiler
Planung Wintergarten: Architekt Clemens Richarz, unter Mitarbeit von Walter Eckert, Thomas Koch, Christina Schulz

248 Dachausbau mit modernen Materialien: filigrane Profile (feuerverzinkt) und Drahtspiegelglas. ▶

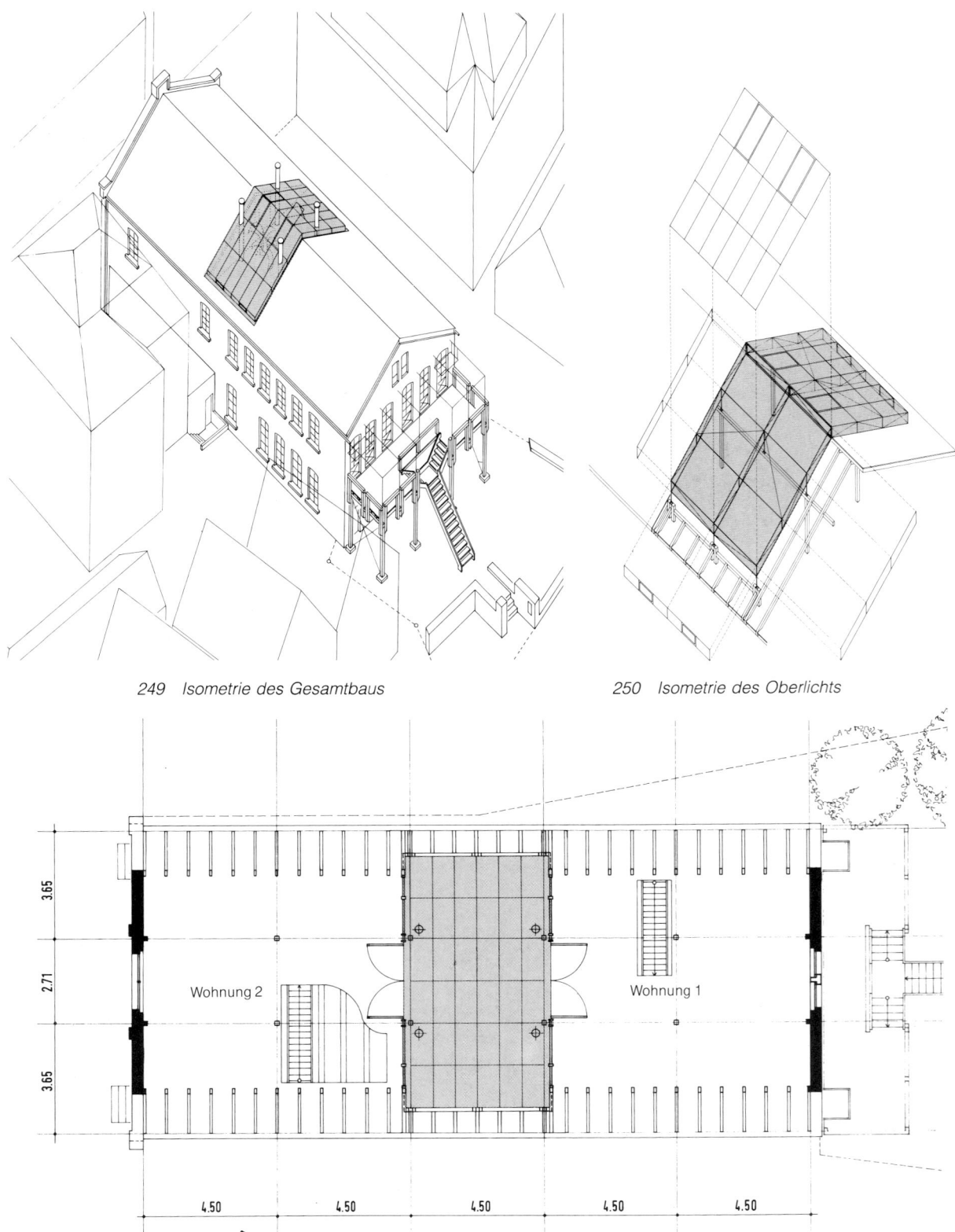

249 Isometrie des Gesamtbaus

250 Isometrie des Oberlichts

Wohnung 2

Wohnung 1

3.65

2.71

3.65

4.50   4.50   4.50   4.50   4.50

251 Grundriß Dachgeschoß

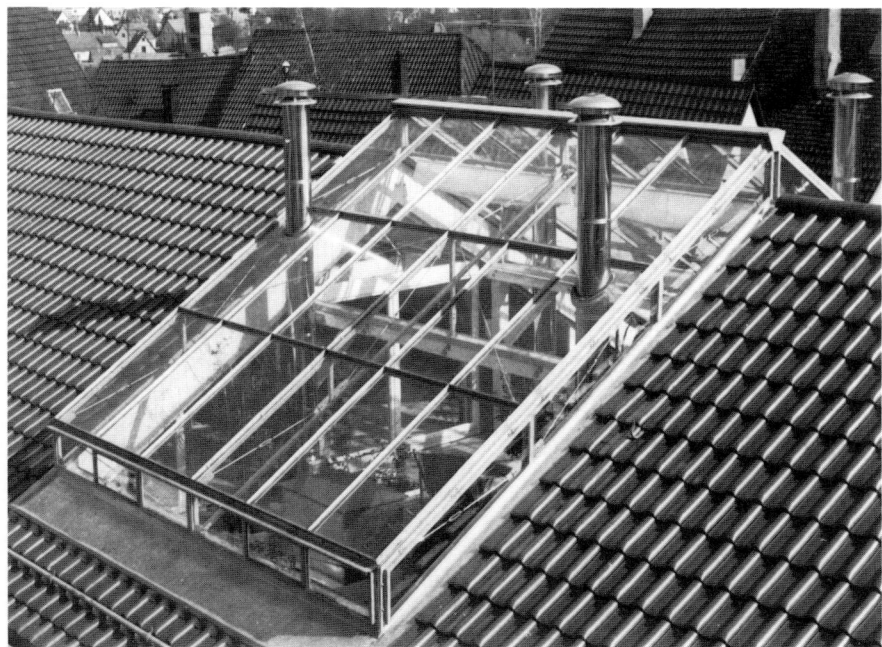

252   Um etwa 40 cm er-
hebt sich die gläserne
»Kanzel« über das Dach
des umgebauten, reno-
vierten Fabrikgebäudes.

253   Ein großer Frei-
raum mit reizvollem Blick
auf die Dächer der
Stadt. Ideal zu nutzen
während der Über-
gangszeiten.

11
DACHERKER
MIT GLÄSERNEM BODEN

Architektonisches Konzept

Der kleine Wintergarten wurde über der in das Dach eingeschnittenen Dachterrasse an der Südseite des Stadthauses errichtet. Da der Mauerwerksdrempel mit seiner Höhe von ca. 1,40 m den Ausblick aus der Dachgeschoßwohnung behinderte, wurde er durch einen Einschnitt bis zum Fußboden in einer Breite von ca. 2,50 m aufgebrochen.

Die Wintergartenkonstruktion ist ein Dacherker aus Stahl und Glas, der in das Gebäude eingefügt wurde. Der Erker ist ein Pendant zu dem benachbarten Mauerwerksgiebel mit seinen kleinen Fenstern.

Konstruktion und Verglasung

Stahlrohrprofile als Tragstruktur mit Aluminium-Deckprofilen. Isolierglas: bestehend aus Sonnenreflexionsglas außen und innen Verbundsicherheitsglas, k-Wert 1,3.

Fußboden des Erkers: unten Sonnenreflexionsglas, innen Panzerglas (32 mm).

Sonnenschutz und Lüftung

Natürliche Beschattung durch hohe Bäume.
Belüftung durch Doppelflügeltür, erster Flügel als Drehkippflügel.

Heizung

Zentralheizung und Heizkörper

Kosten

ca. 55 000 DM

Planung: Dipl.-Ing. Hans H. Seibold
Ausführung: Jansen-Viss-System

254 Fast unauffällig fügt sich die Gaube in das Haus. Sie ist transparent an allen Seiten: Sogar der Boden besteht aus Glas. Für viele Besucher bedeutet es fast eine Mutprobe, diesen gläsernen Boden (aus Panzerglas) zu betreten.

258 Der sehr kleine, windige Balkon (Grundriß über der Abbildung) wurde verglast und mit dem dahinterliegenden Raum zu einem gemütlichen, sehr beliebten Sitzplatz mit Abendsonne erweitert. ▷

259 Zu einem geräumigen Wohnraum hat sich das Dachzimmer entwickelt. Damit der Ausblick in die Gärten großzügig werden konnte, wurde der hohe Mauerwerksdrempel in diesem Bereich entfernt. ▷ ▷

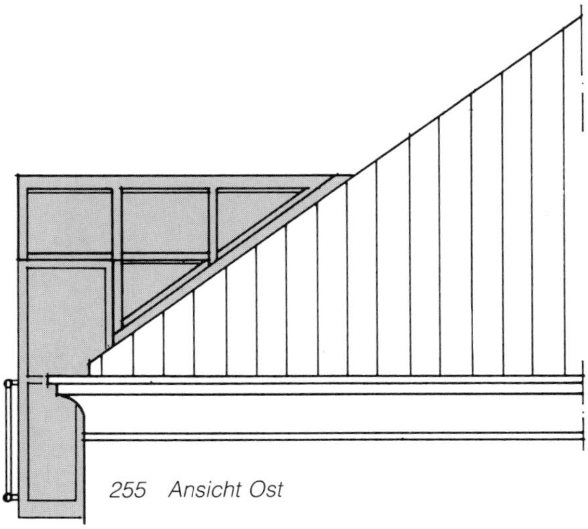

255   Ansicht Ost

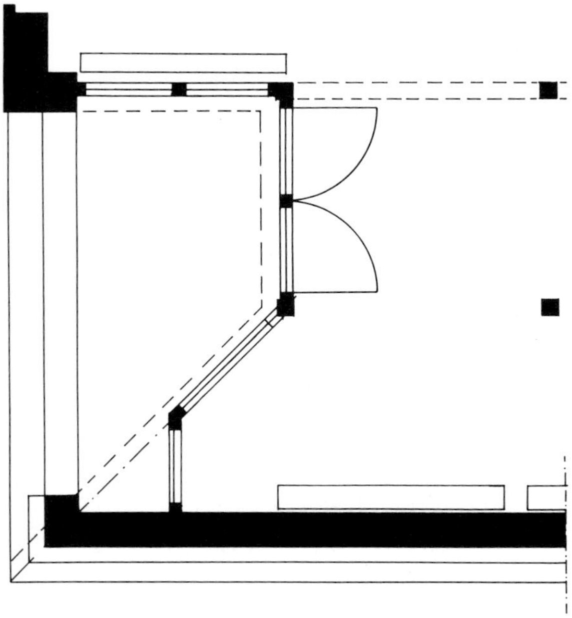

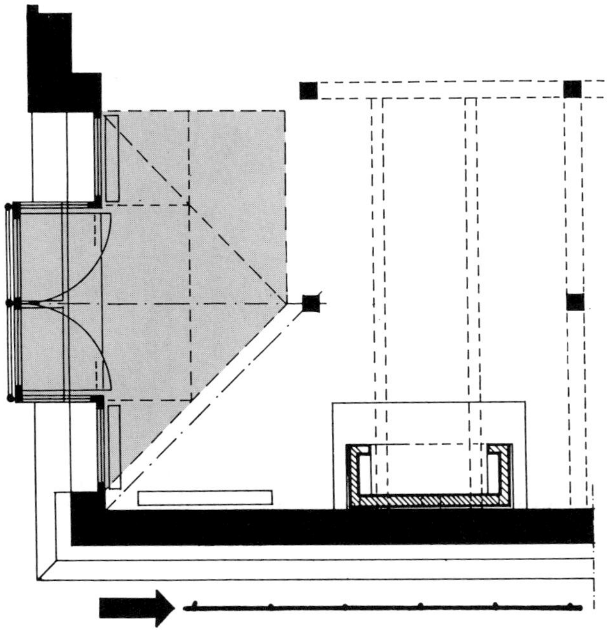

256   Grundriß vor dem Umbau △   257   Grundriß nach dem Umbau △

12
WINTERGARTEN: BESTANDTEIL EINER VIELFÄLTIGEN DACHLANDSCHAFT

Lage
Der Wintergarten liegt im vierten Geschoß eines restaurierten Mehrfamilienhauses mit herrlichem Ausblick auf die Rheinauen.

Architektonisches Konzept
Eine Erweiterung des Wohnraumes mit ganzjähriger Nutzung als Frühstücks- und Leseraum sollte erreicht werden.

Konstruktion und Verglasung
Die geplante Stahl-Pfettenkonstruktion auf Halbrahmen wurde statisch auf die ungewöhnlichen Gegebenheiten (freier Giebel, Terrassenbrüstung) abgestimmt. Sämtliche Aluminium-Teile sind PUR-beschichtet (RAL 6007). Die Konstruktion ist thermisch getrennt mit Isolierglas. Die Dachflächen bestehen aus Isolierglasscheiben (VSG, 12 mm LZR), die zwischen der verdeckt verschraubten Aluminium-Abdeckleiste liegen.

Sonnenschutz und Lüftung
In den Dachflächen können Leichtmetall-Lamellen (Sonderanfertigung) eingehängt werden. Vor der senkrechten Fensterwand sind außenliegende Aluminium-Lamellenstores eingebaut. Gelüftet wird über Kippflügel in der Dachfläche, die elektrisch (Spindelmotoren) bedient werden. Zusätzlich können Fensterflügel geöffnet werden.

Heizung
Die vorhandene Heizungsanlage wurde erweitert.

Kosten
Die Glasfassade kostet etwa 1350 DM, die Grundfläche etwa 3000 DM pro Quadratmeter.

Planung: Dipl.-Ing. Werner Klinkhammer
Ausführung: Cornelius Esser

260 Den ungewöhnlichen Abschluß für den Vorbau des Klinkerhauses bildet der Wintergarten. Nach drei Seiten geöffnet, bietet die »Aussichtsplattform« überraschende Ausblicke.

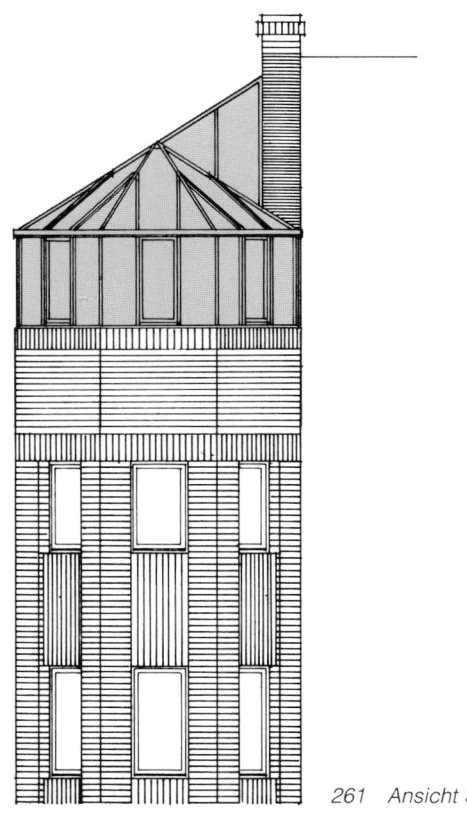

261   Ansicht Süd-Ost

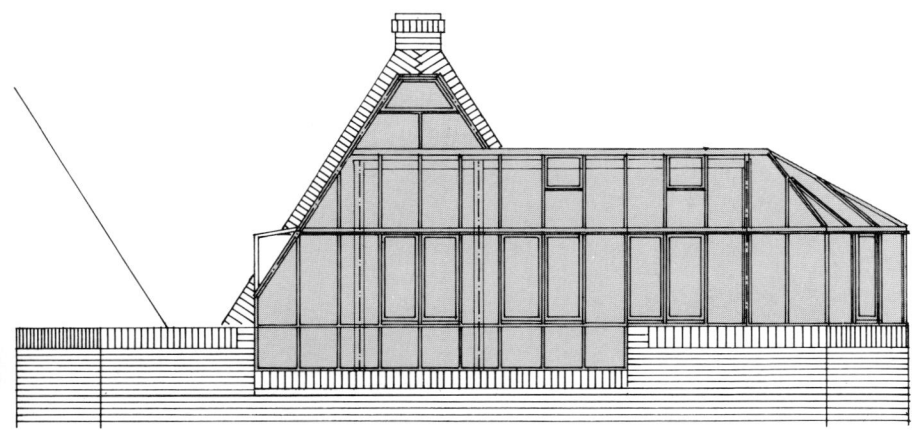

262   Ansicht Süd-West

Vorhandene
Giebelwand

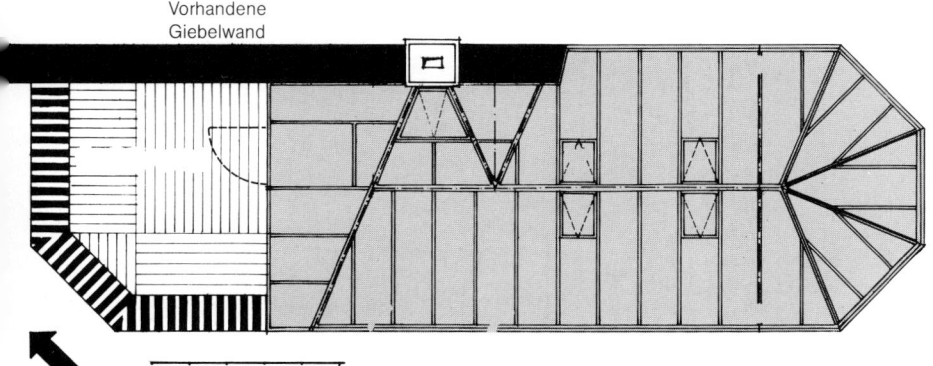

263   Grundriß   ▶

264 Grünpflanzen und die jahrzehntealte Musicbox im Hintergrund vermitteln eine heitere Stimmung im Glashaus.

265 Innenliegende Aluminium-Lamellenstores verhindern, daß es zu warm wird in dem sonnigen Eßzimmer, von dem aus die Sonnenuntergänge besonders schön zu beobachten sind.

13
WINTERGARTEN
MIT PANORAMABLICK

Architektonisches Konzept

Bei den Reparatur- und Umbauarbeiten sollte das Dach des Stadthauses aus der Jahrhundertwende in einer norddeutschen Großstadt in seinem äußeren Erscheinungsbild dem Gebäude und seiner Fassade angepaßt werden. Die in den vergangenen Jahrzehnten mehrfach hinzugefügten Aufsätze auf dem Dach sowie die in das Dach eingeschnittene Terrasse wurden entfernt. Die Dachflächenfenster und Oberlichter der Wohnräume wurden durch bogenförmige Gauben ersetzt. Die vorhandene Geschoßhöhe wurde von 4,50 m auf 3,25 m reduziert, um auf der Dachfläche den Wintergarten zu errichten, der in Fortsetzung der Dachneigung als Dachspitze konzipiert worden ist. Eine Spindeltreppe aus Stahl führt von den Wohnräumen im zweiten Obergeschoß zum Wintergarten.

Konstruktion und Verglasung

Verzinkte Stahlrohrprofile; Deckprofile aus Kupfer als äußere Abdeckung. Isolierglas: außen als Sonnenreflexionsglas, innen als Verbundsicherheitsglas, k-Wert 1,3.

Sonnenschutz und Lüftung

Innenliegende Sonnensegel für die Sommerzeit. Lüftung über sechs Klappen im First, je zwei Klappen an den Schmalseiten, je drei Klappen in den Fußpunkten.

Heizung

Fußbodenheizung

Kosten

ca. 200000 DM

Planung: Dipl.-Ing. Hans H. Seibold
Ausführung: J. Eberspächer

266   Nach dem Umbau: Ein Wintergarten, der das ganze Jahr bewohnt werden kann, ein idealer Bereich der Rekreation, ein Sonnenraum und ein »Ersatz« für den Garten, der auf dem Grundstück fehlt.

267   Vor dem Umbau: Die offene Loggia sollte überdacht werden. Unter dem schlecht gedämmten Dach wurde es im Sommer viel zu heiß.

▶

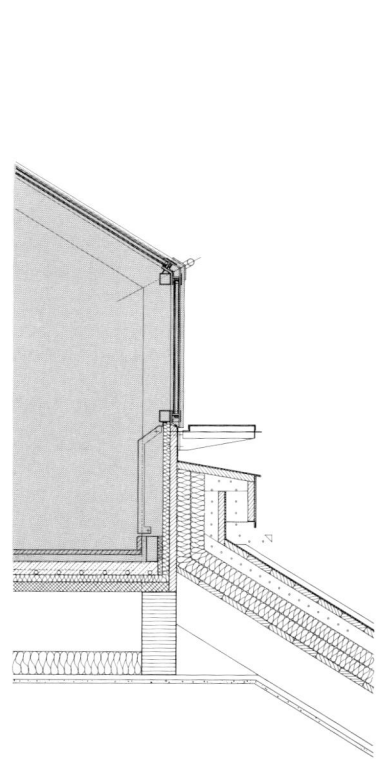

268   Detailschnitt Dachanschluß

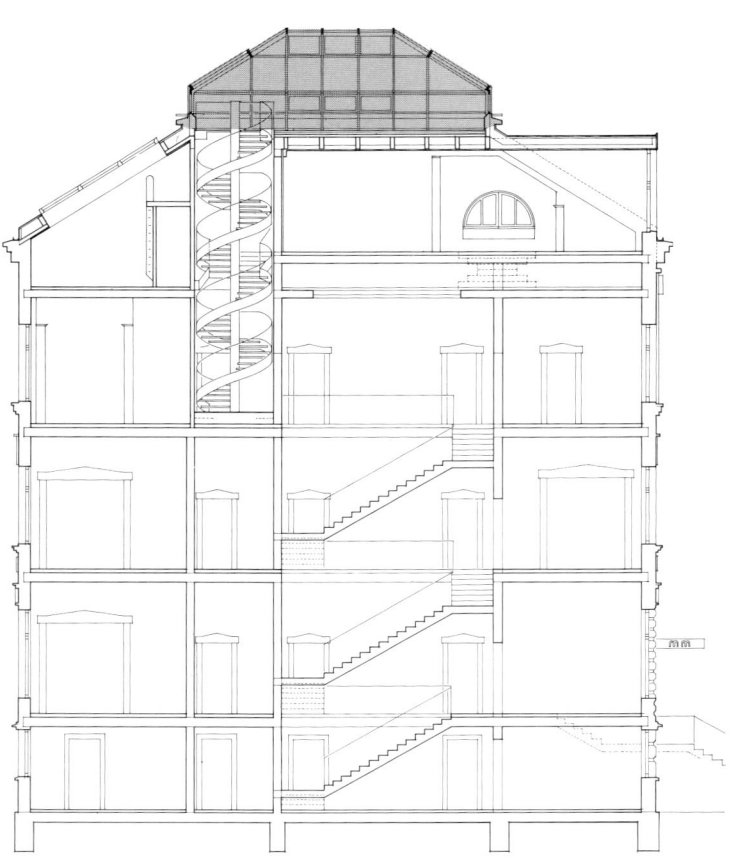

269   Schnitt: Über eine Spindeltreppe gelangt man in den Wintergarten

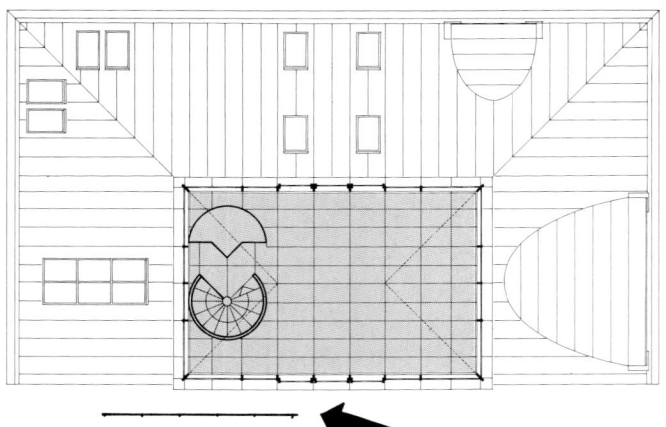

270   Grundriß Dachgeschoß mit Wintergarten

271   Ein Blick, von dem man träumt; ein elegantes Sonnenparadies über den Dächern der Stadt, eine Architektur mit Liebe zum Detail.

272   Wintergarten mit den feinsten Materialien, wie Marmorboden (Tyrrhenia verde), mit Fußbodenheizung und Lüftungsfenster, die durch je zwei sehr schlanke Spindelmotoren (Außendurchmesser 36 mm) über ein Steuergerät betätigt werden.

14
EIN HAUS AUS HOLZ UND GLAS

Es handelt sich um den Neubau eines Hauses, das weitgehend aus natürlichen Werkstoffen errichtet wurde. Der großflächig verglaste Anbau nach Süden und die tiefer gezogene Nordseite mit wenigen und kleinen Fenstern machen das sonnenorientierte Konzept des Hauses – unweit von Düsseldorf – schon äußerlich sichtbar.

Forderung an das Baukonzept

Bei der Planung des ungewöhnlichen Projektes ließ sich der Bauherr von folgenden Überlegungen leiten: Ein kostengünstiges Bausystem sollte weitgehende Möglichkeiten der Selbsthilfe bieten. Baustatisch wichtige Arbeiten, wie das Errichten des Holzskeletts, wurden von Fachleuten übernommen. Durch materialbedingte Vorfertigung (Holzkonstruktion) wurde eine möglichst kurze Bauzeit angestrebt. Gegenüber konventionellen Bauten war das Konzept dieses Hauses von vornherein auf Nutzung der Sonnenwärme und Wärmedämmung durch Naturbaustoffe auszulegen. Durch den ausgedehnten verglasten Vorbau, der als begrünter Wohn- und Atelierraum dient, sollte die Forderung nach größerer Lebensqualität erfüllt werden. Ökologische Unversehrtheit mußte durch konsequente Einbindung des Hauses mit seinem Grasdach in die topographischen Gegebenheiten, wie Baumbestand und Niveauunterschied des Geländes, bewahrt werden.

273 Die ungewöhnliche Architektur der großen Glasflächen ermöglicht einen hohen Gewinn an Sonnenenergie. Nach Norden fällt das Dach (mit Grasbewuchs) steil ab.

274 Der Lageplan veranschaulicht die Veränderung des Sonneneinfallwinkels im Verlauf der Jahreszeiten. Das Haus wurde so gelegt, daß das Grundstück, unter Berücksichtigung einer hohen Sonnenausbeute im Winter, gut genutzt werden kann.

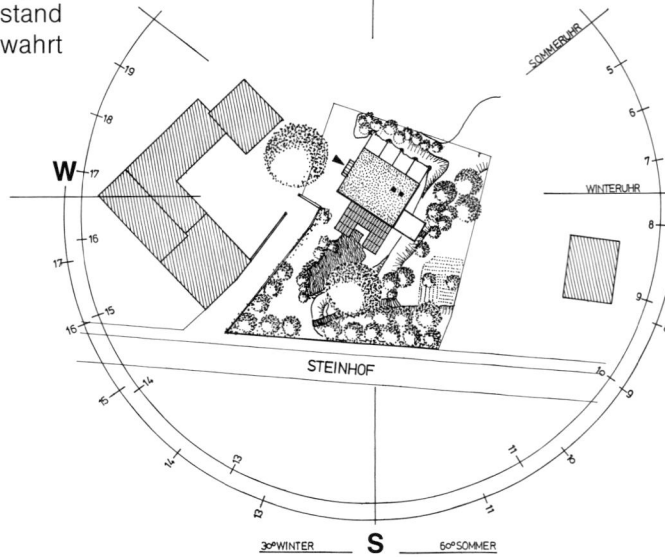

275 Natürliche Baustoffe im ganzen Haus. Der Wärmespeicher unter dem Fußboden ist im Winter 14° C warm, im Sommer heizt er sich bis 28° C auf.

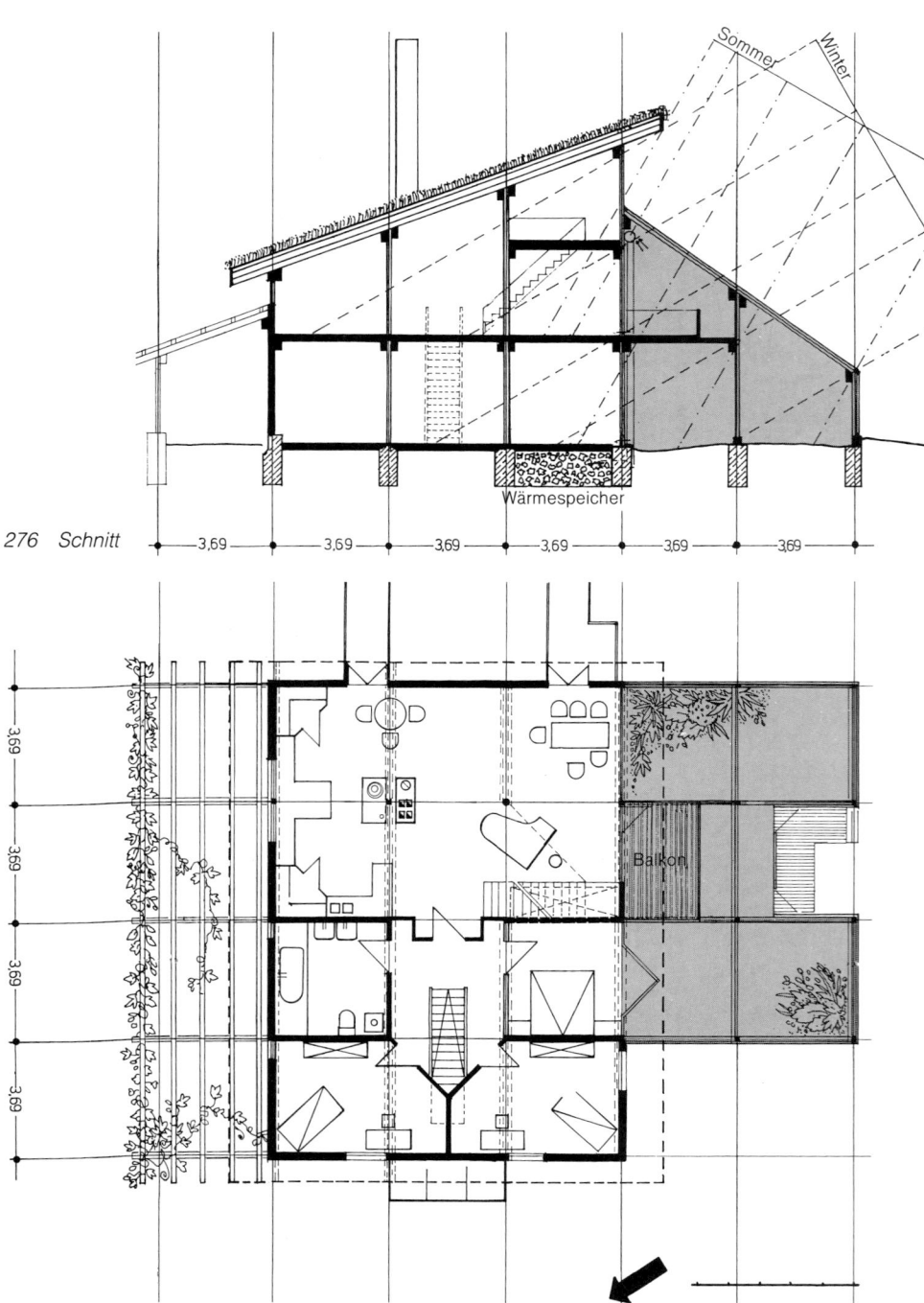

276   Schnitt

|—— 3,69 ——|—— 3,69 ——|—— 3,69 ——|—— 3,69 ——|—— 3,69 ——|—— 3,69 ——|

Wärmespeicher

277   Grundriß Obergeschoß

Das Projekt

Auf einer Grundfläche von rund 11 × 15 m wurden im Raster von je 3,66 m die vertikalen Holzstützen auf einem Streifenfundament errichtet. Über drei Geschossen erhebt sich der First des Pultdaches an der Südfront bis etwa 11 m Höhe. Nach Norden fällt das Dach auf rund 6 m Höhe ab. Die Eindeckung der Holzkonstruktion besteht aus wurzelfester Folie, die etwa 20 cm hoch mit einem Gemisch aus Mutterboden und Blähton (ähnlich der Hydrokultur) bedeckt ist. Darauf liegt dürreresistenter Rasen, der ohne Pflege wächst. Das Grasdach bietet eine ideale Wärmedämmung, liefert Sauerstoff, bindet Staub und unterbindet die energieschluckende Konvektion. Zudem schirmt es das Haus gegen den Außenlärm ab.

Die Außenwände (bis auf den verglasten Teil des Hauses) bestehen aus einer vertikalen Nut- und Federschalung, befestigt auf einer Konterlattung. Der Zwischenraum zur dahinterliegenden horizontalen Rauhschalung bietet eine günstige Hinterlüftung der Fassade. Von innen schließen »Fermacell«-Platten diese »Sandwich«-Wandkonstruktion ab. Der so entstehende Zwischenraum, der nach außen mit verrottungsfestem Packpapier, zur Innenseite mit einer Dampfsperre ausgekleidet ist, wird mit einer Torfschüttung ausgefüllt.

Ebenfalls in »Sandwich«-Bauweise ist die Geschoßdecke ausgeführt: Zwischen den Deckenbalken liegen auf seitlich angeschlagenen Dachlatten Ton-Hohlziegel, auf die bis Oberkante Deckenbalken Kalksand aufgeschüttet ist. Den Abschluß (Fußboden) bilden Nut- und Feder-Hobeldielen.

Heizung

Über Dreiviertel der Südfassade erstreckt sich der verglaste Vorbau zwei Rasterfelder tief in den Garten. Davor ist ein Teich angelegt, der die Sonnenstrahlen in das Haus reflektieren soll und gleichzeitig auch als Temperaturpuffer dienen kann.

Der Rauminhalt des verglasten »Kollektors« wurde auf den Wärmebedarf des Hauses (14 kW bei 400 qm Atelier- und Wohnfläche) abgestimmt. Die in den First des Vorbaues aufsteigende Warmluft saugt ein Ventilator nach unten ab und drückt sie in einen mit Kalkschotter gefüllten, isolierten Wärmespeicher im Fundament des Hauses. Abends bläst dieser Ventilator mit umgekehrter Drehrichtung Warmluft aus dem Speicher über Kanäle in die Räume.

An kalten Tagen deckt eine zusätzliche Heizung den Wärmebedarf: Ein gewichtiger »Zentralheizungsherd«, in dem Holz verfeuert wird, dient neben seiner Funktion als Kochstelle auch als Heizkessel für die angeschlossenen Heizkörper. Außerdem erwärmt das umweltfreundliche Universalgerät (doppelte Rauchgasverbrennungund Rußrückhaltung) einen 300 l-Brauchwasserspeicher. Die dann noch vorhandene Restwärme kann in den Wärmespeicher geleitet werden.

Angewandtes Recycling

Die Sanitärinstallation wurde auf sparsamen Verbrauch von Trinkwasser ausgelegt: Toilette und Waschmaschine werden aus einem Regenwassertank versorgt.

Viele Materialien aus dem Abbruch halfen dem Bauherrn beim kostengünstigen Bauen: Treppen, Türen, Glastrennwände, Badewanne, Gußheizkörper und Ziegelsteine fanden hier eine neue Verwendung.

Trotzdem betrugen die Kosten (ohne Eigenleistung) etwa 400 000 DM. Bis auf die Zimmermannsarbeiten und die Anlage des Grasdaches wurden alle Arbeiten in eigener Regie des Bauherrn organisiert.

Planung: Architektengruppe Dipl.-Ing. Ulla Schreiber, Rudolf Hemmrich unter Mitarbeit des Bauherrn Dietmar Hofmann

15
EIN GLASHAUS
FÜR FAST ALLE TAGE

Lage

In dem kleinen Ort am Rande des Nordschwarz-
waldes sind die Häuser mit Schindeln oder einfacherer Brettschalung verkleidet. Als Wetter-
schutz sind sie mit grauen und blaugrauen Farb-
tönen gestrichen. Die Fensterläden sind dunkel,
die Leibungsbretter weiß abgesetzt.

Architektonisches Konzept

Dem Stil der Nachbarhäuser sollte der Neubau
angepaßt werden. Allerdings bestand noch eine
andere Bedingung: Die Südseite sollte ganz offen sein, um den Blick in die Landschaft frei zu
halten und Sonne hineinzulassen. Die anderen
Seiten wurden mit dicken Mauern und starker
Dämmung versehen (30 cm Ziegel, 4 cm Styro-
por und zusätzlich Holzverkleidung). Die Fenster
wurden nur dort eingeplant, wo tatsächlich Licht
gebraucht wird. Vier Mauerscheiben sind die tragenden Wände.

Energetisches Konzept

Schon im Vorentwurfsstadium war der Gewächs-
hausanbau fester Bestandteil der Planung. Neben dem Gewinn eines zusätzlichen Wohnraums
sollte auch die kostenlose Sonnenenergie genutzt werden. Bauherr Wolfram Müller entwickelte ein System, das die Wärme auf zwei Arten
verwertet:
1. Die bei Sonnenschein erwärmte Luft wird sehr
schnell durch zehn Querstromventilatoren in die
Wohnräume geleitet.
2. Im ganzen Haus ist Fußbodenheizung verlegt.
Im Glashaus wirkt die Heizschlange jedoch als
Kollektor. Sobald das Wasser darin 24 Grad Wärme erreicht hat, wird es direkt in die Fußbodenheizung gepumpt, und die Heizung abgeschaltet.
Überschüssige Wärme wird an den Wasserspeicher abgegeben und nachts in die Wohnräume
geholt. Eine optimale Wärmegewinnung ist nur
durch die gut konzipierte elektrische Steuerung
möglich.

278 *Über die großen Glasflächen des Gewächshausan-
baus gelangen die flachen Sonnenstrahlen während der
Wintermonate weit in das Kernhaus hinein. Im Glashaus sind
dann minimal 4 Grad.*

Kosten

Die Kosten betragen etwa 28 500 DM (Material
für Glashaus aus feuerverzinkten Profilen und
60 × 200 cm großen Isolierglasscheiben, ohne
Fußboden).

Planung: Dipl.-Ing. Ingrid Spengler
Planung des energetischen Konzeptes: Der Bau-
herr Wolfram Müller
Ausführung: Henssler Gewächshausbau

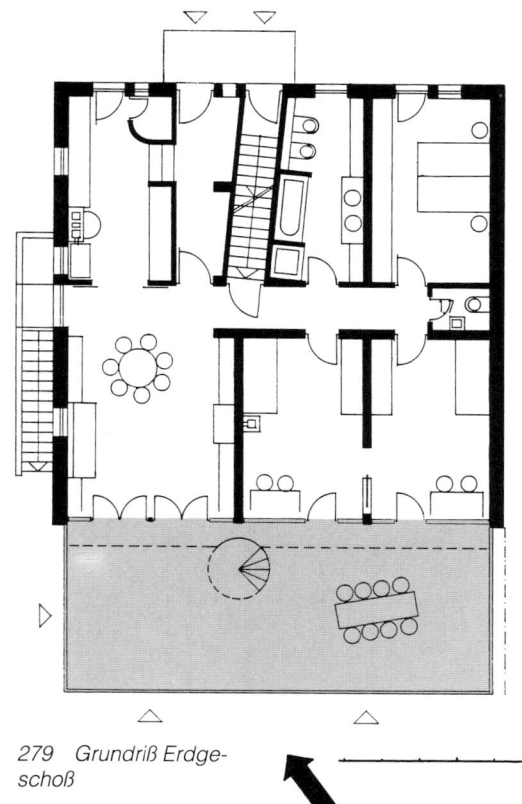

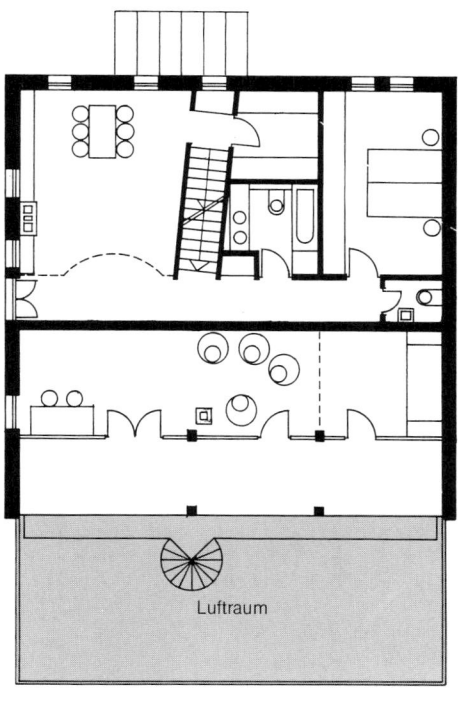

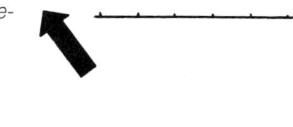

Luftraum

279   Grundriß Erdge-
schoß

280   Grundriß Oberge-
schoß

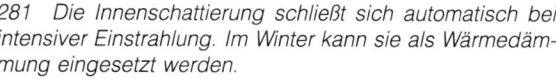

281   Die Innenschattierung schließt sich automatisch bei
intensiver Einstrahlung. Im Winter kann sie als Wärmedäm-
mung eingesetzt werden.

282   Von der Galerie im oberen Luftraum des Wintergartens
bietet sich ein hübscher Blick in den Glasanbau und weit
darüber hinaus in die Landschaft.

▶

Ventilatoren blasen
Warmluft in die Wohnung

Wohnraum

+28°C

Die Außentemperaturen können
auch unter 0°C liegen

Elektron.
Steuerung

+24°C

Wasser-
speicher

Keller

Dieser wird automatisch
aufgefüllt, je mehr Wärme
einstrahlt

Heizung aus

Wärmedämmung

◁ 283

Ventilatoren saugen den Hitzestau ab

Alle Lüftungen und
Türen sind ganz auf

Die Innenschattierung ist zu

Kaltluft wird aus dem Keller ins Glashaus geblasen

Wohnraum

Wohnraum

+22°C

Der Fußboden wird durch Umpumpen
des Wassers abgekühlt

+26°C

Außenluft
+26°C

Keller

+12°C

◁ 284

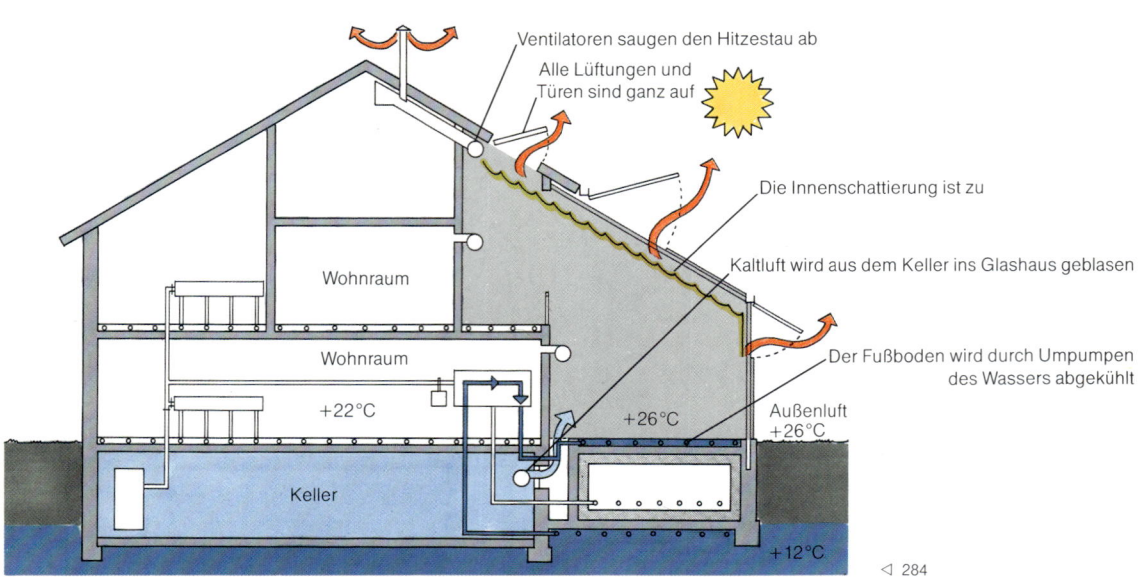

Innenschattierung kann als
Wärmedämmung genutzt werden

Abluft

Frischluft

+4°C

Außenluft
−10°C

Wohnraum

Heizungskeller

+8°C

◁ 285

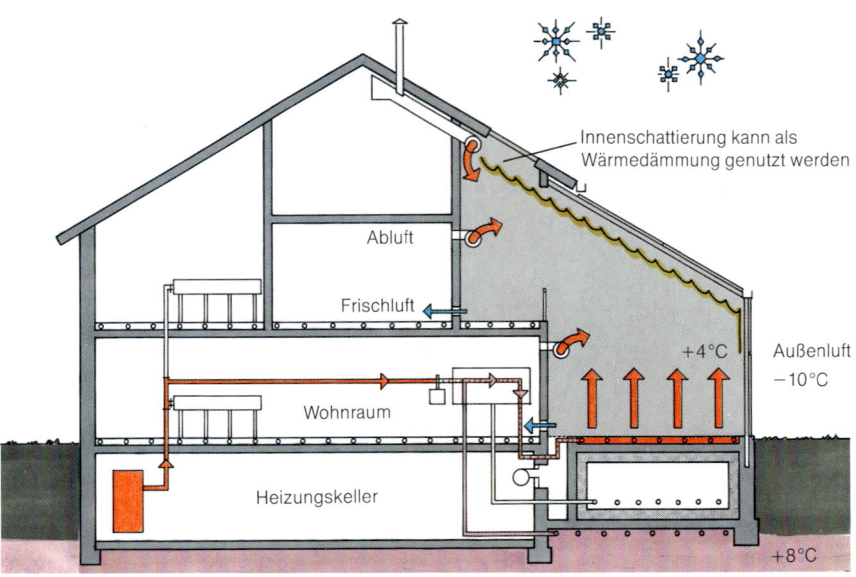

283   Funktionsschema für sonnige Tage im Frühjahr und Herbst: Durch Sonneneinstrahlung wird der Fußboden und das Wasser in den Heizschlangen erwärmt. Ab 24 Grad wird es direkt in den Heizkreislauf eingespeist, die Heizung wird abgestellt. Ab 26 Grad wird durch eine weitere Heizschlange der Wasserspeicher unter dem Fußboden erwärmt. Nachts wird die Wärme aus dem Speicher in die Wohnräume gepumpt. Die Temperatur im Glashaus wird durch automatische Lüftung konstant auf 28 Grad gehalten, damit sich Speichermassen (Decken, Wände) gut erwärmen können.

284   Funktionsschema des energetischen Konzeptes für heiße Sommertage: Ventilatoren saugen den Hitzestau ab. Alle Lüftungsmöglichkeiten und Türen sind ganz geöffnet.

Die Innenschattierung ist geschlossen. Kaltluft wird aus dem Keller ins Glashaus geblasen. Der Fußboden wird durch Umpumpen der Glashausluft abgekühlt.

285   Funktionsschema des energetischen Konzeptes für sehr kalte Wintertage (ohne Sonne): Die Innenschattierung kann als Wärmedämmung geschlossen werden. Wasser mit Erdwärme wird ins Glashaus gepumpt. Damit die Temperatur im Glashaus nicht unter 0 Grad absinkt, kann die Zentralheizung zugeschaltet werden.

286   In dem Glasvorbau spielt sich vom Frühjahr bis zum Herbst weitgehend das Familienleben ab. ▽

16
WOHNLICHER ÜBERGANG VON HAUS UND GARTEN

Das Doppelhaus sollte unterschiedlichen Raum- und Nutzungsbedürfnissen angepaßt und dennoch äußerlich in ablesbar verbindender Architektur entstehen.

Das Konzept

Gestaffelte Dächer mit geringer Dachneigung (20°) wurden gewählt. Äußerlich bilden die 25 cm vorspringenden Lisenen ein durchgängiges Architekturprinzip. Der Wintergarten ist etwa 20 qm groß und liegt zwischen dem offenen Wohnraum und dem Garten. Bereits von der Diele ist der Blick in den Garten möglich. Große Öffnungen nach Süden, kleine nach Norden.

Konstruktion und Verglasung

Auf eine Rahmenkonstruktion wurden die Sparren (12/18 cm) aufgebracht und zimmermannsmäßig verbunden. Um die Sonnen- und Lichteinstrahlung als passive Energiequelle zu nutzen, wurde eine hochtransparente Zweifachverglasung gewählt. Die schweren Scheiben (doppeltes Verbundsicherheitsglas je 12 mm) liegen segmentweise jeweils zwischen zwei Sparren und sind durch eine spezielle Alu-Leiste mit besonderen Schrauben von der Oberseite verbunden.

Materialien

Im Wintergarten wurde helles Kiefernholz verwendet, wegen des Übergangs zum Garten ein verbindender Bodenbelag gewählt: gebrauchtes Basaltpflaster. Die Wände sind wie im Außenbereich verputzt.

Sonnenschutz und Lüftung

Mechanisch bewegliche Bahnen aus Spezialstoff, wie er in Profi-Gewächshäusern eingesetzt wird, sowie Schutz durch Laubbäume. Dachentlüftung (mechanisch) am höchsten Punkt, zwischen fünf Lisenen. Der Anteil der Lüftung an Fassade und Dachfläche beträgt 2,6%. Sonnenschutz: Fischer, 5419 Kleinmaischeid.

287   Der Wintergarten ist nach Südosten gerichtet, auf zusätzliche Heizung wurde ganz verzichtet.

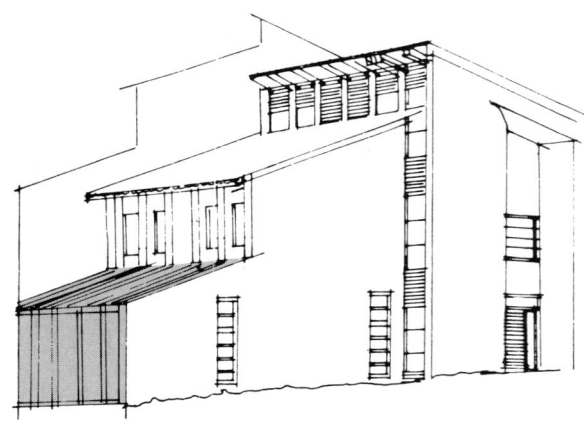

288   Das Haus erhielt eine interessante Staffelung der Dächer mit geringer Neigung von nur 20°.

Bepflanzung

Zitrusbäume, Palmen, Gummibaum direkt ins Beet gepflanzt. Bewässerungsleitungen liegen im Boden und sind an einen Steuerungscomputer angeschlossen. Hersteller: Gardena.

Planung: Dipl.-Ing. Detlef H. Grösel

289   Als Bodenbelag
wurde Basaltpflaster ge-
wählt. So entsteht die
Wirkung einer geschütz-
ten Gartenterrasse, auf
der man sich inmitten
zahlreicher Grünpflan-
zen wohlfühlen kann.

290   Der Glasanbau be-
wirkt eine engere Bezie-
hung von Haus und Gar-
ten und ermöglicht den
Bewohnern die Anzucht
und Pflege subtropi-
scher Gewächse.

17
WINTERGARTEN ALS LÄRMSCHUTZ

Das Grundstück mit schönem altem Baumbestand hat den Nachteil, unmittelbar an einer dichtbefahrenen Straße zu liegen.

Das Konzept

Wegen des hohen Geräuschpegels ist eine der wichtigsten Funktionen dieses Wintergartens die eines Lärmpuffers. Da sich alle Wohnfunktionen nach Süden hin orientieren (Küche, Eßplatz und Wohnraum im Erdgeschoß; Bad und Elternschlafzimmer im Obergeschoß), wurde der Glasanbau vorgeschaltet, um den sich die anderen Räume gruppieren. Der Wintergarten sollte nicht wie ein verglaster Wohnraum wirken. Deshalb wurde er wie ein Wohnhof gestaltet. Die Innenwände sind konsequenterweise wie die Außenwände des Hauses ausgeführt. Der Boden besitzt eine 80 cm dicke Schicht aus gewaschenem Kies, die zugleich als wirksamer Wärmespeicher dient. Der Sitzbereich ist mit einem Holzrost abgedeckt, der Heizraum unter dem Wohnraum durch einen Lichtschacht mit dem Wintergarten verbunden.

Klimatisierung

Dank der dichtbelaubten Bäume konnte auf weitere Sonnenschutzmaßnahmen verzichtet werden. Im Winter, wenn die Sonne tief steht und die Bäume nicht mehr belaubt sind, heizt sich der Glasanbau gut auf. Eine Wärmepumpe, durch die der Warmwasserbedarf des Haushalts gedeckt wird, zieht die Warmluft aus dem Wintergarten über den Lichtschacht ab. Dabei wird die Kaltluft in den neben dem Heizraum liegenden Weinkeller transportiert.

Konstruktion und Verglasung

Die Tragkonstruktion des Wintergartens besteht aus brettschichtverleimten Sparren, die durch Rohrpfetten untereinander verbunden und über Rundstahldiagonalen in der Wand- und Dachebene ausgesteift sind. Die Tafeln aus Einscheibensicherheitsglas sind auf dem Sparren mit Trockenverglasungsprofilen verlegt.

291 Ansicht von Süd-Westen: Der Lärmpuffer aus Glas unterstützt die optische Leichtigkeit und Transparenz des Holzhauses.

292 Die Details, wie hier der Wandanschluß, bestimmen den harmonischen Eindruck des ganzheitlichen Architekturkonzeptes.

Planung: Dipl.-Ing. Rudi und Monika Sodomann
Statik: Planungsgemeinschaft Natterer und Dittrich

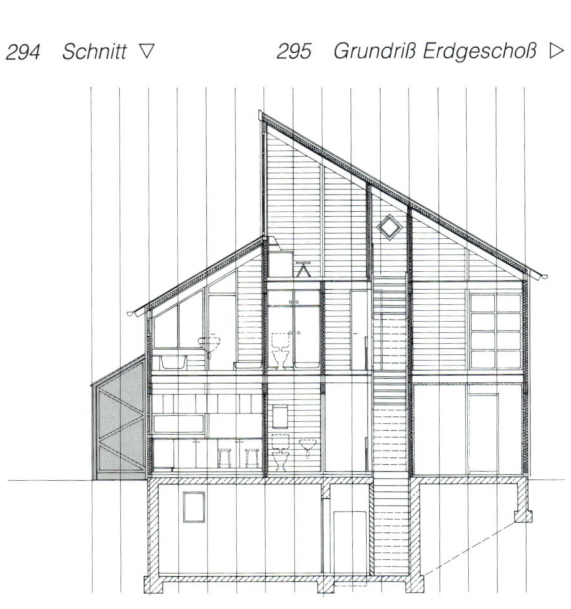

293 Das Titelfoto ge-
währt Einblick in den
freundlich gestalteten
Wohnraum, den »Wohn-
hof«, der ganz von Holz
und Glas umgeben ist.
Der Sonnenschutz ent-
steht im Sommer durch
hohe Laubbäume, die
das Licht sanft filtern.

294 Schnitt ▽   295 Grundriß Erdgeschoß ▷

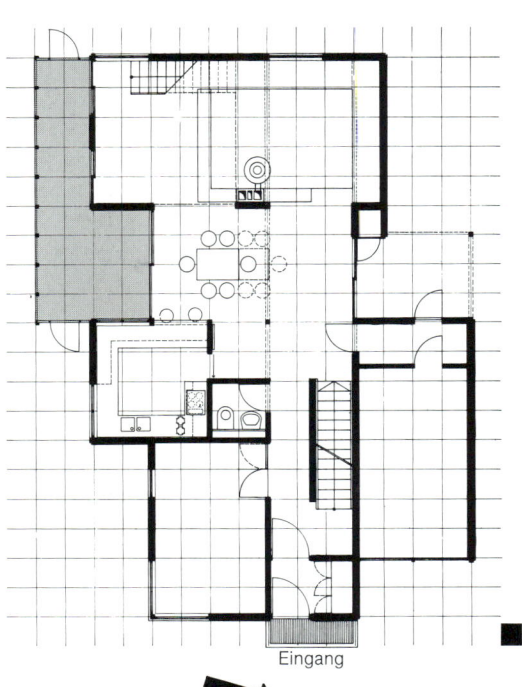

Eingang

18
ENERGIESPARHAUS MIT PLATZ FÜR VIELE PFLANZEN

Lage
Eine Häuserzeile eines üblichen Neubaugebietes mit seinen Bauvorschriften.

Architektonisches Konzept
Die Liebe zu besonderen Pflanzen und die Gepflogenheit, im größeren Kreis zu musizieren, verhalfen dem Haus zu seinem speziellen Gepräge. Unter dem vorgegebenen Ost-West-ausgerichteten Satteldach gliedert sich der Grundriß in ein »Wohnhaus« und ein »Schlafhaus«. Der Kamin liegt in der Mitte des Baukörpers. Die geschlossene, bretterverschalte Nordseite weist nur am Eßplatz eine Öffnung zum reizvollen Waldrand auf. Speisekammer und darüberliegender Abstellraum dienen als Pufferräume für den Schlaftrakt auf der Ostseite. Die Westseite ist zum Nachbarn hin abgeschirmt, wobei die Abendsonne trotzdem Einlaß findet. Der Freisitz soll von einem grünen Blätterdach überzogen werden.
Die Südseite des Entwurfes wird durch Wintergarten und Gewächshaus geprägt. Diese ermöglichen die passive Nutzung von Sonnenenergie. Das zweigeschossige Gewächshaus bietet Raum für besondere Gewächse. Wintergarten und Gewächshaus sind miteinander verbunden, es herrschen jeweils unterschiedliche Wachstumsbedingungen vor.

Energetisches Konzept
Wintergarten und Gewächshaus sind mit Isolierverglasung ummantelt, dadurch wird Sonnenenergie eingefangen (passive Nutzung, Kollektoreffekt). Sommerlichen Wärmeschutz gewährleisten außenliegende Schrägfallmarkisen mit Führung. Durch die Dachfenster auf der Südseite fallen Sonnenstrahlen auf den Kaminblock (Speichereffekt).
Der Abluftventilator im First saugt überschüssige Wärme ab.
Die massive Ziegelwand im Gewächshaus und Natursteinböden sorgen für Wärmeabsorption, -speicherung und -verteilung (Trombe-Wand). Dadurch entsteht ein Ausgleich der Temperaturschwankungen. Die große Glasschräge über

296 Das Gewächshaus und der Wintergarten, durch eine Tür getrennt, besitzen unterschiedliche Klimabereiche, damit Orchideen, aber vor allem auch Orangen, Zitronen, Ananas und Kaffee gedeihen können. Das Gewächshaus bietet Raum für hohe Pflanzen.

dem Wintergarten ermöglicht einen tiefen Einfall der Wintersonne. Thermischer Energietransport erfolgt ohne zusätzliche Technik (durch Konvektion). Die Luftfeuchtigkeit wird durch Pflanzen geregelt.
Im Sommer mischt sich kühle Waldluft durch das Nordfenster hinzu. Dann entsteht ein angenehm duftendes, frisches Innenklima. Die Zonierung der Räume ermöglicht eine Differenzierung: Öffnung bei Gewinn von Sonnenenergie, Schließung an kalten Tagen (Winternacht). Dadurch verbleibt ein geringer Wärmeabfluß auf der verglasten Seite.
Die Fenster auf der Ost- und Westseite bestehen aus feststehenden Holzrahmen mit dreifacher Verglasung.
Im Westen sorgt der berankte Dachüberstand für Sonnenschutz im Sommer.

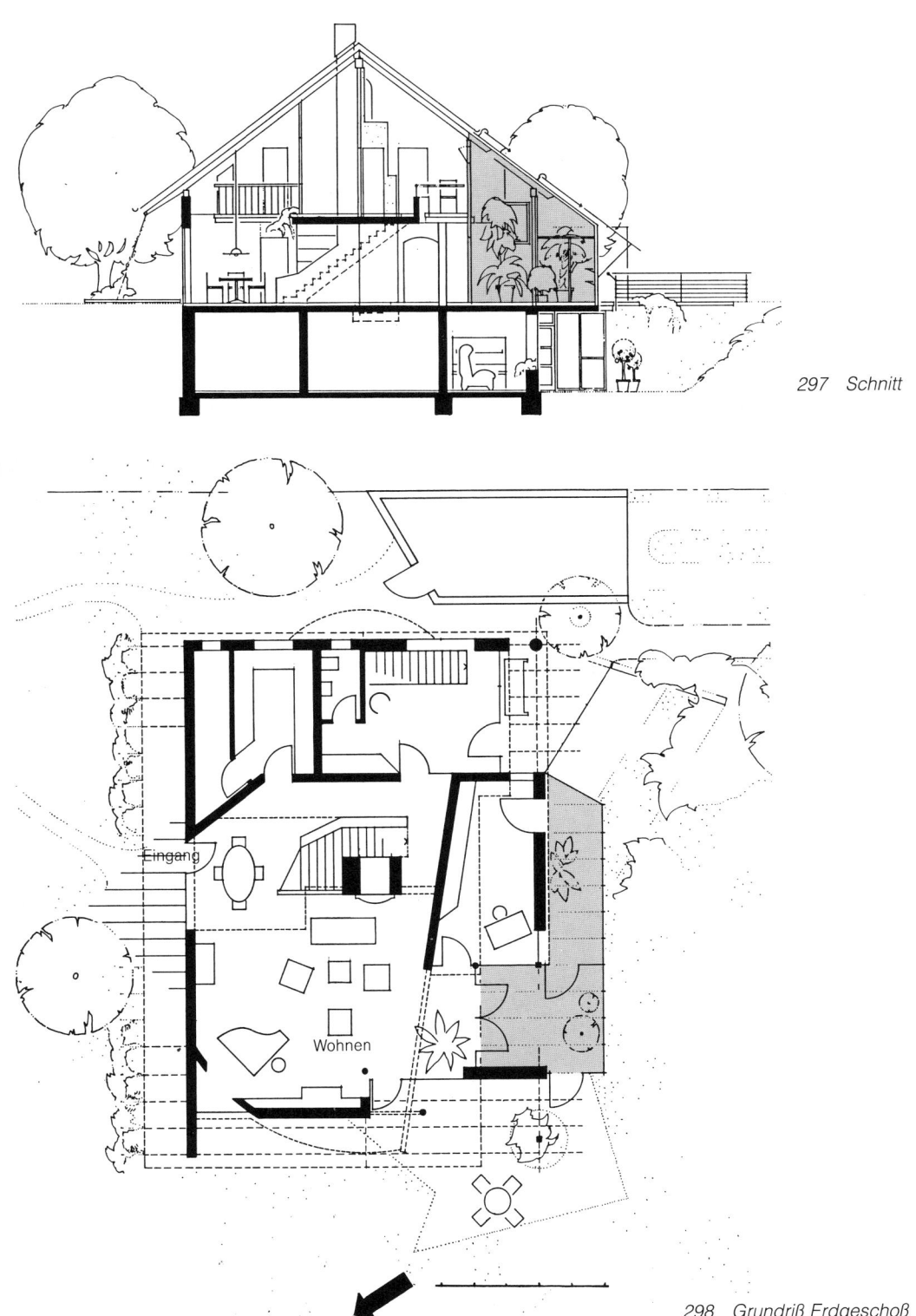

297 Schnitt

Eingang

Wohnen

298 Grundriß Erdgeschoß ▶

Konstruktion und Verglasung

Architektenkonstruktion aus Stahlprofilen mit thermischer Trennung hält das Isolierglas; im Dachbereich wurde eine Aluminiumkonstruktion (thermisch getrennt) mit Isolierglas (und Verbundglas) eingesetzt.

Sonnenschutz und Lüftung

Die außenliegenden Schrägfallmarkisen werden von einem automatischen Wind- und Sonnenwächter geregelt. Lüftung erfolgt durch Drehkippfenster (automatisch) und Abluftventilator, sowie Innenfenster.

Heizung

Fußbodenheizung (4° und 15°) (Niedertemperatur) und Warmwasserkonvektoren beheizen den Raum.

299　Viel Licht und Luft im Haus und trotzdem energetisch optimal: Ein Einfamilienhaus, das allen Ansprüchen an Architekturform und individuellem Wohngefühl gerecht wird. Der außenliegende textile Sonnenschutz (Schrägfallmarkise) wird durch Sonnen- und Windwächter gesteuert.

Bepflanzung

Subtropische und tropische Pflanzen wurden aus Samen gezogen, automatisch gesteuerte Luftbefeuchtung regelt das Klima im Gewächshaus.

Kosten

Die Kosten betragen pro Quadratmeter Grundfläche 2400 DM.

Planung: Dr.-Ing. Hartmut Niederwöhrmeier, Dr.-Ing. Heidi Kief-Niederwöhrmeier

19

EIN HAUS MIT GLÄSERNER KANZEL UND WINTERGARTEN

Das Grundstück liegt an einem Ost-West-Hang im Oberrheintal mit dominanter Blickrichtung sowohl in den Schwarzwald als auch nach Straßburg. Dies gab den Anlaß, den Spitzboden – üblicherweise als Speicher genutzt – aufzuwerten und mit einem Ausguck zu überbauen. Der Wintergarten im Erdgeschoß liegt zwischen Wohn- und Eßzimmer in Verlängerung der Hallenachse nach Süden orientiert.

Dachkonstruktion

Auf dem Holzgespärre liegt direkt die Isolierverglasung (außen: ESG-Glas, innen VSG-Glas). Die Schrägverglasung setzt sich zusammen aus Dichtung, Aluprofil mit Preßlippendichtung und Abdeckkappe.

Sonnenschutz und Lüftung

Außen angebrachte Stoffmarkisen für die Schrägen; auf den senkrechten Flächen sind Vorhänge vorgesehen. Die Lüftung erfolgt durch schrägliegende Lüftungsklappen (Aluminium-Fenster mit manueller Steuerung).

Heizung

Eine Fußbodenheizung, sowie das Absaugen der Warmluft zur Wärmepumpe reichen als Heizung aus. Geringe Kosten durch ein PVC-Rohrsystem mit kleinem Ventilator.

Kosten

Die Kosten pro Quadratmeter Wohnfläche liegen bei 1600 DM.

Planung: Werkgruppe Lahr

300 Südansicht. In schöner Ausgewogenheit öffnet sich die klar gegliederte Architektur des Hauses zur Sonne. Der Wintergarten geht über in die gläserne Kanzel im First.

301 Nordansicht. Das Haus schmiegt sich an den nach Westen abfallenden Hang, vorne der Eingangsbereich mit weit vorkragendem, schützendem Dach. Die Dachneigung beträgt 38°.

▶

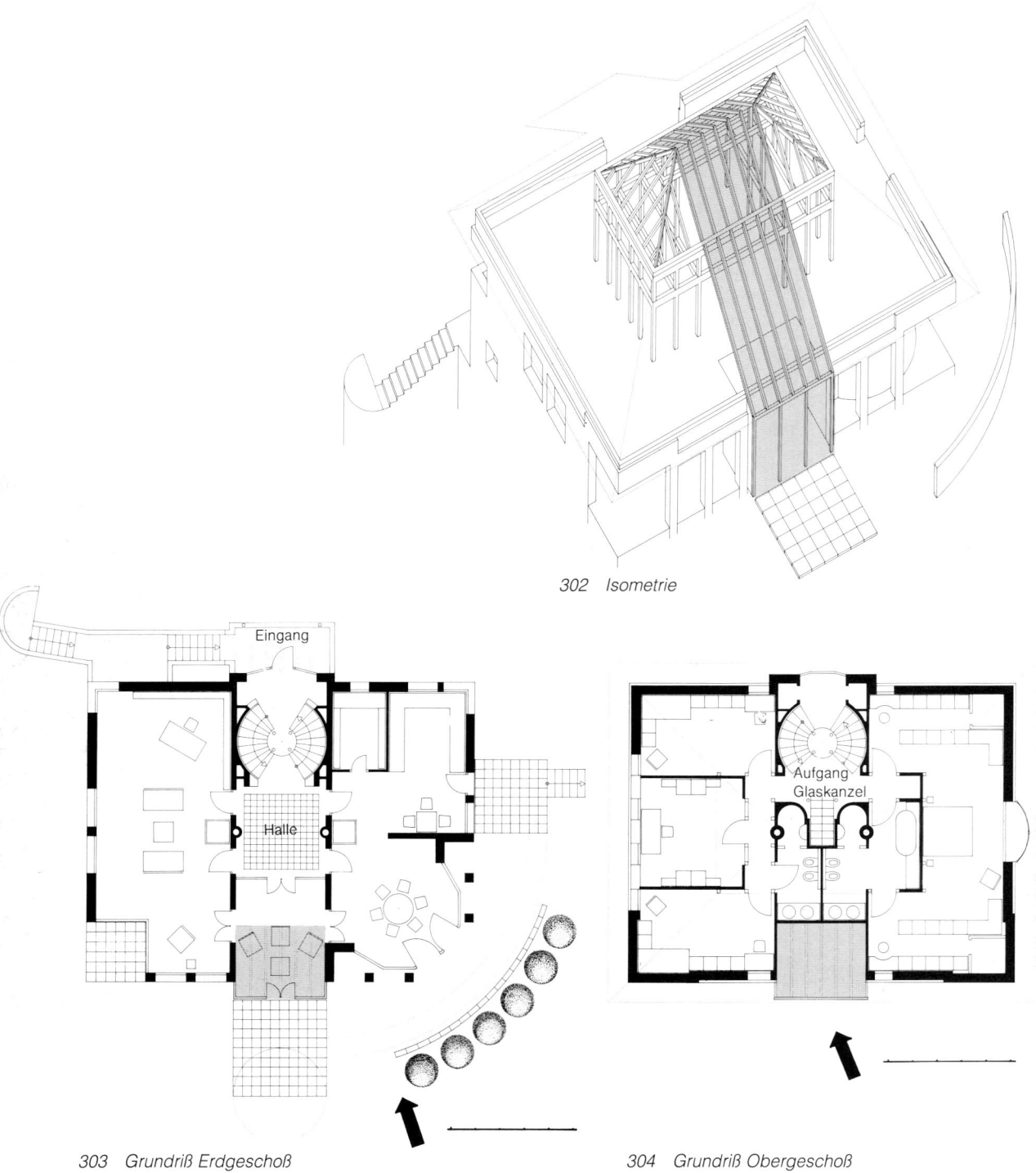

302   Isometrie

303   Grundriß Erdgeschoß

304   Grundriß Obergeschoß

305 Der ganzjährig benutzbare, voll integrierte Wintergarten im Erdgeschoß liegt in der Blickachse vom Eingang über die geräumige Halle in der Mitte des Hauses und ist zur Südseite gerichtet. Die Grünpflanzen, wie die breite Strahlenaralie (Schefflera), sind dabei lebendige Dekoration und zugleich Luftverbesserer.

306 Der Aufgang zur Glaskanzel ist um ein gläsernes Treppenauge (Glaszylinder-Vieleck) geführt und endet in dem gut genutzten Spitzboden, der hier als vollwertiger Wohnraum mit einem sehr reizvollen Panoramablick gestaltet worden ist.

20
EIN FILIGRANER WINTERGARTEN

Das Modell

Ein Modell läßt deutlicher als ein Plan die Dimensionen, die Orientierung und die Einwirkung der Sonnenstrahlen auf das Haus erkennen. In diesem Falle beflügelte das fertige Modell die Bauherren, so daß das Projekt schneller fertiggestellt wurde.

Architektonisches Konzept

Im Hintergrund der Eingang, vorn der filigrane Wintergarten, nach Süd-Westen gerichtet, unter dem zunächst ein Swimmingpool geplant war.

Der zentral gelegene Atriumhof gibt Gelegenheit, zu jeder Tageszeit den Sonnenstand optimal zu nutzen. Der Katsurabaum (Cercidophyllum) in der Ecke ist das Pendant zu dem wuchtigen Kamin.

Eine reizvolle Lichtkuppel über der Diele ist grafisches Element und Betonung des achsialen, quadratischen Grundrisses in der Größe von 19,50 mal 19,50 Metern.

Sonnenschutz und Lüftung

Großflächige Lüftungsklappen und textiler Sonnenschutz, automatisch gesteuert, sorgen für ein ausgeglichenes Klima unter der Isolierverglasung.

Planung: Dipl.-Ing. Regina Poly, Karl-Heinz D. Steinebach, Friedrich Weber

307 In dem Modell ist die quadratische Form des Grundrisses unter Betonung der Ecken deutlich zu erkennen. Der Innenhof wird allseitig umschlossen und bietet die Möglichkeit zu ungestörtem Aufenthalt. Die Lösung im Vordergrund des Modells ist bisher nicht realisiert worden (s. Abb. 308): Im Kellergeschoß ist ein Schwimmbad geplant, das sich in einer breiten Mulde zum Garten öffnet. Der Ausgang vom Wintergarten verläuft dann später über zwei Stege.

◁ *308   Die verwirklichte Lösung im Bereich hinter dem Wintergarten sieht neben einem kleinen Sitzplatz mehr eine nur ästhetische Gestaltung des Grundstücks vor.*

309   Der Blick vom Eingangsbereich: Der große geklinkerte Atriumhof mit dem behäbigen Außenkamin und dem schlanken Solitärbaum speichert die Sonnenwärme bis spät in den Abend hinein.

310   Der Eingang: Die achsiale Gliederung ermöglicht den Durchblick vom Eingang bis zum gegenüberliegenden Wintergarten. ∎

21
IN SCHÖNEM KONTRAST: ÖKOLO-
GISCH BAUEN IN ALTER UMGEBUNG

Rücksichtnahme auf die Leitvorstellungen der Landesplanung, sowie die Besonderheiten des Grundstücks (120 Meter Entfernung über Treppenwege zur Fahrstraße und ein Höhenunterschied von 20 Meter) prägten Architektur und Konstruktion.

Nutzung

Das Wohnhaus mit Einliegerwohnung ist so konzipiert, daß eine Veränderung in zwei etwa gleich große Wohnungen möglich ist. Der Grundriß ist offen fließend. Der Flächenzuschnitt räumt dem Gemeinschaftsleben der Familie Priorität ein. Die Individualräume sind auf ein Minimum beschränkt. Der Bereich für die Kinder wird über den Spielflur oder Familienraum erschlossen. Verbindendes Element zum Wohnraum ist das Gewächshaus. Durch Nutzung der Dachfläche als begrünte Terrasse wird dem Grundstück Vegetationsfläche erhalten.

Gestaltung

Eingehend auf die vorhandene Architektur wurde versucht, eine dem Wesen der Aufgabe entsprechende Form mit zeitgemäßen Mitteln zu finden. Aufrichtigkeit war das Leitmotiv. Der Bau sollte frei von schnell wechselnder Architekturmode sein. Dach- und Fassadenbegrünung war ein wesentlicher Bestandteil des Entwurfs, auch das Gewächshaus, das den Lebensraum im Innern erweitert.

Konstruktion

Die Länge der Stahlträger von 3,60 Metern des Skelettbaus erwies sich für den Transport als zumutbar. Trapezprofile wurden als verlorene Schalung verwendet. Die Tragkonstruktion wurde mit nichttragenden Wänden überspielt.

311   Eisenträger und Gitterroste, viel Holz und viel Glas bestimmen das Haus mit Einliegerwohnung. Der fleißige Knöterich verwächst sich zu einer vorgehängten Fassade, die jedes Jahr in Form gehalten werden muß, damit der grüne Pelz nicht allzu dick wird. Als Vorteil des Bausystems hat sich herausgestellt, daß die Anordnungen von Fensteröffnungen auch zu einem späteren Zeitpunkt des Baufortschritts möglich sind. Zur Süd-Ost- und Süd-Westseite öffnet sich das Gebäude, zur Nordseite ist es geschlossen.

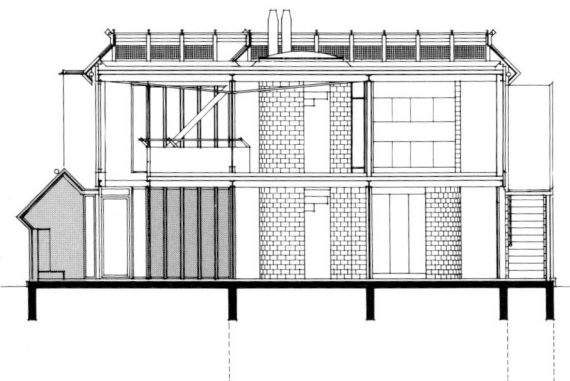

312   Ansicht von Nord-Westen

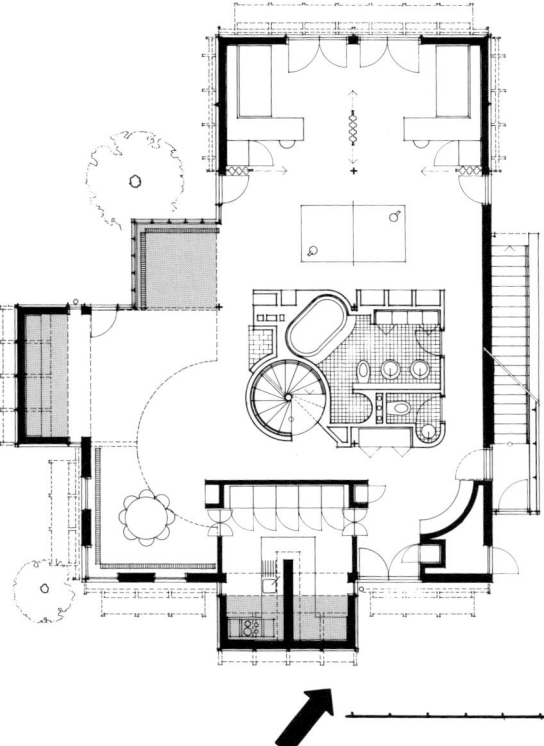

313   Grundriß Erdgeschoß

Klimatisierung

Die Öffnung des Gebäudes zur Süd- bis Westseite ermöglicht die passive Nutzung der Solarenergie. Die Nordseite ist geschlossen. Im Gebäudeinnern ist ausreichende Speichermasse vorgesehen. Die Niedertemperaturheizung als Fußbodenheizung wird durch ein Regelsystem gesteuert. Geplant ist ein bivalentes System aus Sonnenkollektoren und Luft-Wasser-Wärmepumpe. Das integrierte Gewächshaus mit den vielen Pflanzen reguliert die Raumluft. Die vorgehängte Fassade aus lebendem Grün (blattabwerfender Knöterich auf der Süd- und Westseite; immergrüne Pflanzen auf der Nordseite) sorgt ebenso wie die Bepflanzung der Terrassendächer für ein ausgewogenes Kleinklima.

Planung: Dipl.-Ing. Klaus Huwendiek

*314   Hinter dem dichten
Gespinst des Knöterichs
wird die Sonneneinstrah-
lung während des Som-
mers stark einge-
schränkt. Im Winter las-
sen die unbelaubten
Zweige die Sonne hin-
ein. Trotz der konse-
quent durchgestalteten
Architektur ist ein sehr
abwechslungsreicher
Bau entstanden.*

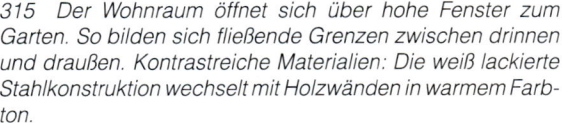

*315   Der Wohnraum öffnet sich über hohe Fenster zum
Garten. So bilden sich fließende Grenzen zwischen drinnen
und draußen. Kontrastreiche Materialien: Die weiß lackierte
Stahlkonstruktion wechselt mit Holzwänden in warmem Farb-
ton.*

*316   Lichtdurchflutete, hohe Räume mit angrenzendem
Glashaus lassen die Tages- und auch die Jahreszeiten
intensiver erleben. Die kühle Sachlichkeit des Hauses wird
durch die sichtbar gelassenen tragenden Teile, wie die
Stahlträger, betont.*

22
ENERGIESPARHAUS

Architektonisches Konzept

Das Energiesparhaus ist von Süd-Ost nach Süd-West fächerförmig ausgelegt, so daß es die einfallende Sonnenstrahlung während eines langen Tageszeitraumes aufnehmen kann und die Sonnenwärme zur Beheizung der Räume nutzt.

Das Baugrundstück fällt steil von Nord-Ost nach Süd-West. Das Hanggefälle wird voll genutzt; sowohl dem Wohnbereich als auch den Kinderzimmern sind direkt Außenfreibereiche zugeordnet. Für das gemeinschaftliche Wohnen wurden fließende, offene Raumfolgen geschaffen (Wohnen, Essen, Kaminplatz, Galerie).

Je nach Nutzungszweck werden in den einzelnen Räumen des Hauses unterschiedliche Temperaturen benötigt (z. B. Wohnräume – Schlafräume). Durch die optimale Ausrichtung des Gebäudes zur Sonne bzw. zum Schatten fangen die Räume mit dem höchsten Wärmebedarf die meiste Sonnenwärme ein.

Ein an der Südseite des Gebäudes vorhandener Glasvorbau ist als Erweiterung des Wohnraumes gedacht und wird vor allem in der Übergangszeit mit in den Wohnraum einbezogen. Der Glasvorbau soll – ohne technischen Aufwand – im Winter und in der Übergangszeit durch Einfangen der Sonnenstrahlung zur Energiegewinnung beitragen. Durch die nach Süden gerichteten Fenster und den Glasvorbau kann die Sonnenstrahlung großflächig ins Gebäude eindringen; das kurzwellige Sonnenlicht wird von dem Fußboden und den angrenzenden Wänden absorbiert und in langwellige Wärmestrahlung umgewandelt.

Der Wärmegewinn kommt den dahintergelegenen Wohnräumen zugute. Die tagsüber im Überfluß vorhandene Wärme wird von den Innenwänden und den Fußböden gespeichert und nachts wieder an die Räume abgegeben. Es werden so relativ konstante Raumtemperaturen erreicht und ein erheblicher Anteil der herkömmlichen Heizenergie gespart.

Bei tiefen Außentemperaturen im Winter dient der Glasvorbau als thermische Pufferzone (Luftpolster an der Außenwand des Hauses) zwischen den innenliegenden Räumen mit ihrem hohen Temperaturniveau und der kalten Außenluft. Dadurch werden die Wärmeverluste erheblich verringert.

Zur Steigerung der Wohnqualität sollen im Glasvorbau auch in der kalten Jahreszeit bestimmte Pflanzenarten überwintern können; dies erfordert eine Mindesttemperatur von +5 Grad C. Um diese Mindesttemperatur zu erreichen und hierfür nicht unnötig viel Energie aufwenden zu müssen, wurde auch für den Glasvorbau eine Isolierverglasung gewählt.

Ebenfalls um den Wärmeverlust gering zu halten, wurden die nach Norden gerichteten Fenster klein ausgebildet. Ein Abpuffern der Wohn- und Aufenthaltsräume wird auch durch Nebenräume und wenig benutzte Räume nach Norden bzw. nach Nordosten erreicht.

Weitere Pufferzonen werden durch Bepflanzung der Nord/Nordostfassade und durch die im Nordosten vorgelagerte Garage geschaffen.

Blattabwerfende Pflanzen und Bäume – in Verbindung mit beweglichen Sonnenschutzelementen sowie Querlüftung – verhindern eine Überhitzung des Glasvorbaus im Sommer.

Energietechnisches Konzept

Der maximale Wärmebedarf des Gebäudes bei −12°C Außentemperatur beträgt 13,4 kW.

Zur Beheizung ist ein bivalentes Heizsystem, bestehend aus einer Luft-Wasser-Wärmepumpe und einem Spezial-Gußheizkessel, vorgesehen.

Die hohe Wärmedämmung und die gute Speicherfähigkeit des Gebäudes sind ideale Voraussetzungen für die Anwendung einer Niedertemperaturheizung, wie sie in diesem Projekt konzipiert wurde. Als Heizflächen werden verwendet: a) Fußbodenheizung in den Aufenthaltsbereichen, durch die eine konstante Grundlast des Wärmebedarfs gedeckt wird (50−60%). Der Fußbodenbelag aus Tonfliesen schafft hier eine optimale Voraussetzung. Die Regelung erfolgt automatisch in Abhängigkeit von der Außentemperatur.

▶

317 Wärmepuffer und Wintergarten zugleich ist der Glasvorbau, der sich in das Gesamtkonzept für dieses Einfamilienhaus einfügt. Außenliegender Sonnenschutz verhindert die zu starke Aufheizung während der Mittagsstunden in den Sommermonaten. Für die flache Sonneneinstrahlung im Winter ist die Anordnung der Glasflächen günstig.

318 Ein Hellraum, der vorwiegend in der Übergangszeit genutzt wird. Die Isolierverglasung des Anbaus reduziert Wärmeverluste in kalten Nächten. Die Innentemperatur wird bei minimal 5 Grad gehalten, damit hier Mittelmeerflora ganzjährig gedeihen kann.

b) Heizkörper in Form von Heizplatten und Konvektoren, als schnell reagierende Heizflächen in Verbindung mit Thermostatventilen, die den restlichen Wärmebedarf der einzelnen Räume decken. Der Energiegewinn durch Sonneneinstrahlung wird sofort registriert (Thermostatventile), die Energiezufuhr aus dem Heizsystem wird gestoppt.

Der bivalente Betrieb der Anlage sieht vor, daß hier ca. 80% der gesamten Jahresheizarbeit durch die Wärmepumpe geleistet wird, wobei die Grenztemperatur der Außenluft bei + 2 Grad C liegt.

Die restliche Jahresheizarbeit wird von einem Niedertemperatur-Gaskessel geleistet.

Diese Nutzung von zwei Energiequellen bietet größtmögliche Sicherheit bei der Energieversorgung.

Wohnfläche

Die Wohnfläche einschließlich Wintergarten umfaßt 181 qm, 1237 cbm umbauten Raum.

Kosten

Die Kosten pro Kubikmeter betragen 490 DM.

Planung: Dipl.-Ing. Gerhard Freising, Dipl.-Designer Willes Eraßmy

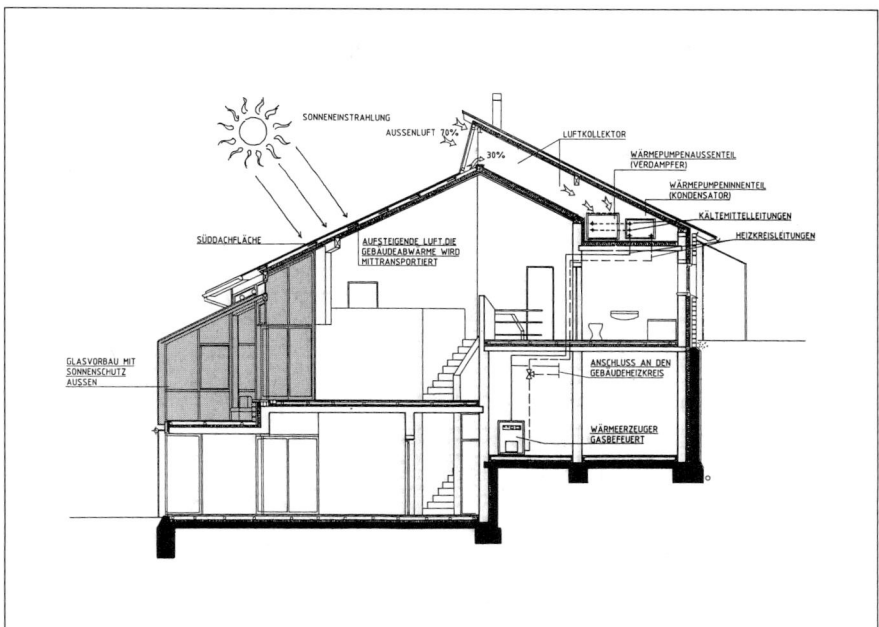

319 Schnitt durch das Energiesparhaus, der das Funktionsschema zeigt. Die Sonnenenergie wird optimal genutzt und läßt große Einsparungen der Heizkosten zu. Interessant ist die Vielschichtigkeit der Ebenen, wobei sich der offene Wohnraum über drei Ebenen erstreckt, die durch ein paar Stufen verbunden sind.

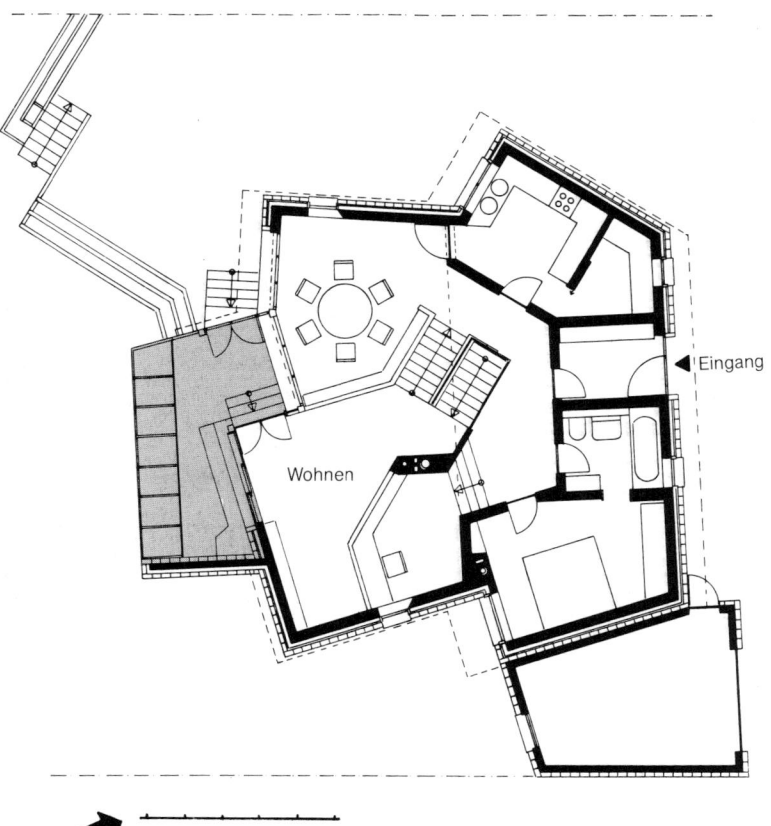

320 Grundriß Erdgeschoß: Der Nutzung entsprechend wurden die Räume in ihrer Lage und Anordnung optimiert. So entstand die ungewöhnliche, gefächerte Anordnung. Unten rechts liegt die Garage.

23
DIE GANZJÄHRIGE ENERGIEBILANZ EINES WINTERGARTENS

Das Objekt

Voll unterkellertes Einfamilienhaus mit ausgebautem Dachgeschoß als konventioneller Mauerwerksbau. Das Haus steht in Quickborn bei Hamburg.

Die Außenwände bestehen aus Kalksandstein mit roter Ziegelverblendung und acht Zentimeter starker Kerndämmung. Die Konstruktion des Wintergartens ist Zedernholz mit Isolierverglasung (im Dachbereich mit Sicherheitsglas). Dach und Wintergarten entwickeln sich aus einer Firstlinie. Die kompakte Bauweise schafft großes Volumen bei kleiner Oberfläche.

Die Nordfassade ist geschlossen, der Wintergarten umschließt analog zur Sonnenbahn von Ost nach West als nutzbare Pufferzone den Wohnbereich. Der Wohnraum wird von drei Seiten eingefaßt. Dem Eßzimmer und anteilig einem Nebenraum ist der Glasanbau einseitig vorgelagert.

Die Fläche des Wintergartens beträgt etwa 50 qm, der Rauminhalt etwa 150 cbm und die Verglasung etwa 106 qm.

321 Der Wintergarten umschließt die Außenwände des achteckigen Wohnraumes und kann von morgens bis abends die Sonneneinstrahlung einfangen.

Die Erwartung

Der Wintergarten soll in der Übergangszeit von Frühling und Herbst sowie im Winter die notwendige Wärme für die subtropische Bepflanzung mit Hilfe der eingestrahlten Sonnenenergie liefern. Außerdem soll die gewonnene Energie zum Teil für den Betrieb einer Wärmepumpe (zur Warmwasserbereitung) dienen und zur Luftzirkulation durch Türen und Lüftungsöffnungen weitgehend genutzt werden. Dadurch kann die geplante Gasfeuerungsanlage (hauptsächlich in den Tagesstunden) entlastet werden.

Um die gewünschte Mindesttemperatur von fünf Grad nicht zu unterschreiten, soll der Glasvorbau durch zusätzliche Heizflächen erwärmt werden.

Das Einhalten der Mindesttemperatur wird auch die Bildung von Schwitzwasser vermeiden.

Die »Heizflächen« sind mit Thermostatventilen ausgestattet. So ist eine wirtschaftliche Beheizung des Wintergartens gewährleistet, da die Ventile auf den Anstieg der Raumtemperatur sofort reagieren.

DIE ENERGIEBILANZ für die Zeit von November bis Juni:

Monat	Mittlere Außentemperatur	Energiegewinn	Verluste	Überschuß
November	+ 6,0°C	50 kWh/Tag (8 Std.)	20 kWh/Tag	30 kWh/Tag
Dezember	+ 0,1°C	40 kWh/Tag (6 Std./Tag)	24 kWh/Tag	16 kWh/Tag
Januar	+ 1,6°C	50 kWh/Tag (8 Std./Tag)	27 kWh/Tag	23 kWh/Tag
Februar	+ 0,9°C	90 kWh/Tag (9 Std./Tag)	30 kWh/Tag	60 kWh/Tag
März	+ 1,2°C	180 kWh/Tag (10 Std.)	38 kWh/Tag	142 kWh/Tag
April	+ 6,9°C	240 kWh/Tag (10 Std./Tag)	50 kWh/Tag	190 kWh/Tag
Mai	+12,7°C	350 kWh/Tag (15 Std./Tag)	60 kWh/Tag	290 kWh/Tag
Juni	+16,9°C	400 kWh/Tag (14 Std./Tag)	70 kWh/Tag	330 kWh/Tag

322 In der Übersicht wird deutlich, daß der Wärmeüberschuß bei geringem Energiegewinn im Dezember und Januar am niedrigsten ist.

DAS GUTACHTEN

Die Bestimmung der Raumtemperaturen

(Beispiel Monat Dezember:)
Die mittlere Außentemperatur beträgt + 0,1 Grad C
Die Raumtemperatur + 5 Grad C
Oberflächentemperatur der Glasflächen + 3,44 Grad C
Die Taupunkttemperatur des Innenraumes bei maximaler, relativer Luftfeuchtigkeit von 75% beträgt + 1 Grad C.
Demnach steht fest, daß die Oberflächentemperatur des Glases höher liegt als die Taupunkttemperatur. Es bildet sich also unter diesen Bedingungen kein Schwitzwasser im Wintergarten.
Anders sehen die Berechnungen aus, wenn das Thermometer auf − 10 Grad C fällt. Dann sinkt die Oberflächentemperatur des Glases auf + 0,2 Grad C und die zulässige Luftfeuchtigkeit auf 60%. Eine Anhebung der Innentemperatur (Raumluft) auf + 10 Grad C würde keinen höheren Wert für die Luftfeuchtigkeit zulassen. Da Außentemperaturen von − 10 Grad C und darunter nur an wenigen Tagen gemessen werden, ist die gewählte Raumtemperatur von fünf Grad als gerade ausreichend anzusehen, auch wenn dann an extrem kalten Tagen die Bildung von Schwitzwasser einmal möglich sein kann.

Untersuchung der Energieverhältnisse im Winter und Sommer

Die verwendeten Werte der Globalstrahlung sowie der monatlichen Außenlufttemperaturen sind entnommen:
1. Atlas über die Sonnenstrahlung Europas.
2. Jahrbuch des Deutschen Wetterdienstes, Hamburg 1976. Weitere Daten sind mit Hilfe der Sonnenkarte und den Sonnenstrahlungsdiagrammen für 52 Grad nördliche Breite ermittelt worden. Entsprechende Korrekturen für Hamburg (53,5 Grad nördliche Breite) wurden berücksichtigt. Es handelt sich bei allen Angaben um Mittelwerte.
Die eingestrahlte Energie durch Globalstrahlung bewirkt eine höhere Raumtemperatur. Diese Energie wird zur Deckung der Transmissionsverluste genutzt, ein anderer Teil in den Wänden gespeichert und bei Abkühlung des Wintergartens wieder abgegeben.
Zur Wärmedämmung und Regulierung großer Temperaturschwankungen wurden für die Innenwand des Glasanbaus, sowie für die begehbaren Flächen Ziegel vorgesehen. Für die Bepflanzung sind Beete angelegt worden.
Bei der Berechnung sind die Speichermassen (35 qm Wandflächen zu den Wohnräumen) berücksichtigt.

Bei einer angenommenen Raumtemperatur von 15 Grad C beträgt das Speichervermögen der 35 qm großen Wandfläche etwa 20 kW. So wird im Dezember (dann können durchschnittlich 16 kWh täglich gespeichert werden) innerhalb von sechs Stunden die gespeicherte Energie wieder abgegeben. Das heißt: Von etwa 15 bis 21 Uhr wird der Wärmebedarf durch die Speicherflächen gedeckt. Danach wird die Energiebilanz negativ (das Thermometer fällt auf unter fünf Grad): Der Wintergarten muß zusätzlich beheizt werden. In den Monaten Januar bis März hält die gespeicherte Wärme acht bis zehn Stunden vor. Ab April gibt es einen Wärmeüberschuß, der durch Luftzirkulation entweder zur teilweisen Beheizung des Kernhauses genutzt oder durch Öffnen der Dachlüftungsklappen nach außen abgegeben wird. Im Mai und besonders im Juni (wenn die Innentemperatur über 30 Grad C liegt) muß der Raum neben der intensiven Belüftung auch eine Beschattung erhalten.

Fazit: Die vorhandenen Speichermassen reichen aus, um den Wintergarten mit mindestens sechs Stunden Energie zu versorgen.

Wirtschaftlichkeit des Wintergartens

Die Gesamtenergie, die durch die Glasflächen absorbiert wird, beträgt von September bis Mai 27 400 kW. Nach Abzug von Verlusten verbleiben zur Beheizung des Hauses über die Luftzirkulation ungefähr 1500 kW/Jahr (vornehmlich im Winterhalbjahr). Während der Nacht muß der Wintergarten zusätzlich beheizt werden. Der Transmissionsverlust beträgt 7800 W.

Energiekosten

Für die Beheizung des Wintergartens wird ein Gasverbrauch von 418 cbm pro Jahr errechnet. Auf der anderen Seite kommen dem Haus 1500 kW pro Jahr Energie aus dem Wintergarten zugute. Daraus ergibt sich ein Gas-Minderverbrauch von 147 cbm pro Jahr.
Das sind: 418 cbm abzüglich 147 cbm = 271 cbm Gesamtgasverbrauch pro Jahr. Die Energiekosten zur Beheizung des Wintergartens mit einer Fläche von 50 qm betragen somit etwa 150 bis 170 DM pro Jahr.

Empfehlungen

Um die zu speichernde Energiemenge zu vergrößern, kann der Fußboden zusätzlich als Speichermasse ausgebildet werden. Für eine optimale Luftzirkulation sollten Öffnungen (mit Klappen) von etwa 0,4 qm Größe unter jedem Fenster im Dachgeschoß vorgesehen werden. Die Wärmeverluste lassen sich durch bewegliche Dämmung (Wärmeschutzrollo) weiter einschränken. Die großen Glasflächen bedingen in den Sommermonaten eine oftmals zu hohe Raumtemperatur. Dachklappen mit einem Querschnitt von etwa 5 qm garantieren die notwendige Durchlüftung. In den senkrechten Glasflächen sollte die gleiche Fläche zu öffnen sein. Außerdem ist eine teilweise Beschattung der Glasflächen zu empfehlen.
Wenn eine höhere Mindesttemperatur als fünf Grad gewünscht wird, nimmt der Gasverbrauch um sechs Prozent pro Grad zu. Das heißt: Bei zehn Grad Raumtemperatur (anstatt fünf) erhöht sich der Verbrauch um 30%.
Anmerkung: Diese Empfehlungen wurden weitgehend beim Bau des Hauses berücksichtigt. Nicht verwirklicht werden konnte der Vorschlag der Architekten, zusätzlich durch innere Lüftungsklappen für eine ausgleichende Thermik im Gesamtgebäude zu sorgen und damit in der Übergangszeit mit der kostenlos gewonnenen Energie das ganze Haus zu heizen. Der Grund dafür waren schalltechnische Bedenken, die Befürchtung einer zu hohen Geräuschübertragung in die oberen Räume.

Erfahrungen

Das Haus wird seit etwa zwei Jahren bewohnt. Es wurde festgestellt, daß die Gesamtheizkosten sehr niedrig liegen. Selbst an sehr kalten Wintertagen (bis zu − 25 Grad C) brauchen die Heizkörper kaum in Betrieb genommen zu werden. Die Lüftungsklappen haben sich als ausreichend erwiesen. Die Bewohner erfreuen sich an der subtropischen Bepflanzung. Der Sommer dauert hier um etliche Wochen länger.

Planung: Architekten Klünder und Partner
Energiebilanz und Planung der Haustechnik: Miroslav Halilhodžić

▶

Außenluft-temperatur	Raumluft-temperatur	Oberflächen-temp. Glasfl.	Luftfeuchtigkeit in %									
			30%	35%	40%	45%	50%	55%	60%	65%	70%	75%
−12	0	−3,8	<−10	<−10	−10	−9	−8	−7	−6	−5	−4	−3,8
	5	−0,4	−9	−8	−6	−5	−4	−3	−1,8	−1	0	1
	10	2,9	−6	−4	−3	−1	0	1,5	3	4	5	6
	15	6,4	−2	0	2	3	5	6	7,5	8,5	9,8	10,8
−5	0	−1,5	<−10	<−10	−10	−9	−8	−7	−6	−5	−4	−3,8
	5	1,8	−9	−8	−6	−5	−4	−3	−1,8	−1	0	1
	10	5,2	−6	−4	−3	−1	0	1,5	3	4	5	6
	15	8,6	−2	0	2	3	5	6	7,5	8,5	9,8	10,8
0	0	0	<−10	<−10	−10	−9	−8	−7	−6	−5	−4	−3,8
	5	3,4	−9	−8	−6	−5	−4	−3	−1,8	−1	0	1
	10	6,8	−6	−4	−3	−1	0	1,5	3	4	5	6
	15	10,2	−2	0	2	3	5	6	7,5	8,5	9,8	10,8
+5	5	5	−9	−8	−6	−5	−4	−3	−1,8	−1	0	1
	10	8,4	−6	−4	−3	−1	0	1,5	3	4	5	6
	15	11,8	−2	0	2	3	5	6	7,5	8,5	9,8	10,8
+10	5	6,6	−9	−8	−6	−5	−4	−3	−1,8	−1	0	1
	10	10	−6	−4	−3	−1	0	1,5	3	4	5	6
	15	13,4	−2	0	2	3	5	6	7,5	8,5	9,8	10,8

Tauwasserbildung

Eisbildung

323 Taupunkttemperaturen der Raumluft (Bildung von Schwitzwasser) im Wintergarten unter Berücksichtigung der Oberflächentemperatur der Glasflächen bei einer Isolierverglasung (12 mm Scheibenabstand), abhängig von der relativen Luftfeuchtigkeit.

324 Grundriß Erdgeschoß

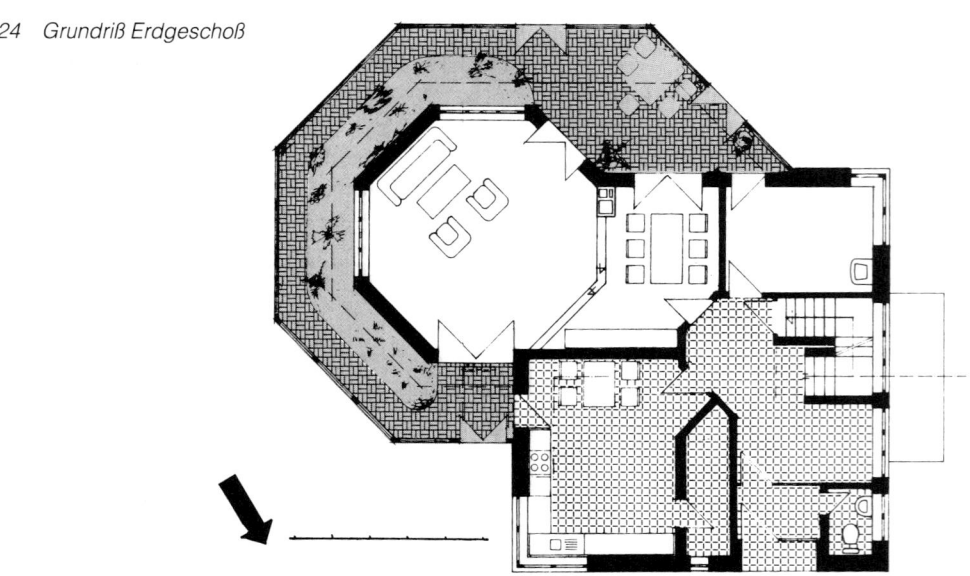

Eingang

325/326   Gut durchdachte Details im Bereich der Traufkante und am Fußpunkt sind stets ein schöner Anblick und
erhalten die Freude am Bauwerk.

327   So umschließt der Wintergarten in zwei Meter Breite
das Einfamilienhaus. Ein Kiesstreifen am Sockel verhindert,
daß die Glasscheiben vom heruntertropfenden Wasser zu
sehr bespritzt werden.

24
ENERGIE SPAREN UND IM GRÜNEN WOHNEN

Das Haus steht am Rande des Oberrheintals. Ein günstiger Standort, um eine hohe Ausbeute an passiver Solarenergie zu erzielen. Anhand der klimatologischen Jahresmittelwerte (siehe Abb. 132) ist zu erkennen, daß der Raum um Freiburg, in dem das Haus gebaut wurde, ideale Voraussetzungen für ein Solarprojekt bietet: Höchste Durchschnittstemperatur, wenige Eis- und Frosttage, die meisten Sonnentage und langanhaltende Sonnenscheindauer.

Architektonisches Konzept

Der Grundriß wurde ganz auf eine hohe Energiegewinnung ausgerichtet. Das massive Wohngebäude wurde zweimal um 45 Grad abgewinkelt und umschließt das Gewächshaus wie eine Muschel. Jeder Raum besitzt eine direkte Öffnung als Fenster oder Tür zum Gewächshaus, das etwa über die gleiche Grundfläche wie das Kernhaus verfügt. Diese Ausgewogenheit hat sich inzwischen bewährt.

Energetisches Konzept

Die massive Wand zwischen Wohn- und Gewächshaus ist als Speicherwand für die Energieversorgung des Glashauses von Bedeutung. Große Türöffnungen sorgen – wie im Systemschnitt zu erkennen ist – dafür, daß warme Luft aus dem Gewächshaus ins Kernhaus geleitet werden kann. Die zweiflügeligen Türen sind klein gegliedert. Da sie häufig geöffnet sind, ragen sie nicht störend in den Raum oder behindern den Eindruck eines großzügigen Wohnraums im Grünen. Im Gegensatz zu der massiven Speicherwand sind die Außenwände optimal gedämmt und mit kleinen Fenstern zum Lüften, die auch als Lichtschlitze dienen, ausgestattet.

328 Das Gewächshaus mit seinen großen Glasflächen ist tief in das Kernhaus hineingezogen. Der Sommerhitze wird durch Querlüftung entgegengewirkt.

329 Grundriß Erdgeschoß

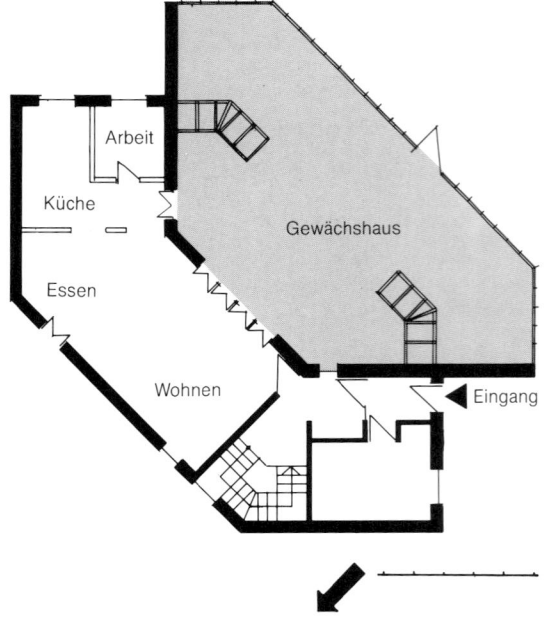

330   Am First sorgen große Klappen für das Abführen der warmen Luft.

331   Ein Arbeitsplatz im Grünen: Laubabwerfende Pflanzen bringen ausreichenden Schatten im Sommer.

332   Vom Balkon genießt man fast das ganze Jahr über einen Blick in den blühenden Garten unter Glas, der erst bei Temperaturen unter − 7° C beheizt werden muß.

Klimatisierung

Im Wohnbereich steht ein Kachelofen, der mit Heizeinsatz und gemauerten Rauchgaszügen sowohl für schnelles Aufheizen als auch zum Speichern geeignet ist. Im Gewächshaus gibt es keine Heizung im üblichen Sinne. Es wird nur mit Hilfe von Heizkörpern (Warmwasserzentralheizung), die an der kühlsten Stelle plaziert sind, sichergestellt, daß das Glashaus frostfrei bleibt. Die Heizkörper werden über Raumtemperaturfühler ein- und ausgeschaltet.

Hohe Energieeinsparungen werden durch einen günstigen Luftwechsel zwischen Gewächshaus und Wohnhaus erreicht. Das Büro, unter dem erhöhten Sitzplatz gelegen, verfügt über einen schlechten Luftwechsel, aber auch einen geringen Wärmebedarf. Hier wird die überschüssige

Warmluft im Dachgeschoß über einen Ventilator abgesaugt und ins Büro geleitet. Die größtmöglichen Einsparungen werden erzielt, wenn im Gewächshaus kaum geheizt wird. Dies hat aber Temperaturunterschiede von 25 Grad zwischen Tag und Nacht zur Folge. Dabei tritt zwangsläufig Kondenswasser auf. Um diesen Niederschlag auf den Glasscheiben zu verhindern, sollte die Temperatur stets über dem Taupunkt liegen, was wiederum Energieverluste zur Folge hätte, oder intensiv gelüftet werden. Hier wird das Schwitzwasser in Rinnen gefangen, um es dort verdunsten zu lassen. Es werden Kondensatflächen, wie kalte Flächenscheiben, ungedämmte Alu-Profile vorgesehen, damit andere Flächen wie Fenster und Wände von dem Kondensat verschont bleiben.   ▶

333 Der Funktionsschnitt zeigt, wie die erwärmte Luft auch die angrenzenden Räume mit Energie versorgt, wovon auch das Büro im Kellergeschoß profitiert. Die Wintersonne gelangt weit in die Wohnräume hinein.

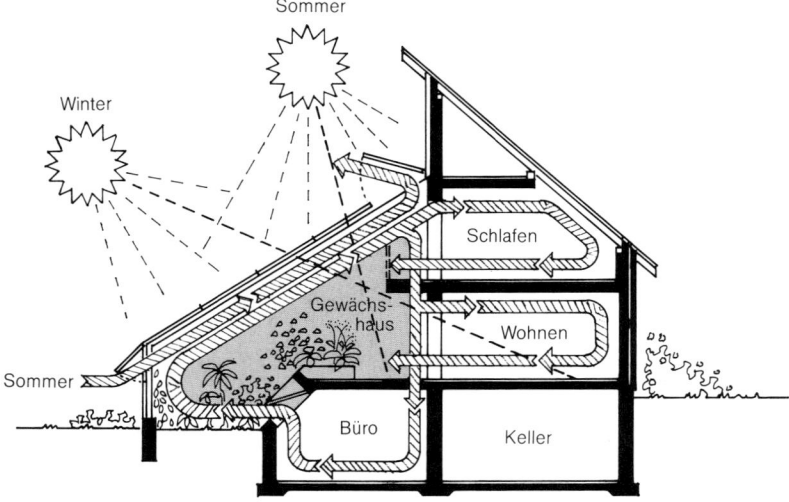

TEMPERATUR IM SOMMER (Woche 28/85 vom 8. 7. bis 14. 7.)						
Außen max./min. °C: 28/12	29/12	28/12	28/13	30/14	31/14	34/14
Wetter: sonnig	sonnig	sonnig	sonnig	sonnig	sonnig	sonnig
Brenner/h: 0,6	0,5	0,3	0,4	0,2	0,2	0,5
Pumpe gwh/h: –	–	–	–	–	–	–
Montag	Dienstag	Mittwoch	Donnerstag	Freitag	Samstag	Sonntag

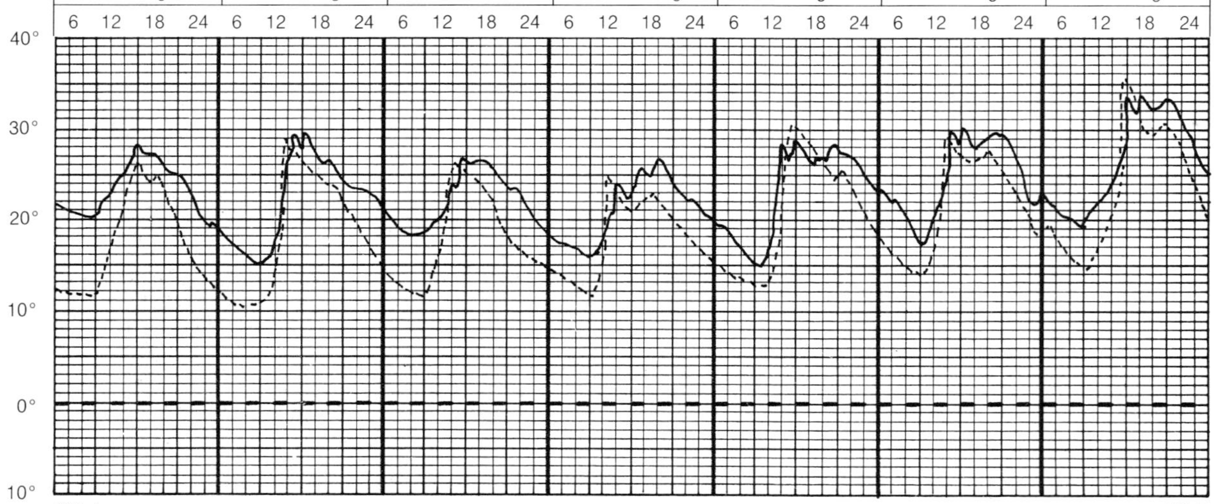

334 △   335 ▽

LUFTFEUCHTE IM SOMMER						
Montag	Dienstag	Mittwoch	Donnerstag	Freitag	Samstag	Sonntag

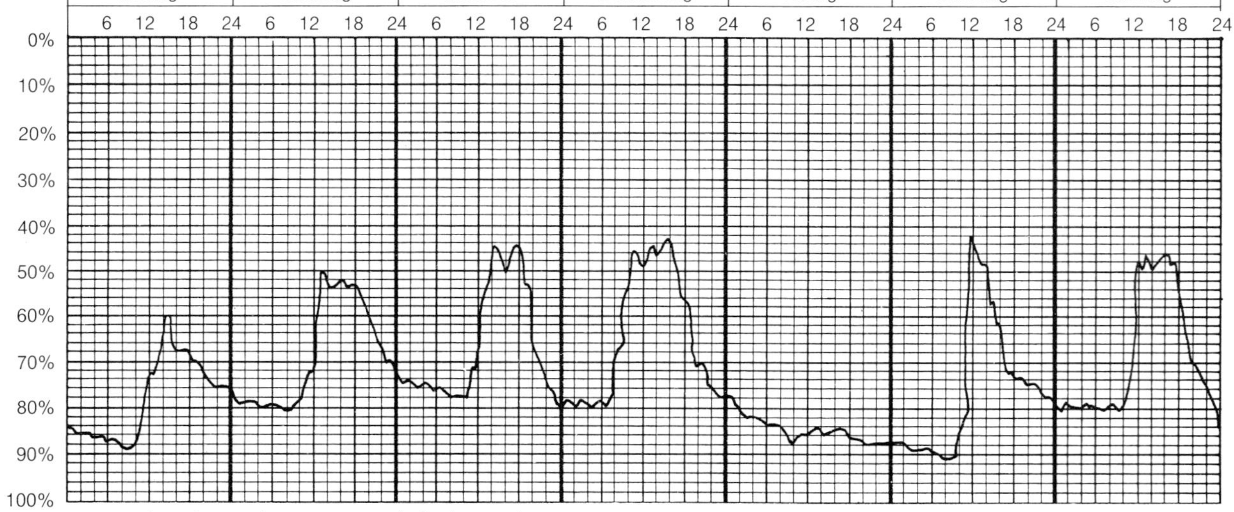

—— Innentemperatur   – – – – Außentemperatur

Bepflanzung

Da Anlagen zur Beschattung teuer sind und eine vernünftige Lüftung erschweren können, wurde auf solche Maßnahmen verzichtet. Die Pflanzen, die direkt in den Boden gesetzt wurden, sind ganz problemlos. Die ausgewählten Gewächse sind an die direkte Sonneneinstrahlung gewöhnt oder durch einen Standort im Halbschatten anderer Pflanzen ganz natürlich vor zuviel Sonne geschützt. Die mediterranen Pflanzen vertragen, wie es sich in den vergangenen Jahren gezeigt hat, sehr gut die hohen Temperaturunterschiede während ihrer Ruhezeit. Dies sind im wesentlichen Zitruspflanze, Kaki, Olive, Passionsfrucht, Granatapfel und Blüten- und Duftpflanzen, wie Bougainvillea, Gardenie, Wollmispel, Jasmin, Rosmarin und Salbei. Zum Teil werden die Pflanzen in die Dachebene als natürlicher Sonnenschutz gezogen, der im Winter durch den Laubfall fast aufgehoben wird.

Planung: Dipl.-Ing. Gerhard Hahn
Ausführung: Erbslöh Aluminium

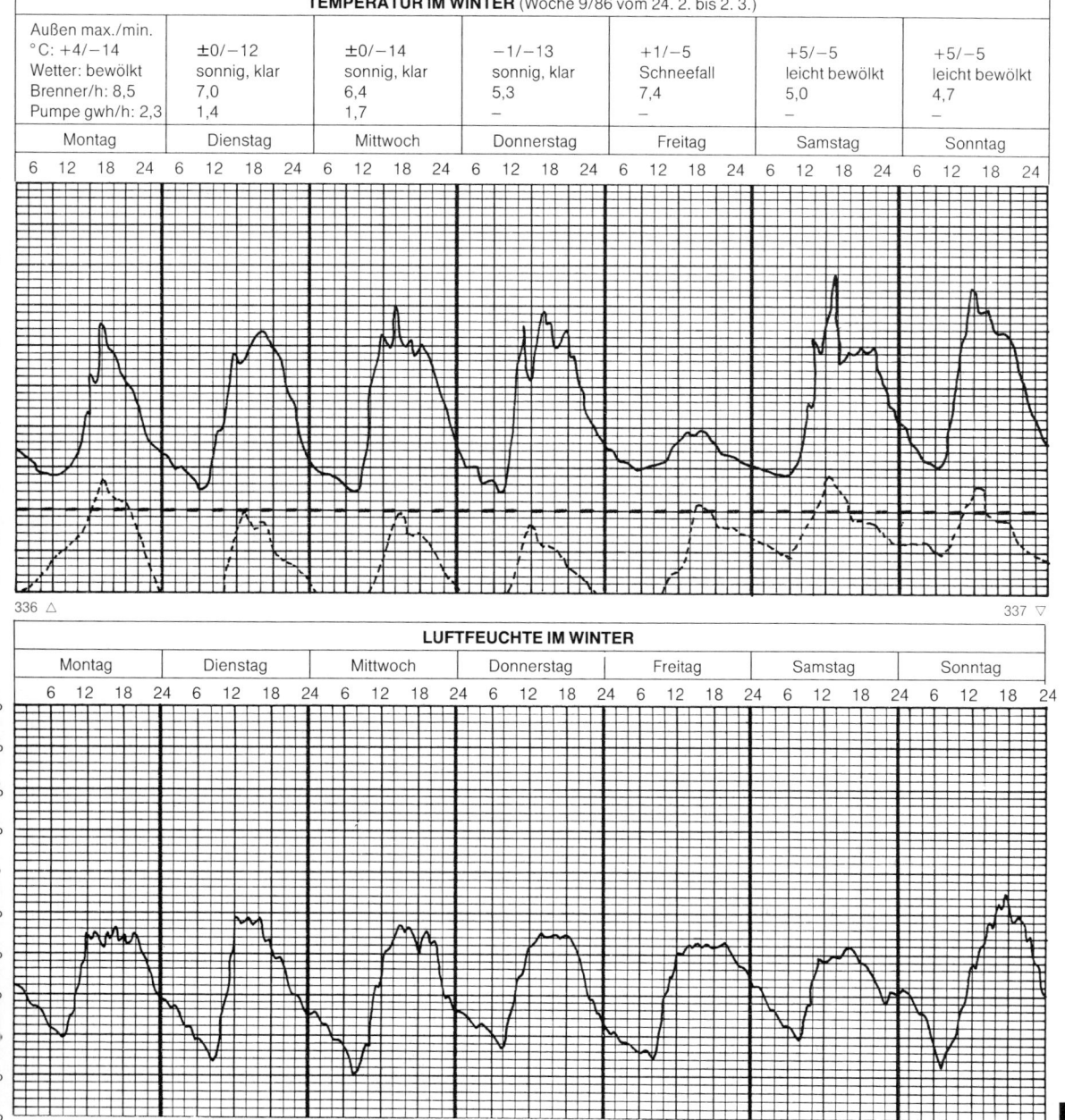

TEMPERATUR IM WINTER (Woche 9/86 vom 24. 2. bis 2. 3.)

Außen max./min. °C: +4/−14 Wetter: bewölkt Brenner/h: 8,5 Pumpe gwh/h: 2,3	±0/−12 sonnig, klar 7,0 1,4	±0/−14 sonnig, klar 6,4 1,7	−1/−13 sonnig, klar 5,3 −	+1/−5 Schneefall 7,4 −	+5/−5 leicht bewölkt 5,0 −	+5/−5 leicht bewölkt 4,7 −
Montag	Dienstag	Mittwoch	Donnerstag	Freitag	Samstag	Sonntag
6 12 18 24	6 12 18 24	6 12 18 24	6 12 18 24	6 12 18 24	6 12 18 24	6 12 18 24

336 △   337 ▽

LUFTFEUCHTE IM WINTER

Montag	Dienstag	Mittwoch	Donnerstag	Freitag	Samstag	Sonntag
6 12 18 24	6 12 18 24	6 12 18 24	6 12 18 24	6 12 18 24	6 12 18 24	6 12 18 24

——— Innentemperatur   − − − − Außentemperatur

25
WOHNHAUS IN GRÜNER SOLARARCHITEKTUR

In einem Gewerbe-Mischgebiet am Rande einer süddeutschen Stadt im Neckartal wurde das Haus nach dem Prinzip der Grünen Solararchitektur geplant.

Architektonisches Konzept

Klare Linien und einfache Formen sollen die Form der gegliederten Baukörper bestimmen. Details werden nicht kaschiert, sondern betont. Von außen nach innen werden Rückzugsmöglichkeiten in mehreren Stufen angeboten. Die Materialien sind Glas, Holz, Metall und Ziegel.

Das Baugebiet war für Flachdachbauten ausgewiesen, die nötige Dachneigung des Gewächshauses wurde als Ausnahme genehmigt. Die Einliegerwohnung wurde als zweites Gebäude errichtet.

Konstruktion und Verglasung

Das Wohnhaus (147 qm ohne Einliegerwohnung) ist in Massivbauweise errichtet. Das Ziegelmauerwerk dient als Speicher. Die Fassade besteht aus druckimprägniertem Holz. Das Gewächshaus (154 qm) ist in feuerverzinkter Stahlkonstruktion mit Isolierverglasung errichtet. Es wurde opakes Gußdrahtglas verwendet, um den Einblick von außen zu verhindern. Umgekehrt kann man auch nicht hinausschauen. Dadurch entsteht der Eindruck eines in sich geschlossenen Raumes. Der Eßraum, unmittelbar vor dem Gewächshaus gelegen, wird nur durch gläserne Schiebewände von den subtropischen Pflanzen getrennt.

Sonnenschutz und Lüftung

Sonnensegel über den Sitzplätzen bieten in den ersten Jahren Schutz. Später sorgen Pflanzen für den notwendigen Schatten. Die elektrische, thermostatisch gesteuerte Entlüftung sorgt zusammen mit dem Ventilator für Temperaturen, die auch im Sommer vergleichbar sind mit den Außentemperaturen. Die Lüftung nach innen in das Kernhaus ist theoretisch effektiv. In der Praxis zeigte es sich, daß die Bewohner das Öffnen und Schließen der Türen nicht konsequent einhalten.

338 Ansicht von Süd-Westen. Das hoch aufragende Gewächshaus ist eine ideale Sonnenfalle. Isolierverglasung reduziert den Wärmeverlust im Winter.

339 Ansicht von Westen. Der First des Gewächshauses überragt sogar das Kernhaus. Links die getrennte Einliegerwohnung.

340   Ein Ambiente zum Wohlfühlen. Kieswege, blühende und duftende Pflanzen zaubern tagtäglich südliche Ferienstimmung.

Bewässerung

Über einen Feuchtefühler, der eine vollautomatische Bewässerungsanlage steuert, werden die Pflanzen mit der notwendigen Feuchtigkeit individuell versorgt. Die Tropfschläuche liegen unter der Erde. Dadurch wird vermieden, daß die Luftfeuchtigkeit ansteigt.

Heizung

Die Niedertemperatur-Warmwasserheizung wird mit Öl betrieben. Die Warmluft des Gewächshauses wird im Kernhaus »passiv« genutzt. Trotz der ungünstigen, windreichen und freien Lage wurden im letzten Jahr nur 3000 Liter Öl verbraucht. Der Anteil für das Gewächshaus mit einer Minimaltemperatur von 0 Grad machte nur etwa 15% davon aus.

Planung: LOG ID Grüne Solararchitektur   ▶

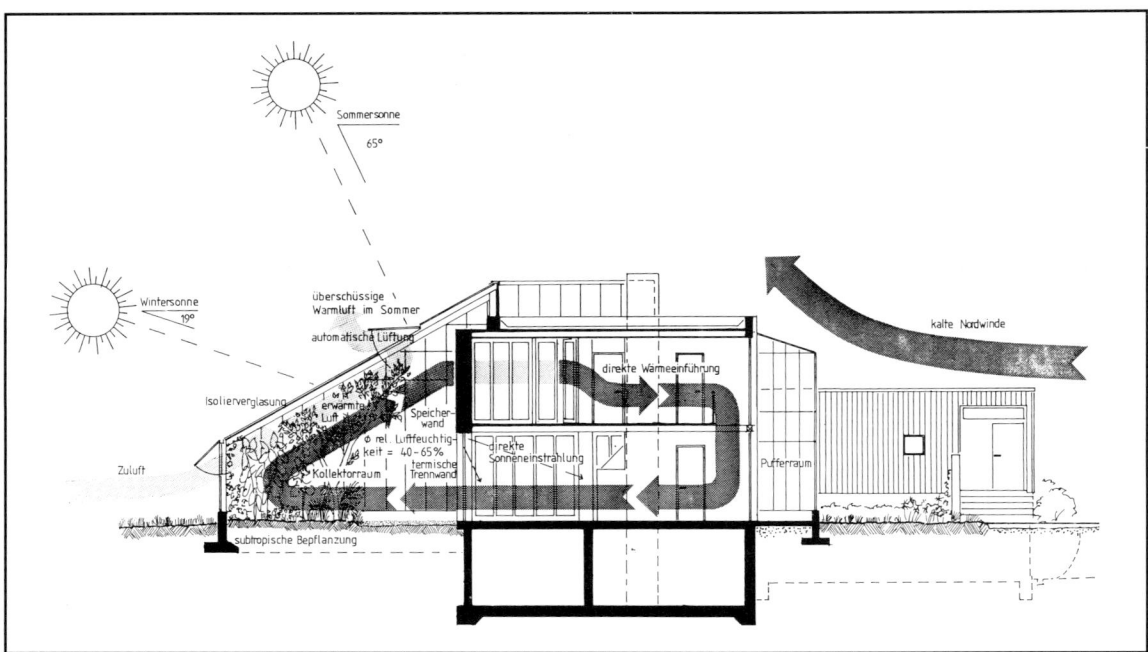

341 Das Funktionsschema
zeigt, wie gut die Sonnenenergie in diesem Haus genutzt
werden kann.

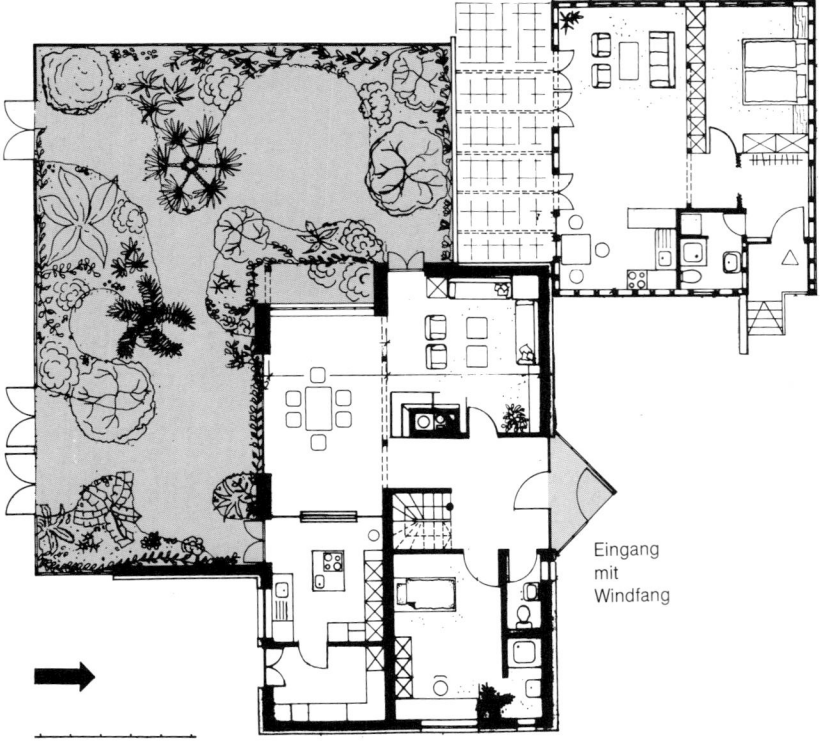

342 Grundriß Erdgeschoß, im Norden die Einliegerwohnung

343 Der Blick aus der ersten Etage in den Paradiesgarten im Gewächshaus. Das opake Gußdrahtglas verhindert störenden Einblick von draußen. Fenster und Türen zum Kernhaus werden auch zum Lüften und zur Klimatisierung des Hauses bedient.

344 Der Sitzplatz im Grünen hat eine besondere Qualität erhalten. In der pflanzenreichen Umgebung fühlen sich die Bewohner wohl. Ihr Leben spielt sich hier bis in den späten Herbst ab. Nur an zu heißen Tagen ist es draußen tagsüber schöner.

26
ENERGIESPARHAUS MIT GRASDACH

Der Wunsch, möglichst umfangreich die passive Sonnenenergie zu nutzen, bestimmte die Architektur des Hauses.

Das Konzept

Der Grundriß öffnet sich über den Wintergarten in die Südrichtung, so daß das Glashaus als Sonnenfalle dient. Nach Norden hin sind die Hauswirtschaftsräume und die Garage als Klimapuffer gelegen. Dadurch ergab sich eine quadratische Form des Baukörpers mit eingelagertem Achteck. Das Haus ist von außen her bis in Höhe der Fensterbrüstung mit Erde angeschüttet, um den Wärmeverlust über die Außenwände möglichst gering zu halten.

Konstruktion und Verglasung

Die Außenwände bestehen aus 36,5 cm starkem Poroton. Im Erdgeschoß liegt gegen das Erdreich eine Stahlbetonsohle, darüber ein Holzrost. Das Obergeschoß wird mit Hilfe einer Stahlkonstruktion pyramidenartig überspannt. Der Aufbau: Holzpfetten, Verschalung, Dachabdichtung und Dachbegrünung. Die Außenwandflächen sind über der Oberkante Erdreich mit einem mineralischen Putz ohne weiteren Anstrich versehen, da die Fassade begrünt werden soll. Isolierverglasung.

Sonnenschutz und Lüftung

Wegen der optimalen Querlüftung nach außen und ins Kernhaus konnte auf zusätzliche Beschattung verzichtet werden. Die Lüftungsklappen werden elektronisch gesteuert.

Heizung

Öl-Zentralheizung bis 17 kW als witterungsgeführte Regelanlage, Fußbodenheizung, sowie offener Kamin mit Wärmetauscher. »Aktive« Solar-Absorber-Anlage und Absorber-Temperaturregler für das Schwimmbad.

Planung: Dipl.-Arch. Thomas Wahl
Ausführung: Marsmann

345 Der Eingangsbereich deutet bereits an, daß sich Architekt und Bauherr von traditioneller Bau- und Wohnform lösen. Auf dem Dach liegen keine Ziegel, hier wächst Gras. Das Glashaus bietet die Möglichkeit, reichlich Sonnenenergie einzufangen und zu nutzen.

346 Unkonventionell: Sandboden im Wohnraum, große Holzterrassen im Wintergarten mit einem hübschen Blick ins Grüne.

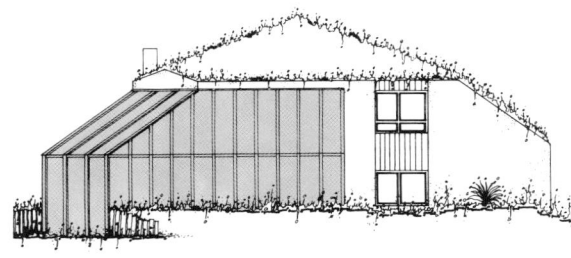

347   Ansicht Ost

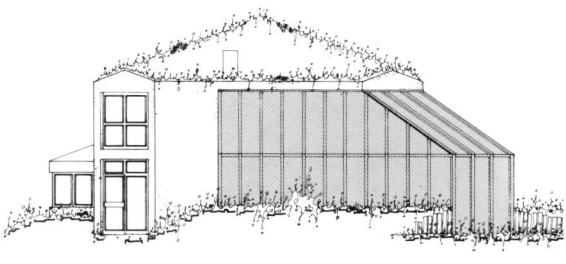

348   Ansicht Süd

349   Ansicht West

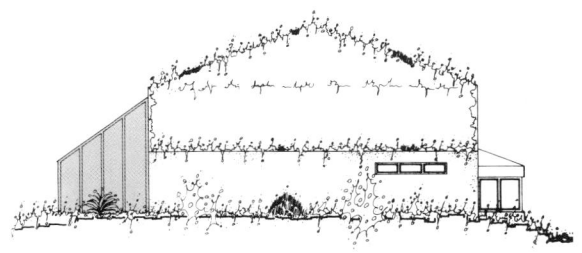

350   Ansicht Nord

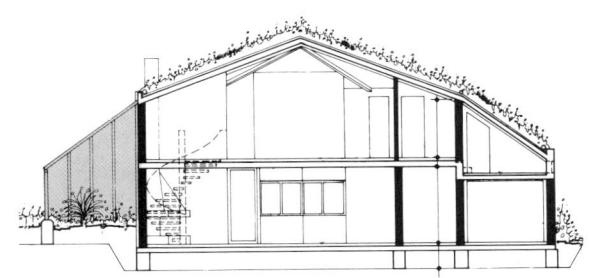

◁ *351   Der Schnitt zeigt die ungewöhnliche Dachform mit der geschlossenen Nordseite.*

352   Grundriß Erdgeschoß ▽

353   Grundriß Obergeschoß ▽

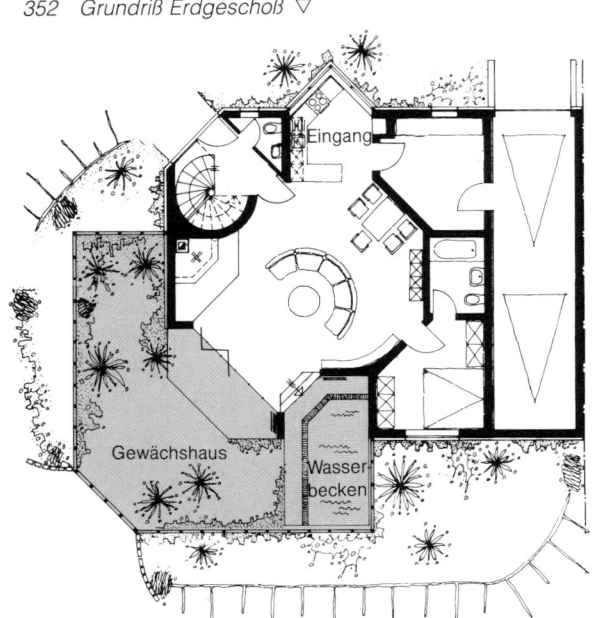

Eingang

Gewächshaus

Wasserbecken

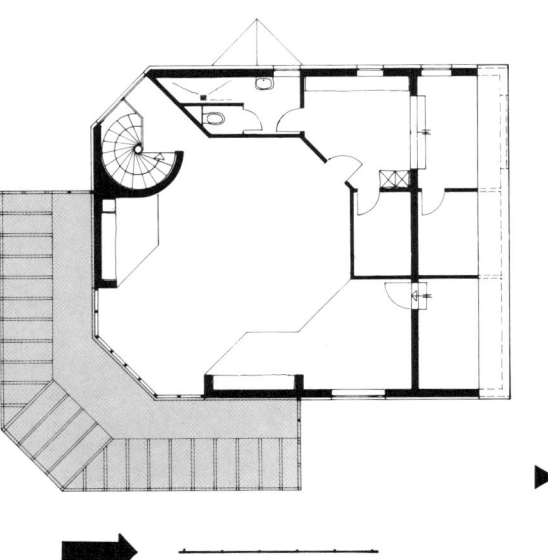

354   Sommerstimmung. Alle Türen und Fenster sind jetzt geöffnet. Tagsüber ist es aber trotzdem draußen angenehmer.

355   Im gesunden Pflanzenklima den Tag genießen, in der Hängematte liegen oder hinten im Swimmingpool sich erfrischen: Ein Wintergarten, der Energiebewußte und Genießer gleichermaßen zufriedenstellt.

356   Der Wintergarten ist auch ein gelungener Übergang in den Garten. Haus und Garten kommen sich durch den Glasanbau näher.

27
PULTDÄCHER:
KLARE FORMEN FÜR DAS HAUS

Die Bauherren, mit einem ausgesprochenen Faible für Weiß und gleichzeitiger Liebe zur Natur, akzeptierten das Konzept spontan. Das architektonische Konzept sah vor, die Wohnräume über ein bewohnbares Gewächshaus mit dem Grün des Gartens eng zu verbinden. Dies geschieht nicht nur in der Erdgeschoßebene, sondern durch eine teilweise Zweigeschossigkeit des Gewächshauses auch im Obergeschoß über einem Balkon.

Das Gesamtkonzept des Entwurfes ist sehr einfach: An einen auf fast quadratischem Grundriß erstellten zweigeschossigen Baukörper mit Pultdach lehnt sich ein teilweise ein- bzw. zweigeschossiges Gewächshaus mit gegenläufiger Dachneigung an. Die Blickbeziehung zwischen Wohnräumen und Gewächshaus wird durch versetzte Ebenen innerhalb des Gebäudes vielgestaltig.

Konstruktion und Materialien

Das Gewächshaus besteht aus einer Holzkonstruktion mit Isolierverglasung. Die untere Scheibe der schrägverglasten Teile ist in Sicherheitsglas ausgeführt.

Die Be- und Entlüftung des Gewächshauses wird durch einen starken Ventilator gewährleistet, der mit einer gegenüberliegenden Entlüftungsjalousie gekoppelt ist und sich bei zu starker Erwärmung des Gewächshauses selbsttätig einschaltet.

Die Beheizung erfolgt über einen getrennten Kreis der Gas-Warmwasser-Zentralheizung unter Einsatz einer Wärmepumpe, die die Luft über einen mit dem Gewächshaus verbundenen Kanal bezieht.

Kosten

Die Kosten für das Gewächshaus einschließlich der Technik betragen etwa 50 000 DM.

Planung: Architekten Dipl.-Ing. Borchers, Metzner, Kramar

357 Ansicht von Süd-Westen. An den klar gegliederten, weißen Bau mit einem Pultdach (28° Neigung) lehnen sich die Glasanbauten in gegenläufiger Dachneigung.

358 Die Wintergärten, ein- und zweigeschossig, lockern die strenge Architektur auf und bilden eine Bereicherung für das Wohnen.

▶

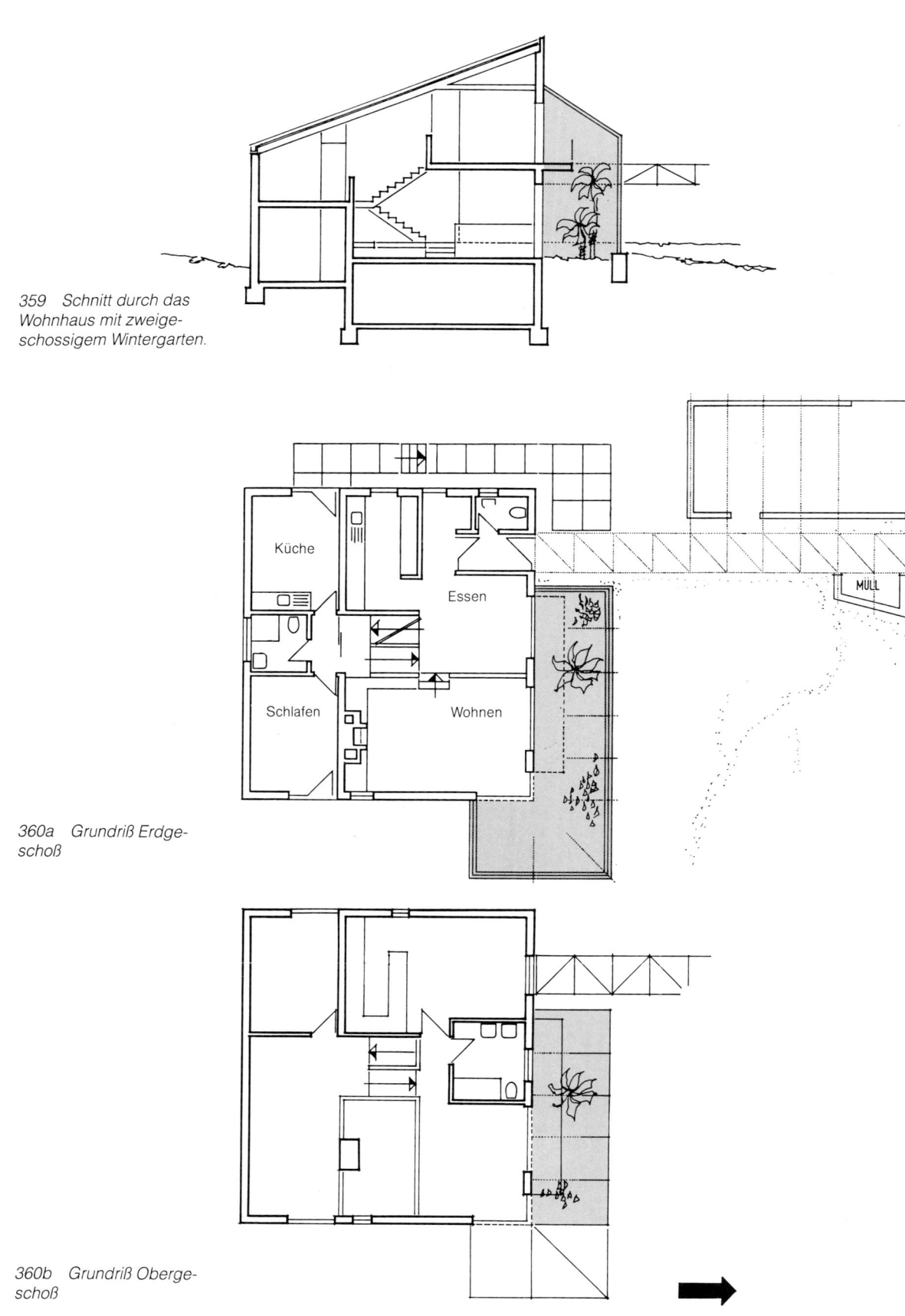

359 Schnitt durch das
Wohnhaus mit zweige-
schossigem Wintergarten.

Küche

Essen

MÜLL

Schlafen

Wohnen

360a Grundriß Erdge-
schoß

360b Grundriß Oberge-
schoß

361 △

361   Der Blick in den eingeschossigen Wintergarten zur Süd-West-Seite zeigt den beliebtesten
Platz im ganzen Haus.

362   Mit Pflanzen leben. Im Hintergrund die höheren Gewächse, wie Banane und Oleander, im
zweigeschossigen Glashaus. Rechts, einige Stufen tiefer, der ganzjährig benutzbare Sitzplatz im
Grünen.

28
EINFAMILIENHAUS MIT INTEGRIERTEM WINTERGARTEN

Lage
Am Rande eines alten Ortskerns mit Blick ins Maintal. Das schmale Grundstück liegt in einem ehemaligen, sehr steilen Weinberg.

363 Ansicht von Westen. Oberhalb des Weinbergs steht das Wohnhaus mit der großen Glasfassade: der Wintergarten zwischen zwei Wandscheiben, die durch Fenster gegliedert sind.

Architektonisches Konzept
Durch die Verbindung von zwei um 90 Grad gedrehten Satteldächern wird der Baukörper gegliedert und die Höhe der Außenwand zur Talseite reduziert.
Zwischen zwei senkrecht zum Hang gestellte Wandscheiben sind auf der Berg- und auf der Talseite Fassadenelemente eingesetzt. Ihre Symmetrie steht, zusammen mit den dekorativen Stützen, die den konstruktiven Schottenaufbau des Hauses wiederholen, im Kontrast zu den einfachen, nur mit Lochfenstern asymmetrisch gegliederten, glatten Seitenflächen. Der vollflächig verglaste Wintergarten im Süden und die geschlossene Eingangsseite im Norden berücksichtigen die unterschiedlichen klimatischen Bedingungen. Die Verbindung von Innenraum und Garten wird in der Gestaltung der Haupttreppe, den innenliegenden Fenstern der Kinderzimmer und den Drehungen der Raumachsen fortgesetzt. Größe des Wintergartens: 9,00 × 2,75 m, 5,50 m hoch.

Konstruktion und Verglasung
Die großen Windlasten, denen die äußere Fensterwand ausgesetzt ist, werden über Stahlbetonsäulen, die zugleich das Dach tragen, abgeleitet. Die äußere Fensterwand besteht aus verzinkten, weiß beschichteten Stahlrohrprofilen mit einfacher Verglasung (d = 10 mm), die innere Fensterwand aus weiß lackierten Holzprofilen mit Isolierverglasung. Zwei große Schiebewände ermöglichen es, den Wohnraum über den Wintergarten mit der Terrasse zu verbinden.

Sonnenschutz und Lüftung
Innenliegende Vertikalmarkisen bewirken, daß der Wärmestau zwischen Glasscheibe und Markise durch Lüftungsklappen nach oben gezogen wird. Über die geöffnete Schiebetür strömt im Sommer die kühle Luft vom Haus in den Wintergarten, erwärmt sich, steigt nach oben und wird über die Lüftungsklappen abgeführt.
Neun temperaturgesteuerte Lüftungsklappen garantieren den Luftaustausch. Ein hygrostatgesteuerter Rohrventilator verringert durch bessere Luftzirkulation innerhalb des Hauses den Energieverlust im Winter.

Heizung
Die thermostatgesteuerte elektrische Rippenrohrheizung, die direkt hinter der Fensterwand im Bodenschacht eingebaut ist, wird von Mitte Dezember bis Ende Februar betrieben, so daß die Temperatur im Wintergarten mindestens bei 5 bis 8 Grad liegt.

Bepflanzung
Die vorwiegend subtropischen Pflanzen stehen in Tontöpfen, die in ein Kiesbett eingelassen sind. Zur Bewässerung wird Regenwasser verwendet (zwei 1000-Liter-Tanks). Beim Gießen wird das natürliche Gefälle genutzt.

Erfahrungen
Das Wohnhaus bleibt trotz der großen Glasflächen angenehm kühl. Der Wintergarten wird nie über 35 Grad C warm. Entscheidend für die gelungene Regulierung des Wohnklimas sind die zweigeschossige Anlage des Wintergartens als Wärmepufferzone vor dem Haus und der Verzicht auf eine Schrägverglasung.

Planung: Dipl.-Ing. Franz Göger

364   Der Wintergarten ist 5,50 Meter hoch und wird durch neun temperaturgesteuerte Lüftungsklappen entlüftet. Für die ganz heißen Tage gibt es einen Freisitz draußen.

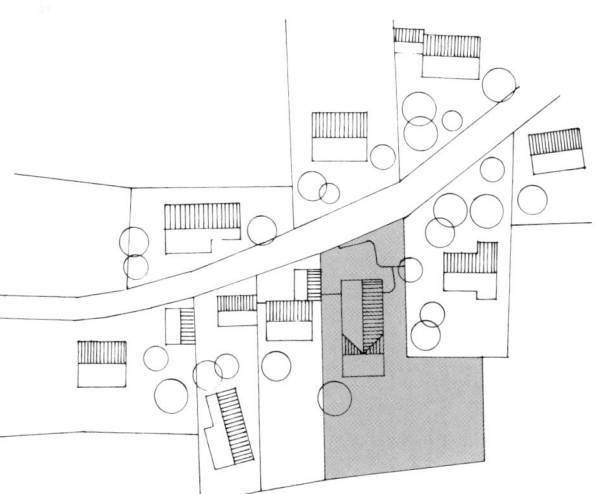

365   Situationsplan   ▶

366   Fast wie unter freiem Himmel liegt der Sitzplatz im Wintergarten mit idealer Aussicht in die
Landschaft.

367   Es war die gestalterische Prämisse des Entwurfes, die Vermischung vom Wohnen drinnen
und draußen entstehen zu lassen. Hier der Blick
vom Wohnraum

368   Schnitt

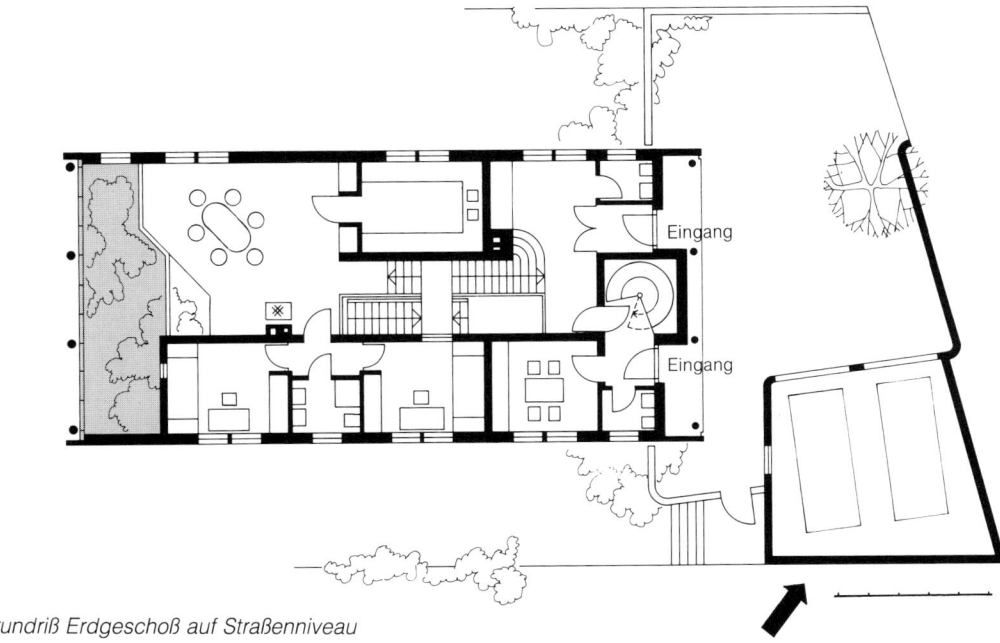

369   Grundriß Erdgeschoß auf Straßenniveau

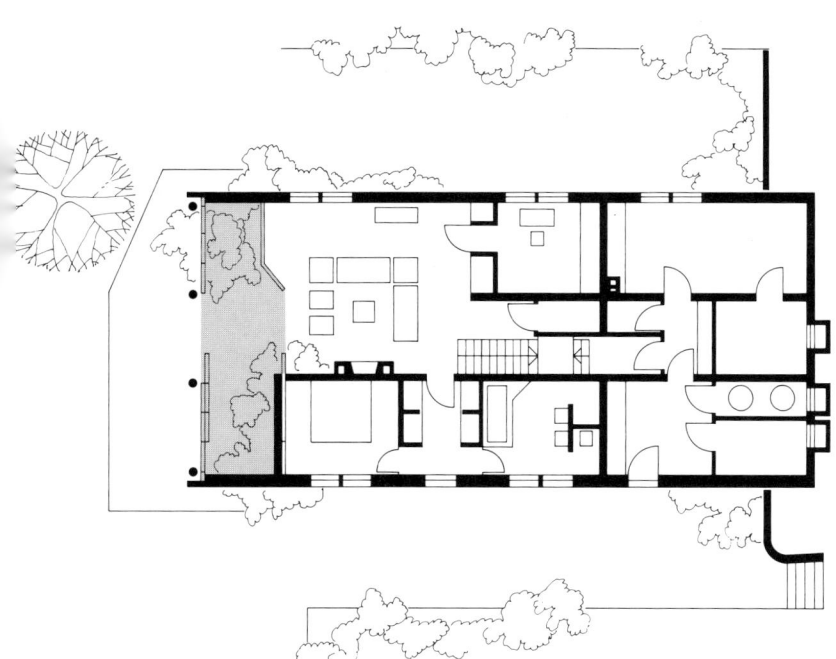

*370   Grundriß Untergeschoß auf
Gartenniveau*

29
WIEDERBELEBUNG EINER VERANDA

Ist diese Veranda noch das Haus im Garten, oder ist sie schon Außenlicht, Sonne, Wolken und Himmel des Gartens selbst? Das Zweifamilienhaus aus den 30er Jahren hatte zum Garten hin, nach Osten gelegen, unter dem vorhandenen Balkon eine kleine verglaste Veranda. Sowohl der bauliche Zustand (Einfachverglasung in betagter Holzkonstruktion) und die beschränkte Größe, identisch mit dem Balkon, waren Anlaß, nach einer Verbesserung zu suchen. In Anlehnung an das eigene Haus des Architekten (siehe Seite 202) wurde die vergrößerte Grundfläche der neuen Veranda räumlich definiert, aber wie zuvor transparent mit dem Garten verbunden. An der Hauskonstruktion wurde nichts geändert: Balkon, Stahlbetonstützen und Wandöffnungen blieben erhalten.

Konstruktion und Materialien

Auf einer Stahlbetonplatte des Fußbodens wurde Travertin-Marmor verlegt. Die aneinandergereihten Stützen entlang der Terrasse und der Glasfront bestehen aus Stahlbeton in PVC-Rohren, weiß gestrichen. In kunststoffbeschichtete Aluminiumrahmen wurde die Isolierverglasung eingebaut. Entlang der Innenseite der Glasfassade befinden sich im Heizungskanal, der mit Rollrosten abgedeckt ist, die Konvektoren. Aluminium-Jalousien bewahren vor zu großer Hitze im Sommer und halten die Kälte im Winter zurück. Alle Wand- und Deckenflächen sind glatt geputzt und weiß gestrichen. Am Abend inszenieren Strahler (Erco) eine malerische Kulisse.

Trotz geringer Kubatur, aber wegen des großzügigen Raumeindrucks wurde dieser kleine Anbau zum beliebten Aufenthaltsplatz der Familie zu allen Jahreszeiten.

Planung: Dipl.-Ing. Ante Josip von Kostelac; Mitarbeiter: Peter Formhals

371 Säulenartige Stahlbetonstützen reihen sich in schmucklosem Weiß vor der neu konzipierten Veranda auf.

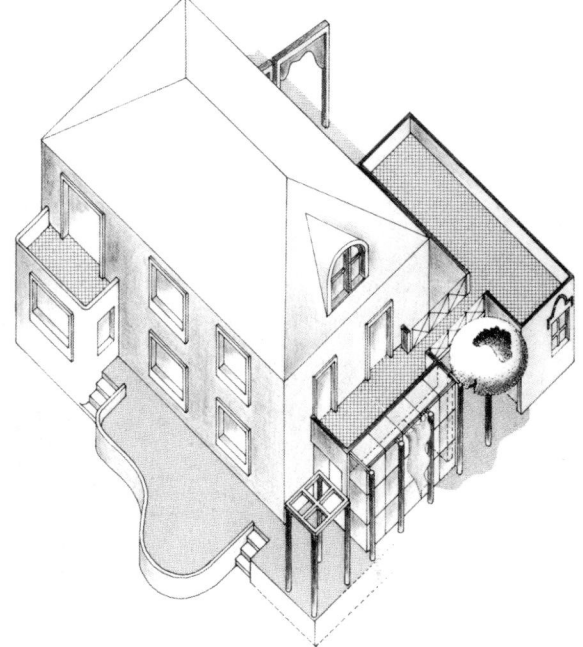

◁ 372 Die Isometrie zeigt, wie sich der Glasanbau an das gut 50 Jahre alte Wohnhaus fügt. Beim Umbau wurden auch der Hauszugang und die Garage neu geplant.

373 Durch den Anbau ist das Haus mit dem Garten transparent verbunden worden – trotz geringer Wohnraumerweiterung ist er ein großer Gewinn für die Bewohner.

◁ 374 Die Grundfläche der ehemaligen Veranda wurde um fast zwei Meter in den Garten erweitert, damit mehr Helligkeit ins Haus gelangt.

KEIN GEWÖHNLICHES HAUS

Architektonisches Konzept

Diese weiße Villa in der Landschaft ist eingefaßt und geschützt wie eine Burg und doch hervorstehend im Wechselverhältnis zu ihrer Umwelt: ein von menschlicher Hand, aber auch von seinem Geist geschaffenes Gebilde. Dieses Haus stellt den Versuch dar, die Kunst mit praktischen und ökonomischen Notwendigkeiten übereinstimmen zu lassen (»Rationalismus«). Das historische Erbe wird nicht wie bei der »Moderne« zurückgewiesen, sondern aufgenommen.

Das Gebäude steht nicht nur in seinem Äußeren kontrapunktuell zu der Landschaft; auch selbst strahlt es den Kontrast zwischen Massivität und Transparenz aus. In diesem Haus wird ein Innenraum dargestellt, der vertikal durch die Geschosse verbunden ist. Das wichtigste Element im Innern ist das Licht, das durch die großen Glaswände und das Oberlicht überall präsent ist, sowie die Transparenz der Blickverbindungen zwischen drinnen und draußen. Mittelpunkt des Hauses ist die geräumige »Bel Etage«, Wohn-, Eß- und Küchenraum in einem. Der Kamin mit seiner offenen Feuerstelle schafft bei so viel »Offenheit« abends Geborgenheit.

Die Terrassen und Balkons an den verschiedenen Stellen des Hauses sind so angebracht, daß sie je nach Tages- und Jahreszeit für Frische oder Wärme, für Licht oder Schatten, für herrlichen Fernblick oder für Waldnähe sorgen.

Auf seine besondere Art ist dieses weiße Haus, das so viel Sonne und Landschaft eingefangen hat, sehr menschlich. Es ist aber auch eine Provokation und eine Irritation zugleich: Es ist eben keines dieser banalen »Heimatstil«-Häuser, die überall um uns herum entstehen.

Baubeschreibung und Konstruktion

Das Gebäude ist als Mauerwerksbau mit massiven Stahlbetondecken erstellt. Alle Wände sind außen und innen glatt verputzt und weiß gestrichen.

375 Das Haus mit den weißen Wandflächen und transparenten Öffnungen in kleingegliederten Feldern – ein Kontrapunkt zur umgebenden Landschaft.

Die Fenster und Fassaden sind mit Isolierverglasung versehene und kunststoffbeschichtete (Farbe: weiß) Aluminiumprofile. Innentüren und Trennwände sind aus Holz und weiß gestrichen oder schwarz furniert.

Alle Geländer sind aus Stahl zusammengesetzte Konstruktionen, innen schwarz, außen silber gestrichen.

Die Bodenbeläge sind zum größten Teil aus italienischem Travertin. Nur das Galeriegeschoß und das Gästezimmer sind mit Velours-Teppich ausgelegt. Alle Bäder und Toiletten mit Keramikfliesen (Mittelmosaik). Farben der Beläge: Travertin hell-beige, Teppich braun-beige, Mosaik weiß-grau. Die Aluminium-Jalousien an der Außenfront der Fassaden sind auch weiß. Die Vorhänge im Innenraum sind aus Futterstoff (der eigentlich für Samtvorhänge verwendet wird), Farbe hellbraun-beige.

Heizung und Lüftung

Das Heizungssystem ist eine zentrale Warmwasserversorgung mit Ölfeuerung. In der »Bel Etage« ist zusätzlich eine Fußbodenheizung verlegt.

Die Lüftung findet auf natürlichem Wege statt (Fensterflügel und Türen).

Entwurf: Dipl.-Ing. Ante Josip von Kostelac

376 Viel Licht fällt durch große Glaswände und das
Oberlicht in die »Bel Etage«.

377 Die Isometrie zeigt das in sich geschlossene Gebäude, das
mit hohem Qualitätsanspruch – bis ins kleinste Detail – konzipiert
worden ist.

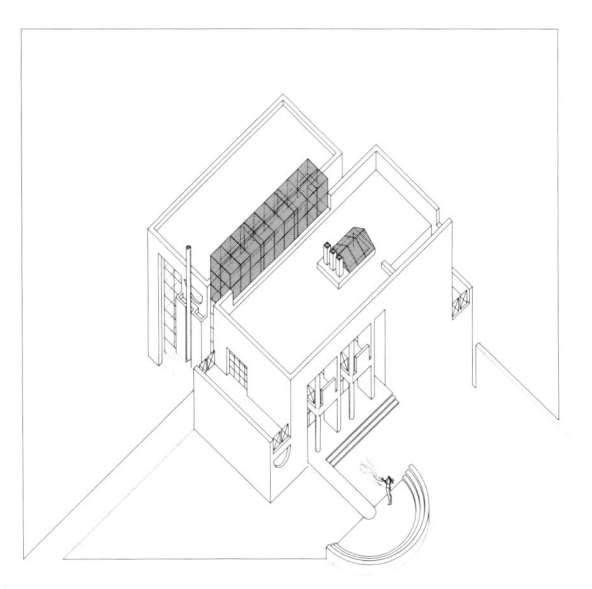

378 Der schmale Glasvorbau gibt dem Haus viel Helligkeit,
öffnet den Wohnraum zur Sonnenseite.

31
GLÄSERNE VERBINDUNG VON ZWEI HÄUSERN

Als Witterungsschutz für den Bereich zwischen den Häusern eines Altenheimes und von Altenwohnungen dienen Glasüberdeckungen. So haben die Bewohner die Möglichkeit, im Frühjahr und Herbst ihre Freiluftsaison zu verlängern, und auch bei Regen kann man »im Freien« bleiben.

Die Konstruktion der Laubengänge

Die Tragkonstruktion besteht aus Halbrahmen (2 × geknicktes Stahlrohr ∅ 44,5 mm mit Versteifungsblechen in den Knickpunkten). Die Befestigung erfolgt unten über ein Stegblech an die Stahlbetonkonsole des Laubenganges, oben auf den Dachsparren. Auf den Halbrahmen liegen zwei Pfetten (U 80), mit Aluminiumprofilen für die Verglasung. Hierfür wurde Verbundsicherheitsglas (8 mm) in Scheibengrößen von etwa 0,85 × 2,3 Meter genommen.

Die Konstruktion der Grünhäuser

Die Tragkonstruktion besteht aus Stahlträgern (IPE 140), die im First gelenkig miteinander verbunden sind, im Fußpunkt werden sie durch einen Zugstab (∅ 12 mm) gehalten. Im Abstand von 3,4 Metern stehen diese Träger auf Kastenprofilen (12 × 36 cm), die ihre Last auf Sparrenenden des angrenzenden Holz-Dachstuhles verteilen. Auf den Stahlträgern liegen auf jeder Seite des Daches drei Pfetten (IPE 100), auf denen die Aluminiumprofile der Verglasung befestigt sind. Sie besteht aus Verbundsicherheitsglas (8 mm) in Scheibengrößen von etwa 0,85 × 1,9 Meter.

Planung: Architekten Auer + Weber, Projektarchitekten Tobias Wulf, Ulf Decker

379   Der gläserne Laubengang reiht sich in die Dachform der beiden Häuser ein. In klarer Architektur (verzinkte Stahlkonstruktion) entsteht ein beschützender Freiraum.

380 Die Glasüberdeckung ist für diesen halböffentlichen Bereich Witterungsschutz. Es entstanden Gartenräume, die zum gemütlichen Plausch mit den Nachbarn oder zum Spaziergang einladen.

381 Grundriß Laubengang/Erdgeschoß ▽

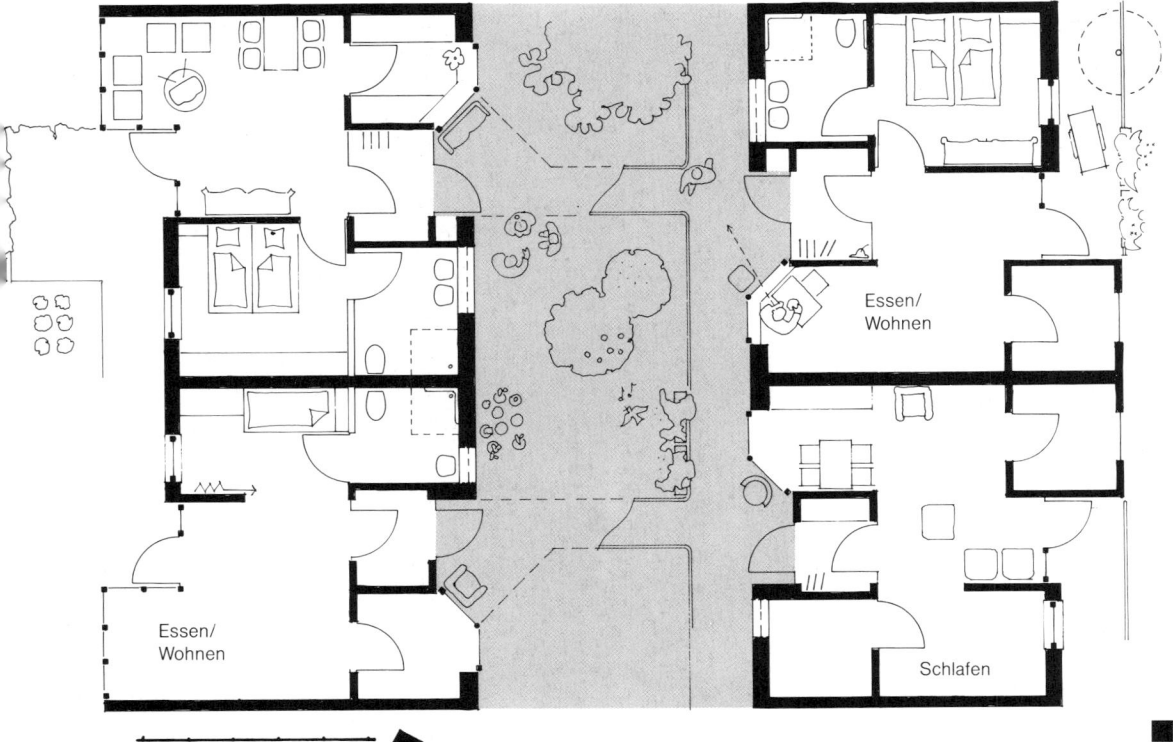

32
GESCHOSSWOHNUNGSBAU MIT VIELFÄLTIGEN NUTZUNGSMÖGLICHKEITEN

Architektonisches Konzept

Vor der gegliederten dreigeschossigen Fassade sind Wintergärten bzw. Terrassen vorgestellt. Die Wintergärten werden als Teil des Wohnbereichs oder als Eßplatz genutzt. Sie lassen sich ganzjährig bewohnen, können aber auch abgetrennt werden. Der Boden ist mit Klinker belegt.

Die Konstruktion

Die Konstruktion besteht aus einem Stahlbetongerüst mit eingehängten Fensterelementen (Kiefernholz). Stoffmarkisen und Innenvorhänge bewirken Sonnenschutz, gelüftet wird durch Fenstertüren.

Heizung

Eine Fußbodenheizung temperiert die Räume.

Kosten

Die Kosten betragen etwa 1200 DM pro Quadratmeter.

Planung: Werkgruppe Lahr

382 Glasanbauten prägen immer häufiger die Architektur von Mehrfamilienhäusern und des Geschoßwohnungsbaus. Hier ist die dreigeschossige Fassade durch vorgestellte Terrassen und Wintergartengerüste stark gegliedert. Die Öffnungen der Wohnungen sind nach Süd-Westen gerichtet, auf einen Park, der noch nicht angelegt ist. ▽

383 Ansicht der bewegt gestalteten Fassade. Die Wintergärten sind Teil des Wohnbereichs oder als Eßplatz im Wohnraum zu integrieren. Sie lassen sich aber auch durch eine Tür abtrennen. ▷

384 Grundriß Obergeschoß ▷

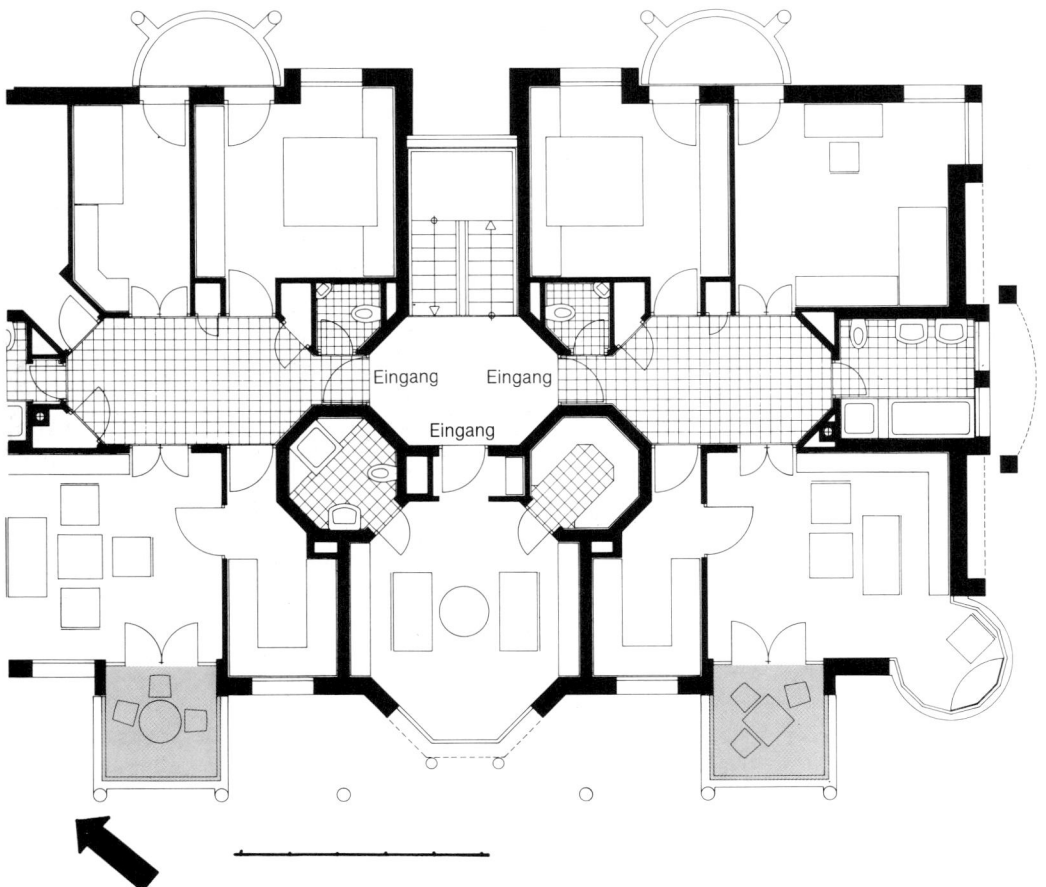

33

SONNENHÄUSER
AM FELSIGEN HANG

Das steile Hanggrundstück im Weserbergland konnte für den Bau von vier Reihenhäusern gut genutzt werden, weil die Baukörper leicht gestaffelt in das Gestein hineingebaut wurden.

Das Konzept

Die zweigeschossigen Häuser öffnen sich nur zur Sonnenseite, ihre Rückseite liegt geschützt im Felsen. Die Räume sind konsequent in Zonen gegliedert: Der Hauskern besteht aus massivem, wärmespeichernden Kalksandstein-Sichtmauerwerk und Beton in der Gebäudemitte. An mehreren Punkten sind außen Pufferräume angefügt. Diese transparenten Wintergärten aus Glas und Stahl stehen in einem belebenden Kontrast zu dem weißen Mauerwerk und dienen als Wärmefalle und Luftkollektor zur Gewinnung passiver Sonnenenergie. Je nach Nutzung (Erweiterung des Wohnraums oder Windfang) erfüllen sie eine Doppelfunktion. Um eine halbe Geschoßhöhe versetzt liegt auf der Nordseite ein weiterer Wintergarten, der von Küche und Eßraum umgeben ist. Eine große Glaskuppel, über die auch entlüftet

werden kann, sorgt hier für ausreichende Helligkeit. Die Glasschiebetüren, im Sommer geöffnet, werden im Winter geschlossen und lassen diesen hellen Raum zum Gewächshaus werden. Im Obergeschoß liegen das Bad und die Schlafräume. Von dieser Etage führt eine innenliegende Treppe auf den Dachgarten, der auf dem gewölbten Dach angelegt wurde. Die Erdschicht und Pflanzen verringern den Wärmeverlust und tragen dazu bei, die Häuser gut in die vorhandene Begrünung einzufügen.

Verglasung, Sonnenschutz und Lüftung

Die weißlackierte Stahlkonstruktion der Klimapuffer ist außen isolierverglast. Die Trennscheiben zu den Wohnräumen bestehen aus Einfachverglasung. Lamellenstores und Markisen schützen die Bewohner vor zuviel Sonne und reduzieren die Wärmeverluste im Winter. Türen, Lüftungsklappen und -luken bewirken eine gute Querlüftung.

385   Die transparente Fassade der vier Reihenhäuser zeigt die Möglichkeiten auf, Sonnenenergie zu nutzen und dabei mehr Abwechslung in die Architektur zu bringen und mehr Spaß am Wohnen zu haben. ▽

386 Die Eingangsbereiche sind beliebte Freiräume, in denen nachbarliche Beziehungen gepflegt werden können.

387 Grundriß Erdgeschoß ▽

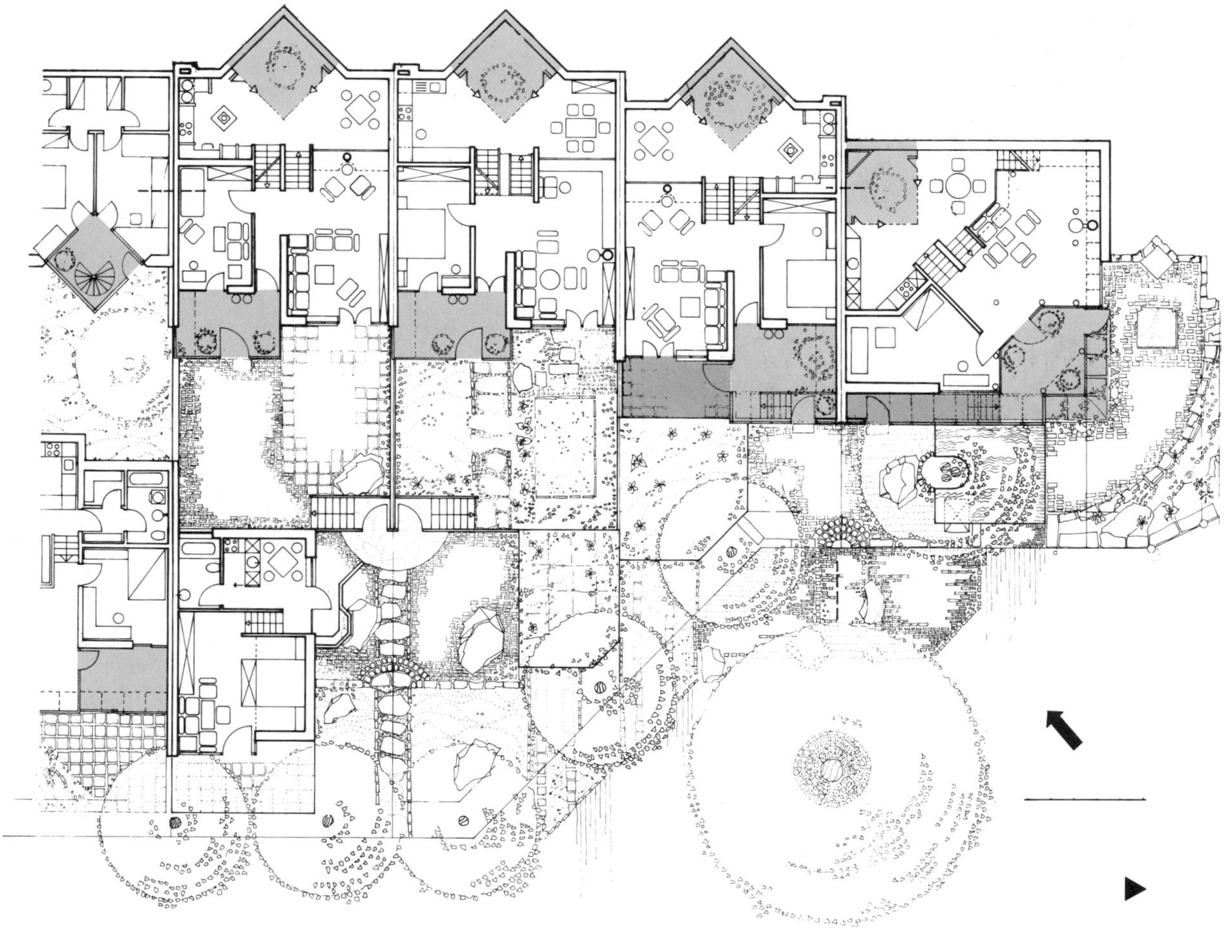

388   Im ganzen Haus und im eng begrenzten Außenraum gibt es zahlreiche Plätze und Räume mit ganz unterschiedlichen Stimmungen. ▷

Heizung

Fußbodenheizung in Verbindung mit Luft-Wasser-Wärmepumpe; Luftzirkulation, wobei die warme Luft oben abgesaugt und in kühlere Räume geleitet wird.

Kosten

Die Kosten für 150 qm Wohnfläche betragen etwa 230 000 DM.

Planung: Architektur-Stadtplanung Dr. Schneider & Lauter, Mitarbeit: B. Kreykenbohm

389   Sommerleben auf einer von vielen Sonnenterrassen. Im Winter werden die Türen nur bei Bedarf geöffnet. Vorne zwei Lüftungsschlitze, die für geregelten Luftaustausch sorgen. ▽

DIE PFLANZEN IM WINTERGARTEN

GRÜNPLANUNGSPHASE

390 Pflanzen schaffen ein Ambiente zum Wohlfühlen, filtern dezent das Sonnenlicht im Sommer, aber lassen es im Winter herein, erfreuen die Bewohner mit duftenden Blüten, aromatischen Blättern und exotischen Früchten, verbessern das Klima und produzieren Sauerstoff.

Das Einbeziehen von Pflanzen in das Wohnumfeld, der pflegliche Umgang mit ihnen, die Erkenntnis der lebensnotwendigen Wechselbeziehung und ihre Respektierung sind Grundlage für eine humane Architektur. Wer einen Wintergarten als Bauherr, Architekt oder ausführende Firma plant, kann seinen Beitrag dazu leisten. Aber das Grün darf schon bei der Planung nicht übergangen werden. Sonst bleibt nur noch Platz für eine Yuccapalme oder einen Oleander, der zur Einweihung geschenkt wurde. Die Chance, Wohn- und Arbeitsbereiche zu den Pflanzen zu legen, darf nicht vertan werden.

391 *Wichtige Regel- und Kontrollgeräte: Automatischer Temperaturregler mit lichtgesteuerter Nachtabsenkung; automatischer Bodentemperaturregler; automatischer Feuchteregler; Minima-Maxima-Thermometer; Hygrometer.*

Planung der Innen- und Außenbepflanzung

Der harmonische Übergang zwischen dem Drinnen und Draußen sollte ein wesentlicher Bestandteil der Planung sein. Gartenarchitekten sind dafür diejenigen Fachleute, die Erfahrung bei der Verwendung von Materialien für Boden, Mauern oder Wände besitzen, sich im Umgang mit Pflanzen auskennen und für die Gestaltung von Sitzplätzen, Wegen, Teichen, Pergolen oder Spalieren und auch für die Beleuchtung zuständig sind.

Die Anlage großflächiger Beete sollte Vorrang vor der Gestaltung mit einzelnen Töpfen haben. Freistehende Bananen oder Palmen können zwar nach Wunsch gerückt werden, um mal als Blickfang an anderer Stelle zu wirken, aber dies steht nicht im Einklang mit dem Wunsch nach Nähe zur Natur. In Töpfen bleiben die Pflanzen äußerst dekorative Solitärs, die zugegebenermaßen durchaus gefallen können. Oftmals dienen solche Glashäuser auch mehr als »Orangerie«, in der kälteempfindliche Kübelpflanzen im Winter untergestellt werden. Für manche Glasanbauten kommt auch eine Mischung aus Beetbepflanzung und Töpfen in Frage.

Glasanbauten, deren Böden ganzflächig mit Platten, Pflastersteinen oder Holzrosten belegt sind, besitzen mehr die Atmosphäre eines Wohnraumes oder eines überdachten Atriumhofes. Eine optisch gute Anbindung an die dahinterliegende Terrasse oder an Beete gelingt nicht immer.

Die »Grüne Solararchitektur« empfiehlt z. B. für ein Glashaus, in dem Platz genug ist für alle wichtigen Funktionen, für Menschen und Pflanzen gleichermaßen, eine Mindestgröße von 100 qm. Davon wird ein Drittel als reine Pflanzfläche vorgesehen. Wer nicht soviel Fläche zur Verfügung hat, sollte sich dennoch an dieses Verhältnis von Wege- und Pflanzflächen halten. Oftmals bietet sich auch die schräge Frontseite für eine Bepflanzung an, weil sie nicht genügend Stehhöhe aufweist. Gerade hier ist eine gute Kombination der Innen- und Außenpflanzen notwendig.

Kletterpflanzen, die sich in ihrer Blattstruktur oder Blütenfarbe ähneln, sind gut aufeinander abzustimmen, wie auch Gehölze, Stauden und Gräser. Eine Wiederholung von Pflanzenarten wirkt hier ebenso positiv wie die Beschränkung der Materialien am Bau auf eine möglichst geringe Anzahl. Zu einem einheitlichen Bild wachsen Wintergarten und der natürliche Gartenfreiraum zusammen, wenn sie z. B. durch Kieselflächen (Steingrößen etwa 3 bis 10 cm und auch größer) verbunden sind, welche außen mit Rosen, Gräsern und Stauden und einjährigen Blumen bepflanzt werden können; auf der Innenseite könnten Bleiwurz, Bambusgras und Jasmin stehen.

DIE PFLANZENAUSWAHL

Zum schwierigsten Abschnitt in der Grünplanungsphase gehört ohne Zweifel die Wahl der Pflanzen. Wer die Gewächse nur nach ihrem Aussehen beurteilt, kann schnell eine Enttäuschung erleben. Wie sie in dem Glashausklima gedeihen, hängt davon ab, ob sie den Temperaturschwankungen im Sommer gewachsen sind, die nur unter großem technischen und finanziel-

◁ *392 Sommergrüne Kletterpflanzen bewirken einen idealen Sonnenschutz: Feuerbohnen und Schlangengurken bringen unter Glas reichere Ernte.*

393 Zum Beranken der Wände, wenn sie nicht als Speicherflächen gebraucht werden, bietet sich Jasmin an. Der Blütenduft nur einer einzigen Pflanze erfüllt den ganzen Wintergarten.

len Aufwand zu vermeiden sind. Wie im Kapitel »Die Begriffe« (Seite 22) bereits angesprochen wurde, sind im allgemeinen vier Klimazonen zu unterscheiden: Das unbeheizte und das beheizte Kalthaus, das temperierte Gewächshaus und das Warmhaus. Während sich das unbeheizte Haus für frostunempfindliche Gewächse, aber auch für die Anzucht von Kräutern und Gemüse eignet, das temperierte und das Warmhaus eher für die »normalen« Zimmerpflanzen wie auch für empfindliche Orchideen, findet das beheizte Glashaus mit einer Mindesttemperatur im Winter von 5 Grad die breiteste Verwendung. Es ist günstig in der Energieeinsparung und hat große klimatische Vorteile, weil es fast ganzjährig genutzt werden kann. Hier gedeiht die gesamte Flora des Mittelmeeres, sowie viele andere Pflanzen aus hoch gelegenen Tropengebieten.

Die Auswahl der Pflanzen sollte eine belebende Vielfalt besitzen. Zum Beispiel laubabwerfende Kletterpflanzen zur Südseite, im mittleren Glashausbereich höhere Gewächse mit filigranem, immergrünem Laub, wie Olivenbaum. Im hinteren Bereich zum Kernhaus sollten schließlich immergrüne Gehölze mit größeren Blättern für eine gute Assimilation (also Aufnahme von CO_2

und Abgabe von Sauerstoff) sorgen. Unter diesen Bäumen und Sträuchern werden bodendeckende Pflanzen, wie Kletterficus, gesetzt, die ebenfalls den Sauerstoffgehalt verbessern und die Erdschicht nicht so schnell austrocknen lassen. Eine gute Mischung von Pflanzen umfaßt sowohl laubabwerfende als auch immergrüne Gewächse, solche mit baum- oder buschartigem Wuchs, Blüten- und Blattpflanzen und nicht zu vergessen die vielen Arten mit duftenden Blüten und Blättern. Die Pflanzenvielfalt ist auch ein Garant für einen geringen Befall durch Schädlinge. Der Bildteil (S. 217 ff.) bietet eine breite Palette von Pflanzen, die in diesem Gewächshausklima gedeihen. Gewiß gibt es hier keine starren Regeln. So sind die Wünsche an Helligkeit, Raumfeuchte und Temperaturen im Winter durchaus etwas verschieden. Es hängt von dem Kleinklima des Wintergartens ab, wie weit abweichende Temperaturen vertragen werden. So kann zum Beispiel die häufig genannte Mindesttemperatur im Winter von + 5 Grad C vorübergehend unterschritten werden, ohne daß viele Pflanzen darunter leiden. Auch Frost überstehen Lorbeerbaum, Brautmyrte und sogar manche Orchideen, wenn sie windgeschützt im Glashaus stehen.

394 Wasser im Gewächshaus hat große Reize. Hier im Tropenhaus in Kew-Garden grünt und blüht es in exotischer Fülle.

Wer im Glashaus auf eine schöne »Gartengestaltung« verzichten möchte, wird sich mehr für die Anlage von Beeten interessieren, wie sie sich in Gewächshäusern bewährt haben. Salat, Kräuter, Kakteen oder tropische Orchideen können mit großem Erfolg gedeihen. Doch ist bei der Auswahl solcher Gewächse stets an die notwendige Pflege von Blumen und Gemüse zu denken, vor allem während der Urlaubszeit. Durch Pflanzen können sich in ungewohntem Maße Schädlinge und Pilzkrankheiten ausbreiten. Besonders häufig treten sie auf, wenn die Gewächse einen ungünstigen Standort haben oder nicht die richtige Pflege erhalten. Unabhängig davon sind solche lästigen Schädigungen nicht völlig auszuschließen. Manche Pflanzen sind sehr anfällig dafür, andere weniger.

WASSERGARTEN IM WINTERGARTEN

Brunnen und Teiche spielen in der Gartenarchitektur eine bedeutende Rolle. Schließlich stellt Wasser im Garten in jeder Beziehung ein belebendes Element dar. Das ist auch im Glashaus kaum anders. Hier entsteht allerdings durch die Verdunstung des Wassers eine besonders hohe Luftfeuchtigkeit. Ob sie gewünscht und vertretbar ist, muß im einzelnen geprüft werden.
Neben dem Reiz einer sich spiegelnden Oberfläche dient Wasser auch als Wärmespeicher. Besonders in Verbindung mit schweren Steinen (Findlingen) lassen sich sogar kleine Bachläufe inszenieren, die einen hohen Grad an Speicherfähigkeit besitzen. Wegen der zu erwartenden Luftfeuchtigkeit sollte der Bachlauf oder ein Wasserspiel nicht allzu stürmisch verlaufen, sondern lieber gemächlich. Flache Teiche sind auch ein idealer Standort für zahlreiche Pflanzen, allen voran Zypergras und Papyrus. Übrigens erhöht ein Außenteich, unmittelbar vor dem Glashaus gelegen, auch die Ausbeute an passiver Solarenergie, wobei besonders die auf der Wasseroberfläche reflektierten Sonnenstrahlen genutzt werden, und wirkt als Regulator des Kleinklimas.

395 Papyrusgras gedeiht in dem flachen Teich bei guten Lichtverhältnissen. Von dem Glassteg im Vordergrund läßt sich der Teich aus der Nähe betrachten.

396 Abwechslungsreiche Bepflanzung aus Solitär- und niedrigen Pflanzen (Log ID).

BEISPIELHAFTE BEPFLANZUNG EINES WINTERGARTENS

397 Anhand des Bepflanzungsplanes und der Pflanzenliste ist genauer abzulesen, wie der Wintergarten bepflanzt wurde. Es handelt sich um einen Anbau, der im Winter bei minimal 5 Grad gehalten wird. Im Sommer wird der Wintergarten nur be- und entlüftet, aber nicht beschattet.

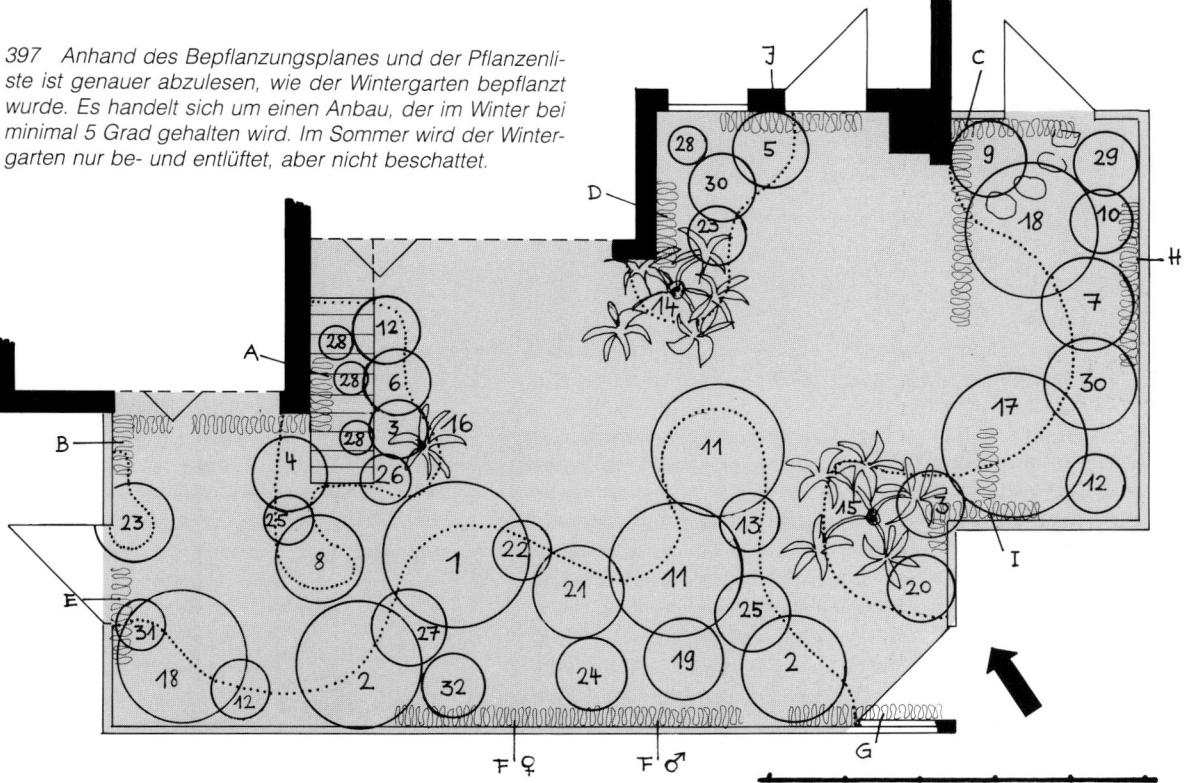

Die Pflanzen, Bäume und Sträucher:

1 Jap. Wollmispel – *Eriobotrya japonica*
2 Obstfeige (rotfleischig) – *Ficus carica*
3 Mimosenakazie – *Acacia dealbata*
4 Akazie – *Acacia saligna*
5 Eukalyptus – *Eucalyptus globulus*
6 Eukalyptus – *Eucalyptus cinerea*
7 Brasilianische Guajave – *Acca sellowiana*
8 Lorbeer – *Laurus nobilis*
9 Kampfer – *Cinnamomum camphora*
10 Peruanischer Pfeffer – *Schinus molle*
11 Kaki – *Diospyros kaki*
11a Pollenspender – *Diospyros*
12 Japanische Klebsame – *Pittosporum tobira*
13 *Osmanthus fragrans*
14 Hanfpalme – *Trachycarpus fortunei*
15 Zwergpalme – *Chamaerops humilis*
16 Neuseeländischer Drachenbaum – *Dracaena indivisa*

17 Engelstrompete – *Datura aurea*
18 Zimmerlinde – *Sparmannia africana*
19 Johannisbrot – *Ceratonia siliqua*
20 Granatapfel – *Punica granatum*
21 Zitrone – *Citrus limon*
22 Orange – *Citrus sinensis*
23 Australische Silbereiche – *Grevillea robusta*
24 Bleiwurz – *Plumbago auriculata*
25 Mastix – *Pistacia lentiscus*
26 Rosmarin – *Rosmarinus officinalis*
27 Brautmyrte – *Myrtus communis*
28 Aralie – *Fatsia japonica*
29 Mittelmeerschneeball – *Viburnum tinus*
30 Zylinderputzer – *Callistemon lanceolatum*
31 Zistrose – *Cistus creticus*
32 Kap-Bignonie – *Tecomaria capensis*

Kletterpflanzen

A Maracuja, Passionsfrucht – *Passiflora edulis*

B Passionsblume – *Passiflora caerulea*
C Kletterjasmin – *Jasminum polyanthum*
D Kletterbignonie – *Bignonia tweedii*
E *Bignonia ricasoliana*
F Kiwi – *Actinidia sinensis*
G Strauchjasmin – *Jasminum mesnyi*
H *Jasminum beesianum*
I Weintraube (weiß) – *Vitis vinifera*

Bodendecker

Efeu – *Hedera helix »Sagittifolia«* (16 Pflanzen pro qm)
Kletterficus – *Ficus pumila* (10 Pflanzen pro qm)
Frauenhaargras – *Scirpus cernuus* (9 Pflanzen pro qm)
Simse – *Carex brunnae »Variegata«* (12 Pflanzen pro qm)
Bubikopf – *Soleirolia soleirolii* (16 Pflanzen pro qm)
(Planung: Log ID)

398   *Gute Mischung: Vorn ins Beet gesetzte Pflanzen, dahinter einzelne Töpfe, die öfter ihren Platz wechseln, um eine andere Wirkung zu schaffen. Vorn: Kalla, hinten: eine Banane.* ▷

▽ 399   *Margeritenbusch, Birkenfeige und Zypergras beleben den Wintergarten, lassen ihn zu einer Terrasse, einem Freisitz (mit Wohnatmosphäre) unter Glas werden. Die Pflege der einzelnen Töpfe macht täglichen Aufwand nötig.*

Erd- oder Hydropflanzen?

Ohne Zweifel bietet die Erdbepflanzung das breiteste Spektrum. Vielseitig lassen sich in Erde, wenn auch verschiedener Zusammensetzung, dekoratives Grün, Blütenpflanzen wie auch Gewächse mit eßbaren Früchten, z. B. Tomaten, setzen; ob Kalt- oder Warmhauspflanzen, einjährige oder immergrüne. Das Sortiment an Hydrokulturpflanzen ist dagegen weitaus spärlicher. Vorwiegend tropische Gewächse für Glashäuser mit normalen »Wohntemperaturen« zwischen 18 und 25 Grad werden in Hydrokultur angeboten. Ihr nicht zu bestreitender Vorteil ist der geringe Pflegeaufwand: Sie brauchen nur etwa alle zwei bis drei Wochen eine Ergänzung des Wasserreservoirs. Hydropflanzen können in Einzelgefäße gestellt, aber ebenso auch in größere Kästen oder Beete gesetzt werden.

Nach einem ähnlichen Prinzip funktionieren andere halbautomatische Pflanzsysteme. Sie verfügen wie auch die Hydrokultur über einen Wassertank, aus dem sich der Bewuchs die notwendige Feuchtigkeit selbst holt. Solche Anlagen erfordern stets einen höheren Aufwand, wie wasserdichte Gefäße oder sorgfältig abgedichtete große Kästen oder Beete, bei denen die Gesamthöhe wegen des Wassertanks um etwa 10 cm höher ist als bei einem vergleichbaren Gefäß.

400   *Bodendeckende Pflanzen, wie draußen im Garten, sind Bestandteil einer großzügigen Grünplanung. Hier wechseln sich Kletterficus, Bubiköpfchen und Efeu ab (siehe Abb. 397).* ▽

Wer seinen Wintergarten in zwei verschiedene Klimabereiche zoniert, kann sich im tropischen Teil die Vorteile der Hydro- oder halbautomatischen Systeme zunutze machen, und im kühleren Bereich sich an der Vielfalt der »erdgewachsenen« Pflanzen erfreuen.

AGAVE
Agave americana »Marginata«

Sie gehört zu den Sukkulenten und speichert ähnlich wie Kakteen und andere Dickblattgewächse das Wasser in ihren Blättern. Sie kann bis zu drei Meter Durchmesser erreichen.
Standort: Hell und luftig, aber nicht unbedingt sonnig, sie verträgt kurze Zeit Frost um − 5 Grad.
Pflege: Der Wasserbedarf ist gering, deshalb eher zu wenig gießen als zuviel. Gelegentlich düngen (höchstens alle 4 bis 6 Wochen). Vorsicht: Die in sehr spitze Dornen auslaufenden Blätter können leicht ins »Auge gehen«. Eventuell abschneiden.

DIE PFLANZEN

Eine Auswahl der schönsten Pflanzen für beheizte und unbeheizte Glashäuser und Wintergärten. Alle Grün- und Blütengewächse werden als Pflanzen in Erdsubstrat angeboten. Einige von ihnen auch in pflegeleichter Hydrokultur wie Drachenbaum, Philodendron und Strahlenaralie, die darin besonders gut gedeihen. Die Angaben über ihr Aussehen, den Standort und die Pflege geben Hinweise für eine richtige Verwendung.

AKAZIE
Acacia dealbata

Auch wenn diese Pflanze meist Mimose genannt wird, handelt es sich um die echte Akazie. Ihre Blütezeit liegt im zeitigen Frühjahr (März).
Standort: Hell und sonnig liebt es die Akazie, die in Südfrankreich frei wächst. Im Winter verträgt sie Temperaturen um 5 Grad.
Pflege: Normal gießen, aber eher zu wenig als zuviel. Im Winter eine Ruhepause einhalten. Rückschnitt verträgt sie gut, am besten nach der Blüte.

AKAZIE
Acacia saligna

Ebenfalls mit einer Mimose zu verwechseln ist diese Akazie mit den herrlichen Blüten und strauchartigem Wuchs.
Standort: Hell (vor allem im Winter) und kühl mit Temperaturen um 0 bis 5 Grad.
Pflege: Nicht zu reichlich gießen, aber der Erdballen darf keinesfalls ganz austrocknen. Dann ist die Pflanze verloren. Die geringe Anfälligkeit für Schädlinge und Krankheiten läßt sie im Wintergarten meist üppig werden.

ALLAMANDA
Allamanda cathartica

Die Kletterpflanze stammt aus Südamerika, wächst wie ein Wein und kann bis zu 9 Meter hoch werden. Die hübschen Blüten erscheinen vom Frühjahr bis zum Herbst. Vorsicht: Der Milchsaft ist giftig.
Standort: An einem hellen Platz mit hoher Luftfeuchtigkeit fühlt sie sich wohl. Die Bodenwärme sollte um 20 Grad betragen.
Pflege: Wegen des stürmischen Wachstums reichlich gießen und düngen. Im Winter hält sie eine Ruhepause (wenig Wasser, nicht düngen). Kann zu einem Busch geschnitten werden.

BAMBUS
Pseudosasa japonica (Jap.: Metake)

Von den Bambusgräsern eignen sich sehr viele Arten. Neben dem Pseudosasa, der vier bis sechs Meter hoch wird, kommt auch Phyllostachys in Frage. Nach der sehr seltenen, recht unscheinbaren Blüte wird Bambus unansehnlich.
Standort: Hell, und kühl im Winter (verträgt auch Frost). Erfüllt hier die Funktion als Schattenspender bei der Nachmittagssonne und als Ballfang beim Fußballspielen.
Pflege: Reichlich wässern (vorwiegend während des Austriebs im Frühjahr und Sommer, im Winter weniger gießen).

BANANE (Zwergbanane)
Musa nana

Die breiten Blätter des Tropengewächses sind sehr dekorativ. Schon im ersten Jahr kann die Pflanze gut 1 Meter hoch werden. Später wird sie oft zu groß.
Standort: Hell und warm; im Winter sind 10 bis 15 Grad günstig.
Pflege: Reichlich Wasser und Dünger, entsprechend dem üppigen Wuchs. Im Winter weniger, damit sie nicht weiterwächst. Spinnmilben (durchscheinende Punkte auf den Blättern), Pilzkrankheiten und Fäulnis entstehen bei schlechter Pflege und ungünstigem Standort. Übrigens lassen sich Zierbananen gut aus Samen ziehen.

BIRKENFEIGE
Ficus benjamina

Der kleinblättrige Gummibaum ähnelt als größere Pflanze einer Birke. Wird er einmal zu groß, kann er leicht beschnitten werden.
Standort: Das unkomplizierte, immergrüne Gewächs stellt keine großen Ansprüche. Hell, aber nicht zu sonnig sollte es sein. Im Winter sind Temperaturen um 15–18 Grad günstig, um weiteres Wachstum zu unterbinden.
Pflege: Normal gießen, und im Frühling und Sommer alle zwei Wochen düngen.
Bei zu warmer, trockener Luft tritt der Schädling Rote Spinne auf. Auch Schildläuse können lästig werden.

BLEIWURZ
Plumbago auriculata

Da die Zweige der beliebten »Kübelpflanze« mit den himmelblauen Blüten sehr leicht abbrechen, ist ihr Platz unter Glas ideal. Sie wächst sehr schnell, aber kann immer wieder zurückgeschnitten werden. Sie blüht laufend bis in den Herbst.
Standort: Hell und kühl, im Sommer kann sie draußen stehen. Sie verträgt leichten Frost.
Pflege: Reichliche Wassergaben und alle zwei Wochen Dünger (Blütendünger) garantieren eine attraktive Pflanze. Im Winter trockener halten (Ruhezeit).

BOUGAINVILLEA
Bougainvillea glabra

Die tropische Kletterpflanze ist vielen von Reisen in südliche Länder bekannt. Als Zimmerpflanze ist sie schwieriger zu halten als im Wintergarten. Hier gedeiht sie gut, wobei die gezeigte Art meist das Laub im Herbst abwirft. Neue Züchtungen mit größeren Blüten, d. h. farbigen Hochblättern und anderen Farben, wie Orange, behalten ihre grünen Blätter.
Standort: Hell und sonnig. Im Winter sind 5 bis 10 Grad günstig.
Pflege: In der Wachstumszeit reichlich Wasser geben und im Winter trockener halten. Nach dem Rückschnitt treibt sie schnell aus.

BROMELIE
Guzmania-Hybride (s. Abb.)

Unter den Ananasgewächsen, den Bromelien, gibt es viele Pflanzen, die sich wie die Guzmanie für einen ganzjährig bewohnbaren Wintergarten eignen. Aus der wasserspeichernden Trichterrosette entwickeln sich die feurigen Blütenrispen.
Standort: Wärme und Luftfeuchtigkeit sind an einem hellen bis halbschattigen Platz notwendig. Im Winter sollte die Temperatur bei mindestens 18 Grad liegen.
Pflege: Regelmäßig und reichlich gießen; die Trichteröffnung (Zisterne) sollte stets mit etwas Wasser gefüllt sein; vorsichtig düngen (eher zu wenig).

BUBIKÖPFCHEN
Soleirolia soleirolii

Als Zier- und Zimmerpflänzchen ist die Grünpflanze sehr beliebt. Sie bewährt sich aber auch als problemloser Bodendecker. Sie bewurzelt sich schnell, wenn man einige Triebe in die Erde steckt, andrückt und gießt.
Standort: Hell bis leicht schattig, bei normalen Temperaturen. Im Winter kann es kühl sein (5 Grad), wenn das Bubiköpfchen sehr trocken gehalten wird.
Pflege: Gleichmäßig gießen, aber Staunässe vermeiden; in der Wachstumszeit düngen. Pflanzen können beliebig oft geteilt oder gestutzt werden.

CHRISTUSDORN
Euphorbia milii

Die hohe Zeit der leuchtend roten oder gelben Blüten (eigentlich Hochblätter) ist das Frühjahr. Bei guter Pflege erscheinen sie fast während des ganzen Jahres. Die sehr stark bedornte Pflanze, die gut 1,5 Meter hoch wird, ist eine Übergangsform von Blattpflanze und Sukkulente.
Standort: Verträgt viel Licht und trockene Luft. Auch im Winter warm stellen, obwohl sie dann auch mit 15 Grad zufrieden ist.
Pflege: Wenig gießen, aber im Sommer braucht sie etwas häufiger Wassergaben. Vorsicht vor stauender Nässe.

CROTON
Codiaeum variegatum pictum

Wunderstrauch wird das indische Gewächs genannt, das durch seine vielfältigen Blattformen und -farben auffällt. Als Zimmerpflanze erreicht sie höchstens 50 cm Höhe. Im Glashaus kann sie gut 2 Meter hoch werden.
Standort: Sehr hell und sogar sonnig sollte ihr Platz sein. Wintertemperaturen nicht unter 15 Grad.
Pflege: Im Frühjahr und Sommer braucht der Croton recht viel Wasser. Im Winter trockener halten. Gelegentlich im Sommer etwas düngen. Ein häufiger Schädling ist die Rote Spinne.

DATTELPALME
Phoenix canariensis

Neben dieser bekannten Art empfiehlt sich auch Phoenix roebelenii mit grazileren Wedeln. Phönixpalmen sind dekorative Solitärpflanzen, die frei stehen müssen.
Standort: Hell, sonnig und warm, im Sommer auch draußen; im Winter 5 bis 10 Grad.
Pflege: Normal gießen und wenig düngen; im Winter Ruhezeit einhalten und sparsam gießen.

DRACHENBAUM
Dracaena indivisa

Dekorative Grünpflanzen, die je nach Art auch gestreifte und mehrfarbige Blätter haben.
Standort: Ein heller Platz ohne direkte Sonne ist am besten. Allerdings braucht der Drachenbaum in den Wintermonaten sehr viel Licht. Der Wärmebedarf ist nicht sehr groß (im Winter genügen etwa 10 Grad).
Pflege: Von Frühjahr bis Spätsommer wird reichlich gegossen. Im Herbst und Winter ist eine Ruhezeit mit geringeren Wassermengen notwendig. Gedüngt wird normal.

DRACHENBAUM
Dracaena marginata

Dieser Drachenbaum, von dem es weitere Sorten gibt, wird 2 bis 3 Meter hoch. Neben seinem interessanten Wuchs und dem zierlichen Stamm ist er recht pflegeleicht.
Standort: Hell, aber nicht in die pralle Mittagshitze im Sommer plazieren. Verträgt auch erhöhte Luftfeuchtigkeit.
Pflege: Viel Wasser während der Wachstumszeit geben, aber Staunässe vermeiden. Von April bis September braucht der Drachenbaum etwas Dünger. Wenn die unteren Blätter abfallen, handelt es sich um einen normalen Vorgang, denn so entsteht der Stamm.

DREHFRUCHT
Streptocarpus-Hybride

In den Sommermonaten ist die sogenannte Langtagpflanze aus Südafrika ein Dauerblüher. Sie kann, wie auch die Primel, zu Hautreizungen führen.
Standort: Hell, aber direkte Sonne vermeiden. Günstig ist auch der leichte Schatten von Laubbäumen oder einer Markise während der Mittagshitze. Im Winter hält die Drehfrucht bei etwa 12 bis 15 Grad eine Ruhezeit.
Pflege: Reichlich gießen und ab und zu im Sommer düngen. Im Winter sparsam gießen und nicht düngen. Die Erde sollte Lauberde, Torf und groben Sand enthalten.

DREIMASTERBLUME
Tradescantia albiflora

Eine der dankbarsten und vielleicht auch unauffälligsten Pflanzen ist die weißblühende Tradescantia. Attraktiver sind andere Arten und Sorten mit andersfarbigen und auch gestreiften Blättern. Hübsch als bodendeckende Stauden in Beeten.
Standort: Sie braucht einen nicht zu hellen Platz, die grünblättrige Tradescantia verträgt recht viel Schatten. Im Winter wären 12 Grad ideal, sie überwintert auch bei nur 5 Grad.
Pflege: Reichliche Wassergaben, aber nur in der Wachstumszeit; sparsam mit dem Dünger sein. Werden die Pflanzen häßlich, kann man sie stutzen und aus Stecklingen neue Pflänzchen ziehen.

Efeu
Hedera helix canariensis

Unter den Efeuarten, die ja meist draußen wachsen und frosthart sind, macht diese eine Ausnahme. Die Kletterpflanze braucht etwas mehr Wärme als die anderen.
Standort: Ein lichter Platz zwischen höheren Stauden und Sträuchern, die auch etwas Sonnenlicht hindurchlassen, ist ideal. Die Temperaturen sollten bei 12 bis 15 Grad liegen. Bei zuviel Wärme treten Schädlinge auf.
Pflege: Reichlich gießen, das heißt, der Wurzelballen darf niemals trocken werden. Im Winter wird das Gießen deutlich eingeschränkt.

ENGELSTROMPETE
Datura aurea

Zu den schönsten Blütenpflanzen gehören diese Kübelpflanzen mit dem riesigen, oftmals am Abend stark duftenden Flor, der vom zeitigen Frühjahr bis zum Herbst erscheint. Es gibt stark wachsende Arten, die 4 Meter hoch werden, aber auch niedrig bleibende. Die Blütenfarben sind weiß, gelb oder orange.
Standort: Hell und sonnig; im Sommer auch draußen; im Winter genügen Temperaturen um 5 Grad.
Pflege: Reichlich wässern, im Sommer eventuell zweimal täglich und regelmäßig in der Wachstumszeit düngen. Rückschnitt nur, wenn die Pflanze zu groß geworden ist. Blattläuse und Spinnmilben treten häufig auf.

ERDBEERBAUM
Arbustus unedo

Die robuste Pflanze besitzt alle guten Eigenschaften für eine Bepflanzung unter Glas. Ihre Blüten und leuchtenden Früchte, die von Herbst bis Frühjahr gleichzeitig an dem Strauch sitzen, sind sehr dekorativ zwischen dem immergrünen Laub. Die Früchte sind nicht genießbar.
Standort: Hell und sonnig, aber auch schattig. Hohe Temperaturen werden im Sommer ohne weiteres vertragen und auch Frost im Winter.
Pflege: Der Wasserbedarf ist groß, also normal gießen, und im Winter eine Ruhepause einhalten.

EUKALYPTUS
Eucalyptus globulus

Wegen seiner gesunden, farbigen Belaubung und dem üppigen Wachstum erfreut sich der australische Baum großer Beliebtheit. Er eignet sich aber nur für hohe, zweigeschossige Wintergärten, wo er durch häufigen Rückschnitt in Form gehalten werden kann. Hübsch ist auch der Silberdollar-Eukalyptus, E. cinerea.
Standort: Hell und sonnig als Solitärbaum; im Winter verträgt er Temperaturen bis 0 Grad.
Pflege: Normal gießen und im Winter eine Ruhepause einhalten. Schädlinge sind kaum zu befürchten.

FEIGE
Ficus carica

Die Obst- oder Echte Feige ist ein ideales Gewächs für das Glashaus. Die saftigen Früchte sind sehr schmackhaft, im Herbst werden die gefingerten Blätter abgeworfen.
Standort: Hell und sonnig. Im Winter verträgt die Feige vorübergehend auch Frost.
Pflege: Normal gießen und gelegentlich düngen; im Winter muß eine Ruhezeit eingehalten werden, in der wenig gegossen und gar nicht gedüngt wird. Gelegentlich wird sie von Läusen und Spinnmilben befallen. Gefährlicher ist eine Krankheit, bei der sich die Rinde verfärbt und die Pflanze eingeht.

FEIGENKAKTUS
Opuntia ficus indica

Unter den Opuntien gibt es verschiedene Wuchsarten. Sie wachsen als Säule, zylinder- oder scheibenförmig mit dornenbesetzten Gliedern. Diese Kakteen können ins Beet gepflanzt oder einzeln in Töpfen gehalten werden.
Standort: Hell und sonnig; im Winter genügt eine Temperatur zwischen 5 und 10 Grad.
Pflege: Normal gießen, eher etwas weniger. Im Winter nur so viel wässern, daß die Erde nicht ganz austrocknet. Wasserspritzer auf den »Gliedern« verursachen braune Flecken. Gelegentlich treten Schmierläuse auf.

FISCHSCHWANZPALME
Caryota mitis

Die gefiederten Blätter erinnern an Fischschwanzflossen, daher der ungewöhnliche Name für die Palme, die gut 5 Meter hoch werden kann.
Standort: Warm und sonnig, im Winter mindestens 16 Grad.
Pflege: Gleichmäßig gießen, aber Staunässe vermeiden, wenig düngen; im Winter sparsam gießen.

FLAMINGOBLUME
Anthurium andreanum

Als tropisches Gewächs kommt die Anthurie nur für Wintergärten in Frage, die stets auf wohnlichen Temperaturen gehalten werden. Sehr dekorativ ist die Scheinblüte, die aus dem Blütenkolben und dem meist rot gefärbten Schutzblatt besteht.
Standort: Hell, aber nicht in praller Sonne. Hohe Luftfeuchtigkeit durch einen Platz am Wasser schaffen oder häufig übersprühen. Im Winter sollten die Temperaturen mindestens bei 15 Grad (Luft) und 18 Grad (Boden) liegen.
Pflege: Regelmäßig gießen, am besten mit temperiertem und entkalkten Wasser. Wenig düngen. Beim Umpflanzen spezielle Erde verwenden.

FLAMMENWEIN
Pyrostegia venusta

Die immergrüne Kletterpflanze aus Südamerika ist eine hübsche Kletterpflanze als Schattenspender. Ihre attraktiven Blüten, die dem Geißblatt ähneln, erscheinen im Frühjahr.
Standort: Hell und sonnig mit der Möglichkeit, an einem Gerüst oder einem Spalier emporklettern zu können. Im Winter bei Temperaturen um 12 Grad halten.
Pflege: In der Wachstumszeit viel wässern und düngen. Im Winter wird etwa zwei Monate lang weniger gegossen (Ruhezeit).

FLASCHENPUTZER
Callistemon citrinus

Der hübsche Strauch fällt besonders während seiner Blütezeit, die meist im Frühjahr liegt, auf. Die Blüte hält aber nicht lange an, und viele Exemplare blühen überhaupt nicht. Immer kann man sich aber an dem feinen Blattwerk erfreuen. Häufiges Entspitzen der Triebe (nach der Blüte) fördert den buschigen Wuchs und die Anzahl der Blüten.
Standort: Hell und sonnig; im Winter sind 5 Grad ausreichend.
Pflege: Reichlich Wasser geben in der Wachstumszeit; im Winter darauf achten, daß der Erdballen nicht austrocknet. Im Sommer kann gelegentlich gedüngt werden.

FUCHSIE
Fuchsia-Hybride

Die Fuchsie, eine der bekanntesten Kübelpflanzen, eignet sich als Dauerblüher auch gut für ein Glashaus. Da sie nicht zuviel Wärme verträgt, kann sie den Sommer über draußen stehen und unter Glas überwintern.
Standort: Hell, aber nicht in direkter Sonne. Im Winter sind Temperaturen von 5 Grad günstig.
Pflege: Reichlich gießen und regelmäßig während der Wachstumszeit düngen. Von Herbst bis Februar Ruhezeit einhalten, in der sie das Laub verlieren kann. Nach dem Rückschnitt treibt sie frisch aus. Anfällig für Blattläuse und Weiße Fliege.

GELDBAUM
Crassula arborescens

Der immergrüne Busch erreicht eine Höhe (und manchmal auch eine Breite) von etwa einem Meter. Aus den Triebenspitzen mit den fleischigen Blättern bilden sich im zeitigen Frühjahr kleine weiße Blüten.
Standort: Hell, aber ohne direkte Sonneneinstrahlung im Sommer; im Winter verträgt der »Baum« Temperaturen um 5 Grad.
Pflege: Der Wasserbedarf ist zu keiner Jahreszeit sehr groß. Im Winter wird nur soviel gegossen, daß der Erdballen nicht austrocknet. Gelegentlich treten Blattläuse auf.

GEWEIHFARN
Platycerium bifurcatum

Ideale Pflanze für Wintergärten und Glasanbauten, die ganzjährig genutzt werden. In seiner tropischen Heimat wächst der Farn in Astgabeln.
Standort: Hell, aber nicht direkter Sonneneinstrahlung im Sommer aussetzen. Ganzjährig warm, aber im Winter sind 15 bis 18 Grad günstiger.
Pflege: Da die Pflanzen schlecht zu gießen sind, wird der Erdballen in temperiertes Wasser getaucht. Im Winter (Ruhezeit) nur gelegentlich wässern. Bei zu hoher Temperatur bilden sich Schildläuse. Beim Umpflanzen spezielle Erde verwenden.

SANCHEZIE
Sanchezia nobilis

Die tropischen Sträucher sind wegen der gelben Blütenähren und den hübsch gezeichneten Blättern fürs Glashaus zu empfehlen. Der Blütenstand bleibt wochenlang attraktiv.
Standort: Hell, aber ohne direkte Sonneneinstrahlung im Sommer. Das Glanzkölbchen kann auch in lichtem Schatten stehen. Im Winter genügen 12 bis 15 Grad.
Pflege: Normal gießen und alle zwei Wochen düngen. In der zweimonatigen Ruhezeit weniger gießen und nicht düngen. Anschließend Rückschnitt auf ein Drittel. Zu niedrige Luftfeuchtigkeit fördert Woll- und Schildläuse.

GLOCKENREBE
Cobaea scandens

Die meist einjährig gezogene Kletterpflanze hält sich im Wintergarten viele Jahre. Die im Spätsommer und Herbst erscheinenden, glockenförmigen Blüten sind meist violett.
Standort: Die Kletterpflanze wird mehrere Meter hoch und braucht ein entsprechendes Spalier. Im Winter genügen Temperaturen um 10 Grad.
Pflege: Reichlich wässern und düngen, in der Ruhezeit im Winter sparsamer gießen. Rückschnitt am besten im Frühjahr. Leider haften zu lange die alten Blätter an den Trieben.

GOLDFRUCHTPALME
Chrysalidocarpus lutescens

Bis zu vier Meter hoch wird die beliebte Palme, die häufig auch als Zimmerpflanze gehalten wird. Das Gewächs verzweigt sich buschig von der Stammbasis aus.
Standort: Warm und sonnig; für erhöhte Luftfeuchtigkeit sorgen. Im Winter das Temperaturminimum auf 15 Grad senken.
Pflege: Normal gießen und wenig düngen. Im Winter weniger Wasser geben.

GRÜNLILIE
Chlorophytum comosum

Die bekannte und sehr bewährte Zimmerpflanze dient im Wintergarten als bodendeckendes Gewächs. Da sie nicht allzu hohen Lichtanspruch besitzt, pflanzt man sie zwischen die höheren Solitärsträucher. Auch einzeln im Topf ist die Grünlilie mit den leicht gebogenen, langen Blütenschäften und den Ausläufern mit kleinen Pflänzchen sehr dekorativ.
Standort: Hell, aber nicht in direkter Sonne. Im Winter sind Temperaturen von 5 bis 10 Grad ideal.
Pflege: Reichlich gießen, aber im Winter nur den Erdballen gelegentlich anfeuchten. Selten treten Blattläuse auf.

GUMMIBAUM
Ficus macrophylla

Ähnlich dem bekannten Gummibaum, Ficus elastica, wird dieser mehrtriebige Strauch am besten in temperiertem Klima gehalten. Die großen Blätter bilden sich fast laufend während des ganzen Jahres.
Standort: Hell, aber nicht zu sonnig ist der beste Platz, an dem sich der Gummibaum wohlfühlt. Im Winter genügen Temperaturen von 8 bis 15 Grad.
Pflege: Normal gießen, und im Winter, wenn wenig Licht zur Verfügung steht, selten wässern. Schild- und Wolläuse treten oftmals auf.

HIBISKUS
Hibiscus rosa-sinensis

Der chinesische Roseneibisch, wie Hibiskus oft genannt wird, ist ein attraktiver Dauerblüher im Wintergarten.
Standort: Hell und sonnig, im Sommer an einem geschützten, warmen Platz; im Winter sind 5 Grad Minimaltemperatur geeignet.
Pflege: Reichlich gießen und düngen in der Wachstumszeit; im Winter ganz sparsam (Ruhezeit). Hibiskus blüht aber oftmals auch dann. Rückschnitt im Frühjahr. Sehr anfällig für viele Schädlinge, wie Läuse, Rote Spinne etc.

INDISCHES BLUMENROHR
Canna indica

Bekannt ist das Gewächs als Kübelpflanze auf der Terrasse. Besser eignet sich ein Wintergarten als Standort, wo sich die etwa ein bis zwei Meter hohen Blütenstiele besonders zahlreich entwickeln. Die Canna braucht gemäß ihrer tropischen Heimat sehr viel Wärme.
Standort: Warm und sonnig. Im Winter genügen Temperaturen um 10 Grad, sie verträgt auch vorübergehend Frost.
Pflege: Reichlich gießen und düngen. Laufend alles Verblühte abschneiden. Im Winter trocken halten. Bei zu großer Nässe bildet sich bald Fäulnis in den Stielen.

JAPANISCHE WOLLMISPEL
Eriobotrya japonica

Eine der schönsten Pflanzen mit immergrünem Laub und wohlschmeckenden Früchten, die sich aber erst bei etwas älteren Pflanzen bilden.
Standort: Hell und sonnig als Solitärpflanze, am besten ins Beet gepflanzt. Im Winter genügen 5 Grad, sie verträgt auch leichten Frost.
Pflege: Normal gießen und düngen. Im Winter wenig gießen. Ein Rückschnitt ist nach Bedarf durchzuführen.

JASMIN
Jasminum polyanthum

Eine sehr üppige Blüte (fast während des ganzen Jahres) weist der echte Jasmin auf, der innerhalb kurzer Zeit eine Wand verkleiden kann. Imposant ist der betörende Duft, der jedoch in einem fast geschlossenen Glashaus unangenehm werden kann.
Standort: Nur in großen Wintergärten pflanzen und am besten vor eine Wand an einem Spalier.
Pflege: Viel gießen und normal düngen. Im Winter Ruhezeit einhalten.

KAKIPFLAUME
Diospyros-Kaki-Hybride

Die interessante Pflanze, die einem Apfelbaum ähnelt, kann bis zu 4 Meter hoch werden. Die schmackhaften Früchte bilden sich im Herbst. Die Baumkrone bietet einen angenehmen Schatten. Das Laub wird im Herbst abgeworfen. Früher Austrieb und Blüte im März.
Standort: Frei als Einzelpflanze, sonnig und hell (spätere Wuchshöhe bei Pflanzen beachten); im Winter sind 5 Grad ideal.
Pflege: Normal gießen und düngen; Ruhezeit im Winter einhalten. Die flexiblen Zweige lassen sich gezielt schneiden, um dadurch z. B. die Krone flachzuhalten.
Nicht anfällig für Schädlinge.

KALLA
Zantedeschia aethiopica

Die afrikanische Sumpfpflanze ist vor allem während ihrer Blütezeit im April bis Mai dekorativ. Aber auch ihre Blätter besitzen ein frisches Grün.
Standort: Hell und auch sonnig. Im Herbst und Winter sind etwa 15 Grad ideal.
Pflege: Sehr viel gießen (Staunässe), aber nach der Blütezeit die Ruhezeit beachten; das heißt: Das Gießen nach und nach einstellen, damit die Blätter eintrocknen. Ab Frühherbst wird wieder gegossen. Dünger brauchen nur voll entwickelte Pflanzen.

KAMELIE
Camellia japonica

Für einen unbeheizten Wintergarten sind die immergrünen Sträucher ideal. Die Pflanzen gelten als heikel, weil sie auf unregelmäßige Wassergaben, zuviel Dünger oder zu hohen Kalkgehalt im Boden Blätter und Knospen abwerfen. Die Blütezeit liegt Anfang des Jahres.
Standort: Kühl und hell, nicht in die pralle Sonne. Den Wurzelbereich stets schattig und feucht halten. Im Winter sind 5 Grad günstig; sie verträgt auch Frost.
Pflege: Normal gießen und sparsam düngen, da Kamelien salzempfindlich sind.

KERZENSTRAUCH
Cassia didymobotrya

Eines der schönsten tropischen Gewächse, das recht selten zu bekommen ist. Seine gut 40 bis 50 cm langen Blütenkerzen kann der Strauch auch im Winter bilden.
Standort: Hell, warm und sonnig. Im Winter steht er am besten bei Temperaturen um 10 Grad (dann blüht er auch weiter).
Pflege: Reichlich gießen, aber im Winter wegen der niedrigen Temperaturen etwas weniger. Geringer Nährstoffbedarf. Rückschnitt verträgt er ausgezeichnet und treibt wieder gut aus.
Unempfindlich in bezug auf Schädlinge.

KIWI
Actinidia sinensis

Die starkwüchsigen Pflanzen müssen paarweise gekauft werden, wenn man sich an eigener Kiwi-Ernte erfreuen möchte. Ansonsten ist auch das sommergrüne Blattwerk sehr dekorativ. Kiwi kann man auch aus Samen frischer Früchte selbst ziehen.
Standort: Hell und sonnig neben einem Spalier zum Emporklettern. Im Winter sind 5 Grad ideal.
Pflege: Reichlich gießen während des üppigen Wachstums; im Winter trockener halten. Frei von Schädlingen.

KLEBSAME
Pittosporum tobira

Der immergrüne Strauch wird gut einen Meter hoch. Seine duftenden, cremefarbenen Blütenbüschel erscheinen im Frühjahr, im Herbst zeigen sich zahlreiche Früchte. Es gibt kleinbleibende Sorten und andere mit weiß-grünen Blättern.
Standort: Hell und sonnig, aber auch im leichten Schatten; im Winter sind Temperaturen von 5 Grad oder auch darunter richtig.
Pflege: Normal gießen und düngen; im Winter wenig wässern. Rückschnitt jederzeit möglich. Blattläuse nur bei frischem Austrieb.

KLIVIE
Clivia miniata

Die Zimmerpflanze, die auch Riemenblatt genannt wird, kann gut 80 cm hoch werden. Die markanten Blüten erscheinen im Winter oder zeitigen Frühjahr.
Standort: Hell und sonnig, aber keinesfalls in praller Sonne. Im Winter muß eine Ruhezeit mit Temperaturen um 8 bis 10 Grad eingehalten werden, damit sich Knospen bilden können.
Pflege: Normal gießen und düngen, mit Ausnahme der winterlichen Ruhezeit. Samen abschneiden, weil seine Weiterentwicklung die Klivie schwächt.

KOLUMNEE
Columnea

Die hängenden Arten sind vor allem während der Blütezeit im zeitigen Frühjahr sehr attraktiv. Sie eignen sich nur für ganzjährig bewohnte Wintergärten.
Standort: Hell, aber nicht in direkter Sonne (Ostseite wäre ideal) und ein freier Platz, an dem sie sich entfalten kann. Im Winter braucht sie eine achtwöchige Ruhezeit bei etwa 15 Grad.
Pflege: Reichlich gießen und für viel Luftfeuchtigkeit sorgen. Die behaarten Blätter nicht besprühen. Keine Staunässe entstehen lassen. Es treten öfter Blattläuse auf.

KRANZSCHLINGE
Stephanotis floribunda

Ähnlich wie die Wachsblume (Hoya) schlingt sich der windende Strauch gut vier Meter an einem Spalier empor. Die großen wachsartigen Blüten, die im Frühjahr erscheinen, duften sehr stark.
Standort: Hell, aber vor zuviel Sonnenlicht schützen, bei möglichst gleichmäßigen Temperaturen. Im Winter (Ruhezeit) genügen 15 Grad, wodurch die Blütenbildung gefördert wird.
Pflege: Normal mit temperiertem Wasser gießen; im Winter entsprechend weniger. Im Sommer düngen. Blattläuse treten bei zu hohen Temperaturen auf.

LORBEERBAUM
Laurus nobilis

Die begehrten Kübelpflanzen wachsen im Wintergarten meist buschig, wenn sie nicht in Kugel- oder Pyramidenform geschnitten werden. Das kräftige, immergrüne Laub duftet angenehm würzig. Blüten erscheinen meist im Frühjahr.
Standort: Hell, auch in Sonne; verträgt große Temperaturschwankungen. Im Winter sollte es kühl (etwa 5 Grad) sein, Frost verträgt der Baum vorübergehend.
Pflege: Normal gießen und entsprechend der winterlichen Ruhezeit von November bis Februar weniger. Am Neuaustrieb bilden sich oft Blattläuse. Auch Schildläuse sind hier oftmals an Stamm und an der Blattunterseite zu finden.

LOSBAUM
Clerodendrum thomsoniae

An einem Spalier oder Klettergerüst rankt der Strauch schnell 3 bis 4 Meter hoch. Aus den Trieben mit den etwas derben Blättern bilden sich von Frühjahr bis Herbst Trugdolden mit bis zu 30 Einzelblüten.
Standort: Hell, aber vor zuviel Sonne schützen; im Winter nimmt die Pflanze mit kühleren Temperaturen von 8 bis 12 Grad vorlieb.
Pflege: Normal gießen, in der Wachstumszeit reichlich, im Winter etwas sparsamer, so daß die Erde nicht ganz austrocknet. Gedüngt wird in der Wachstumszeit alle zwei Wochen. Rückschnitt (um die Hälfte der Länge) bei Neuaustrieb.

MANILAPALME (Adonidia)
Veitchia merrillii

In zweigeschossigen Wintergärten ist es eine ungewöhnlich dekorative Solitärpflanze. Der Stamm ist hübsch beringt, die Wedel hängen elegant über.
Standort: Warm und sonnig; im Winter genügen vorübergehend 18 Grad.
Pflege: Normal gießen und vorsichtig düngen während der Wachstumszeit, im Winter reduzieren.

MARGERITE
Chrysanthemum frutescens

Das Balkon- und Terrassengewächs läßt sich im kühlen Wintergarten lange halten. Das Foto zeigt sie im Winterzustand, ohne Blüten.
Standort: Hell und sonnig, im Sommer auch draußen. Im Winter braucht sie ebenfalls einen sehr hellen Platz, aber nur Temperaturen zwischen 5 und 10 Grad.
Pflege: Reichlich gießen und düngen während der Wachstumszeit; im Winter einschränken und nicht düngen. Laufend alles Verblühte ausschneiden. Rückschnitt am besten im Frühjahr. Anfällig für zahlreiche Schädlinge wie Blattläuse.

OLEANDER
Nerium oleander

Die bekannteste Kübelpflanze wächst unter Glas (vorwiegend in einem verregneten Sommer) besser als draußen und blüht schön. Gut gepflegte Exemplare haben etwa 50 Knospen pro Blütenstand aufzuweisen. Vorsichtig: Oleander ist giftig.
Standort: Hell, sonnig und warm braucht es die Pflanze zur Blütenbildung und für den Knospenansatz fürs nächste Jahr. Im Winter sind 5 Grad ideal. Oleander verträgt leichten Frost.
Pflege: Während der Wachstumszeit reichlich gießen und regelmäßig düngen; im Winter wird entsprechend der kühleren Temperaturen weniger gegossen. Ist sehr anfällig für Läuse, vor allem Schildläuse an den Blattunterseiten.

ORCHIDEE
Cattleya-Hybride (s. Abb.)

Viele Orchideenarten benötigen sorgsame Pflege, viel Wärme und Luftfeuchtigkeit, damit sie sich richtig entfalten können. Einige, wie Cattleya, Phalaenopsis oder Cypripedium (Frauenschuh) blühen im normalen beheizten Glashaus.
Standort: Viel Licht und Wärme ohne direkte Sonne, erhöhte Luftfeuchtigkeit, (im Sommer auch draußen in eine Baumkrone hängen); im Winter die Temperaturen auf 18–20 Grad reduzieren.
Pflege: Normal gießen, übersprühen und sparsam düngen; im Winter sehr wenig Wasser geben. Spezielle Erde verwenden.

PASSIONSBLUME
Passiflora caerulea

Die beliebte Kletterpflanze kann gut 6 Meter hoch werden und blüht bereits als junge Pflanze. Ähnlich ist Passiflora edulis, die Maracuja, mit den großen, eßbaren Früchten.
Standort: Viel Licht und ein Klettergerüst braucht die Passionsblume; im Winter ist eine Ruhezeit bei etwa 5 Grad wichtig.
Pflege: Reichlich gießen bei dem üppigen Wachstum, aber sparsam im Winter während der Ruhezeit. Im Frühjahr und Sommer wird laufend gedüngt. Rückschnitt erfolgt am besten im Frühjahr. Anfällig für Läuse und Rote Spinne.

PELARGONIE (Geranie)
Pelargonium-Zonale-Hybride

Die bewährte Balkon- und Kübelpflanze wird im Wintergarten zu einem Dauerblüher; sogar im Winter bilden sich neue Blüten.
Standort: Hell, sonnig und warm; im Winter verträgt sie Temperaturen um 5 Grad, aber bei genügender Helligkeit gedeiht sie besser, wenn es wärmer ist.
Pflege: Normal gießen, aber unbedingt Staunässe vermeiden und im Sommer regelmäßig düngen. Im Winter entsprechend dem kühleren Standort das Wasser stark reduzieren. Rückschnitt am besten im Frühjahr. Bei hoher Luftfeuchtigkeit bildet sich Fäulnis.

PHILODENDRON
Philodendron bipinnatifidum

Eine der wenigen nicht kletternden Philodendren, die gut zwei Meter breit wird. Bei der Planung ist ausreichend Platz zu berücksichtigen. Ideal für einen ganzjährig bewohnten Wintergarten.
Standort: Warm und hell, aber nicht in praller Sonne. Ostseite oder im lichten Schatten eines Baumes sind bevorzugte Lagen. Im Winter die gleichen Temperaturen wie im Sommer (bzw. leicht reduzieren auf minimal 15 bis 18 Grad).
Pflege: Gleichmäßig gießen und in der Wachstumszeit düngen. Im Winter eine achtwöchige Ruhezeit einhalten und etwas weniger gießen.

PHILODENDRON
Philodendron erubescens

Die herrliche Kletterpflanze ist in ganzjährig bewohnbaren Wintergärten attraktiv. Die pfeilartigen Blätter bilden sich fast laufend.
Standort: Warm und hell, aber keinesfalls direkte Sonne braucht das Urwaldgewächs. Auch im Winter liebt der Kletter-Philo wohnliche Temperaturen, die höchstens auf 15 Grad abfallen sollten.
Pflege: Gleichmäßig gießen und düngen; im Winter wird die Wassermenge für etwa 6 Wochen etwas reduziert (Ruhezeit). Stets für ein Spalier sorgen, an dem der Philodendron hochwachsen kann.

SCHIRMPALME
Livistonia chinensis

Diese interessante Palme beansprucht viel Platz, der bei der Wahl und Pflanzung berücksichtigt werden muß.
Standort: Hell und sonnig, im Winter sind 8 bis 12 Grad ausreichend.
Pflege: Normal gießen und wenig düngen; im Winter sparsam gießen und nicht düngen.

SCHMUCKLILIE
Agapanthus africanus

Die schöne Kübelpflanze ist als immergrünes Gewächs auch für Wintergärten geeignet. Die Blütenzahl nimmt von Jahr zu Jahr zu.
Standort: Hell und sonnig, im Sommer draußen an einem geschützten warmen Platz. Im Winter genügen 5 bis 10 Grad.
Pflege: Regelmäßig und viel gießen und düngen, im Winter trockener halten. Wenig umpflanzen.

SCHÖNMALVE
Abutilon sellorianum

Die aparten Sträucher mit vielen glockenartigen Blüten sind – auch als Hybride mit einfachen grünen Blättern – eine Bereicherung. Aber wegen ihrer Anfälligkeit für Schädlinge, wie Blattläuse, sollte sie laufend kontrolliert werden.
Standort: Hell, aber nicht in die pralle Sonne stellen. Im Winter verträgt sie Temperaturen bis 5 Grad.
Pflege: Gleichmäßig gießen und düngen. Im Winter eine Ruhezeit einhalten und weniger gießen. Wenn die Planzen zu ausladend werden, werden sie im Frühjahr kräftig zurückgeschnitten.

SCHWARZÄUGIGE SUSANNE
Thunbergia alata

Obgleich der kleinblättrige Schlinger nur einen Sommer lang hält, lohnt sich die Pflanzung. Als blühender Schattenspender klettert sie am Spalier und überzieht auch das Geäst größerer Bäume.
Standort: Hell, aber nicht zu sonnig. Sie verträgt normale Temperaturen, braucht aber mindestens 12 Grad.
Pflege: Junge Pflanze mäßig gießen, ausgewachsene reichlich gießen und düngen. Abgeblühtes laufend entfernen, dadurch wird die Blütezeit verlängert. Im Frühjahr Anzucht durch Samen.

SCHWERTFARN
Nephrolepis exaltata

Hübscher immergrüner Farn mit unterschiedlicher Wuchsform (aufrecht oder mehr hängend). Schön als Einzel- und Gruppenpflanze in ganzjährig bewohnbaren Glashäusern.
Standort: Hell, aber nicht in direkter Sonne. Für erhöhte Luftfeuchtigkeit sorgen. Verträgt Minimaltemperaturen bis 12 Grad.
Pflege: Reichlich gießen, aber vorsichtig düngen. Übersprühen bei niedriger Luftfeuchtigkeit.

SILBEREICHE
Grevillea robusta

Der grazile Strauch mit dem feinen Laub fühlt sich im Wintergarten wohl und wächst schnell bis unter das Dach.
Standort: Hell und sonnig, im Sommer auch draußen; im Winter Temperaturen bis 5 Grad.
Pflege: Normal gießen, aber stets Staunässe vermeiden; im Winter trockener halten. In der Wachstumszeit wird normal gedüngt. Rückschnitt des lichten Baumes nach Bedarf, am besten im Frühjahr.

SIMSE
Scirpus cernuus

Als Zimmerpflanze ist das hübsche Staudengras eine beliebte Ampelpflanze, im Wintergarten wächst sie gut im Beet und bedeckt den Boden unter höheren Sträuchern und Stauden. Die kleinen Blüten treten zu jeder Jahreszeit auf.
Standort: Hell oder halbschattig; im Winter sollten die Temperaturen deutlich absinken. Sie verträgt bis 5 Grad.
Pflege: Im Sommer recht feucht halten und gelegentlich düngen; im Winter die Wassermenge sehr einschränken.

STECKENPALME
Rhapis humilis

Der Stamm wirkt rohrartig und wird nur etwa einen Meter hoch. Die Blätter sind mit zahlreichen Einschnitten versehen. Als Beetpflanze kann sie von bodendeckenden Gewächsen hübsch begleitet werden.
Standort: Warm und sonnig, im Winter genügen 8 bis 12 Grad.
Pflege: Normal gießen, wenig düngen; im Winter sparsam gießen. Gelegentlich treten Schildläuse an Stamm und den Blattunterseiten auf.

STRAHLENARALIE
Schefflera actinophylla

Die robuste Pflanze wird wegen ihrer großen, ledrigen Blätter geschätzt, die sich zahlreich entwickeln. Sie kann gut 3 bis 4 Meter hoch werden und eignet sich vor allem als freistehende Einzelpflanze.
Standort: Hell, aber nicht zu sonnig; im Winter genügen Temperaturen von 15 bis 18 Grad.
Pflege: Normal gießen und düngen; im Winter leicht reduzieren. Für erhöhte Luftfeuchtigkeit sorgen. Anfällig für Blattläuse.

TIBOUCHINA
Tibouchina urvilleana

Eine der schönsten Pflanzen für den Wintergarten, die aber noch wenig bekannt ist. Sie wächst zu einem ausladenden Strauch mit 2 bis 3 Meter Höhe heran und bildet über ein halbes Jahr lang herrliche Blüten. Auch das Laub ist dekorativ.
Standort: Hell und sonnig, im Winter bei etwa 8 bis 12 Grad.
Pflege: Regelmäßig gießen und düngen. Laufend die Triebe entspitzen, damit sich die Pflanze weit verzweigt und dadurch vermehrt Knospen ansetzt, die sich ab Sommer öffnen. Im Winter weniger gießen, Staunässe stets vermeiden.

TRICHTERFARN
Zamia floridana

Ähnlich dem Palmfarn (Cycas revoluta) finden sich diese aparten immergrünen Gewächse nur selten und dann nur als kleine Exemplare in Wintergärten, weil die Pflanzen langsam wachsen und sehr teuer sind. Die gefiederten Blätter sind steif und hart.
Standort: Viel Licht, aber nicht in sengender Sonne, damit sich pro Jahr ein neues Blatt entwickeln kann. Im Winter genügen 10 bis 15 Grad.
Pflege: Normal gießen, aber nicht zu reichlich; im Winter weniger. Es wird kaum Dünger verlangt.

VEILCHENSTRAUCH
Iochroma

Zu einem breit wachsenden Strauch entwickelt sich das südamerikanische Gewächs, das laufend die röhrenförmigen Blüten hervorbringt.
Standort: Hell und sonnig, im Sommer auch draußen; im Winter sind 5 bis 10 Grad ideal.
Pflege: Reichlich gießen und düngen, im Winter weniger wässern, Blattläuse und Weiße Fliege befallen oftmals die frischen Triebe.

WACHSBAUM
Carissa macrocarpa

Der dornige, immergrüne Busch öffnet laufend sternförmige, duftende Blüten. Gelegentlich setzt er rote Früchte an. Mit Ausnahme der Früchte ist der Wachsbaum giftig.
Standort: Hell und sonnig, im Winter genügen 15 Grad.
Pflege: Normal gießen und vorsichtig düngen. Im Winter nur wenig wässern.

WANDELRÖSCHEN
Lantana-Camara-Hybride

Die Blütensträucher können gut 1,50 Meter hoch werden, und wenn sie an einer Wand gezogen werden, dort auch emporklettern. Ein Dauerblüher bis zum Herbst. Die Blütenfarbe wird laufend verändert.
Standort: Hell und sonnig, im Sommer auch draußen; im Winter begnügen sie sich mit 5 bis 10 Grad.
Pflege: Reichlich gießen und normal düngen; im Winter eine Ruhezeit von 8 Wochen einhalten. Dann weniger gießen. Ältere Pflanzen im Frühjahr stutzen. Vorsicht: Wandelröschen werden häufig von der Weißen Fliege befallen.

WASHINGTONIAPALME
Washingtonia filifera

Eine der schönsten Palmen für den Wintergarten mit fast kreisrunden, tief geschlitzten Fächerwedeln. Die gewölbten Blattstiele sind bedornt. Die Palme eignet sich gut für größere, höhere Wintergärten.
Standort: Hell und sonnig, im Sommer auch draußen, im Winter verträgt sie Temperaturen bis 5 Grad.
Pflege: Normal gießen und wenig düngen; im Winter Ruhezeit einhalten und wenig gießen.

WEIN (Echter Wein)
Vitis vinifera

In klimatisch ungünstigen Lagen läßt sich eigener Wein unter Glas ziehen. Dafür eignen sich unbeheizte Wintergärten. Es gibt viele Sorten, wie Riesling und Muskat.
Standort: Hell und sonnig, an Spalieren oder Wänden ziehen; im Winter Temperaturen um 0 Grad.
Pflege: Normal gießen. Wichtig ist der Rückschnitt im Februar, damit die späteren Trauben ausreichend Sonnenlicht bekommen.

YUCCAPALME (Palmlilie)
Yucca gloriosa

Unter den vielen Arten der Yucca ist diese am bekanntesten. Ihr dicker, verholzter Stamm hebt sich gut von dem Blattschopf ab.
Standort: Hell, aber nicht in die pralle Sonne stellen. Sie verträgt trockene Luft und niedrige Temperaturen bis 10 Grad und darunter.
Pflege: Normal gießen und düngen, aber im Winter stark reduzieren, bei kühlem Standort sehr wenig gießen.

ZIMMERLINDE
Sparmannia africana

Der Strauch mit dem schönen, hellgrünen Laub kann 2 bis 3 Meter hoch werden. Reizvoll ist auch die Blüte im zeitigen Frühjahr.
Standort: Hell, aber nicht sonnig und zu warm. 15 Grad wären genug. Vor allem im Winter auf einen kühlen Platz (mit bis zu 5 Grad) achten. Dann blüht sie laufend.
Pflege: Regelmäßig gießen und düngen; im Winter die Wassermenge einschränken. Wenn die Pflanze zu ausladend wird, im Frühjahr zurückschneiden.

ZITRUS-GEWÄCHSE
Citrus

Orange, Zitrone, Mandarine, Grapefruit oder Chinotto-Limone gedeihen im Wintergarten. Reizvoll sind ab März die duftenden weißen Blüten, die oftmals gleichzeitig mit den Früchten erscheinen.
Standort: Hell und sonnig; im Winter wird die Temperatur abgesenkt. Sie vertragen bis 5 Grad und darunter.
Pflege: Selten, aber dann reichlich gießen. Normal düngen. Im Winter wenig gießen. Staunässe stets vermeiden. Rote Spinne und Schildläuse treten gelegentlich auf.

ZYPERGRAS
Cyperus alternifolius

Das bekannte Sumpfgewächs belebt die Bepflanzung eines beheizten Wintergartens. Am Ende der schlanken Halme bilden sich oftmals viele Blüten. Reizvoll auch das höher werdende Papyrusgras.
Standort: Hell und sonnig, aber auch halbschattig. Die Temperatur im Winter sollte nur wenig niedriger liegen als im Sommer.
Pflege: Viel gießen, Staunässe ist sogar erwünscht; nur im Winter verträgt sie normale Wassermengen. Rückschnitt und Teilen der Pflanze ist jederzeit möglich.

ANHANG

LITERATUR

Aktionsgemeinschaft Glas im Bau (Hrsg.) Glasanbauten und moderne Wintergärten; Mit Glas und mit der Sonne bauen; Erlebnisräume und Raumerlebnisse, Düsseldorf (o.J.)

Balkow, von Bock, Krewinkel, Rinkens Glas am Bau, Stuttgart 1986

Bill-Janda, Fischer Energie und Nahrung aus d. Solargewächshaus, München 1983

Bundesministerium für Raumordnung, Bauwesen und Städtebau (Hrsg.) Handbuch – Passive Nutzung der Sonnenenergie, Bonn 1984

Creative Design Group Mehr Haus, mehr Sonne, mehr Geld, Troisdorf 1983

Döring (Hrsg.) Porös, TH Aachen, Nr. 17/84

Faskel Die Alten bauten besser, Frankfurt 1982

Faskel, Nicolic Gebäudeplanung Gesamtkonzeption, Schriftenreihe des Bundesministers für Raumordnung, Bauwesen und Städtebau, Bonn 1983

Freymuth Diagrammsatz Sonnenwärme, Institut für Tageslichttechnik, Stuttgart; Veröffentlichung 135 der Forschungsgemeinschaft Bauen und Wohnen, Stuttgart 1982

Furuta Interior Landscaping, Reston 1983

Gesamthochschule Kassel, Fachbereich Stadt- und Landschaftsplanung Leberecht Migge 1831–1935, Bremen 1981

Mc Grath, Frost Glass in Architecture and Decoration, London 1961

Grüne Häuser – Entwürfe für die Bundesgartenschau 1985 in Berlin, Berlin 1983

Guenon, Kalmanovitch Glashäuser zum Wohnen, Wiesbaden, Berlin 1984

Hafer, Böhmer Glasarchitektur, Bewohnte Glashäuser und Glasanbauten, Köln 1985

Hauser Energetische Auswirkungen und sommerliches Temperaturverhalten eines Wintergartens, Kunststoffe im Bau, Heft 4/1984

Hauser Feuchteschutz und Behaglichkeit, IBK-Seminar-Handbuch 75 Wintergärten planen und bauen. Darmstadt 1986

Herzog, Natterer Gebäudehüllen aus Glas und Holz, Lausanne 1984

Hillmann, Nagel, Schreck Klimagerechte und energiesparende Architektur, Karlsruhe 1981

Hix The Glass House, Cambridge, Massachusetts, 1981

Hütsch Der Münchner Glaspalast 1854 bis 1931, Münster 1985

IBK-Seminar-Handbuch 71 Wintergärten in der heutigen Architektur, Darmstadt 1985

IBK-Seminar-Handbuch 75 Wintergärten planen und bauen, Darmstadt 1986

Kiraly Architektur mit der Sonne, Karlsruhe 1981

Kohlmaier, von Sartory, Das Glashaus, München 1981

Koppelkamm Gewächshäuser und Wintergärten im neunzehnten Jahrhundert, Stuttgart 1981

Log ID Grüne Archen, Frankfurt 1982

Lorenz-Ladener Solargewächshäuser, Kassel 1981

Lutz, Jenisch, Klopfer, Freymuth, Krampf Lehrbuch der Bauphysik, Stuttgart 1985

Manaker Interior Plantscapes, New Jersey 1981

Neumann Glashäuser aller Art (Nachdruck von 1852), Wiesbaden/Berlin 1984

Reusch Geschichte der Nutzung der Solarenergie, Dissertation Hannover 1982

Salomon de Caus Hortus Palatinus, Die Entwürfe zum Heidelberger Schloßgarten 1620 Reprint, Worms 1980

Schäfer Messungen an Sonnenhäusern, Zürich 1985

Scheerbart Glasarchitektur, München 1971

Schempp, Kramp Mensch und Pflanze, Karlsruhe 1982

Schild Zwischen Glaspalast und Palais des Illusions, Frankfurt a. M., Berlin 1967

Siedlungsplanung mit passiver Solarenergie Oberseminararbeit, Freising 1985

Stein Blumenfenster und Wintergarten, Stuttgart 1984

Tonne Besser bauen mit Besonnungs- und Tageslicht-Planung, Schorndorf 1954

Twarowsky Sonne und Architektur, München 1982

Verbraucherzentrale Niedersachsen Wintergärten, Hannover 1985

Wachberger Mit der Sonne bauen, München 1983

Weichardt Grüne Solararchitektur, Karlsruhe 1982

Wintergärten Glasanbauten, Gewächshäuser, Gartenzimmer, München 1986 (Originalausgabe: Conservatories and Gardenrooms, London 1985)

Wolf Solargartenhaus zum Selbstbau, Puchheim 1984

Wright Sonne, Natur, Architektur, Karlsruhe 1980

48 Solarhäuser – Modell Lahnstuhl, Karlsruhe 1982

Zeitschriften

Ambiente, München

Architektur und Wohnen, Hamburg

Glas und Rahmen, Schorndorf, Heft 1/86

Glasforum, Schorndorf, Heft 1/86

Häuser, Hamburg

Schöner Wohnen, Hamburg; Sonderheft Glasanbau

Sonnenenergie & Wärmepumpe, Bielefeld, Heft 3/83

Zuhause, Hamburg

HERSTELLER UND VERTRIEB

Glasanbauten und Wintergarten-Systeme

(Die kursiven Ziffern beziehen sich auf Abbildungen)

Alu-Bau Jans GmbH, Osterrade 21a, 205 Hamburg 80

Aludur Aluminiumwerke Wutöschingen, Postfach, 7896 Wutöschingen

Amdega Limited, Department C 108/6, Faverdale, GB-Darlington, Co. Durham, DL 3 OPW (Englische Wintergärten, Conservatories im alten Stil)

Art-Design, Leunastr. 50, 2000 Hamburg 50 (Holz)

Bartscher GmbH & Co, Galenhof 4, 4787 Gesecke (Aluminium) *86, 133*

Beckmann, Simoniusstr. 10, 7988 Wangen (Aluminium)

Peter Brey GmbH, Herrenauer Str. 18, 8301 Leibersdorf (Aluminium, Holz)

Critall, K.-H. Trumpfheller, Karlsbader Str. 5, 6 Frankfurt 70 (Aluminium)

Das Glashaus C & P. Busch, An der Eilshorst 15, 207 Großhansdorf (Aluminium) *18, 33, 157*

J. Eberspächer, Postfach 289, 73 Esslingen (Glas- und Metallkonstruktionen im Hochbau) *49, 111, 141–146, 150, 151, 266, 271, 272*

ENK-Wintergärten, Georg-Hann-Str. 17, 8000 München 60 (Aluminium/Stahl)

Erbslöh Aluminium, Postfach 150160, 5620 Velbert 15 *328–332*

Esser, Cornelius, Leyendecker Str. 4, 5000 Köln *260, 264, 265*

EURAI, Postfach 295, 3167 Burgdorf (Firmengruppe für Fenster- und Türsysteme, Fassaden)

Garden Decoration, Reubenberg 25, NL-6071 Swalmen II

GBK Gesellsch. f. Baukonstruktionen mbH, Bahnhofstr. 51/53, 725 Leonberg *VI:* Dahlener Str. 13, 4050 Mönchengladbach 2

Glas-Fischer, Krendelstr. 34, 3004 Isernhagen (Holz/Aluminium)

Glashaus Klemt Gesellschaft für Glasanbauten mbH, Theresienstr. 148, 8 München 2 *140, 147–149, 153, 154*

Heli Fenster, Bielefelder Str. 16, 4505 Bad Iburg (Holz) *160*

Hengesbach GmbH, Postfach 800228, 2050 Hamburg 80 (Aluminium) *74 V*

Henssler Gewächshausbau, Postfach 100, 7141 Beilstein/Württemberg (feuerverzinkte Konstruktionen) *278, 281, 282, 285, I*

HPS-Wintergarten-Systeme, Duderstädter Weg 30–32, 3167 Burgdorf (Aluminium)

Hunecke GmbH, Sennestadtring 19, 48 Bielefeld 11

Isopur, Postfach 1208, 305 Wunstorf 1 (Kunststoff/Aluminium)

Jansen AG, CH-9463 Oberriet SG (Jansen-Viss-System) *48, 75, 111, 254, 258, 259*

Gebr. Kömmerling Kunststoffwerke GmbH, Postfach 2165, 678 Pirmasens (Kunststoff-Systeme) *122–129, 131*

Cornelius Korn GmbH, Von-Linné-Str. 1, 2000 Wedel (Holz) *208, 209, 211, 212, 235, 237, III, VII*

Kuhn-Holzverarbeitung, Hardtstr. 12, 3587 Borken-Trockenerfurth

Kuno-Krieger-Wintergärten, Gahlenfeldstr. 5, 5804 Herdecke (Aluminium) *13, 391*

Lakemeier GmbH, Postfach 2221, 49 Herford (Holz)

Marsmann, Metall- und Gewächshausbau, 4400 Münster *345, 346, 354–356*

Mero-Raumstruktur, Steinachstr. 5, 8700 Würzburg (Lichtdächer, Fassaden) *243, 244*

Mertens Glastechnik, Ahrensburger Str. 3a, 2000 Hamburg 70 (Aluminium) *78, 217, 218, 223–224*

Wolfgang Niemann Wintergärten, Konstanzer Str. 22, 1000 Berlin 31

Philipphaus GmbH, 7177 Untermünkheim (Fertighausbau)

Plus-Wintergärten, Vertriebsnachweis: H. Rath, Scheffelstr. 17, 2000 Hamburg 60 (druckimprägniertes Holz) *171*

Ernst Pudenz, Postfach 1205, 4817 Leopoldshöhe (Aluminium)

Überdachungstechnik Pülm GmbH, Stahlstr. 4, 6806 Viernheim (Metall)

Redal, Postfach 263, 439 Gladbeck (Aluminium u. Bauelemente)

Rehau Plastik AG, Postfach 3029,. 8520 Erlangen-Eltersdorf (Kunststoff-System)

Design Dieter Richter, Heckenkrug 3, 3401 Seeburg (Verwendung alter Fenster)

Rustro Fenstertechnik GmbH, Bahnhofstr. 4, 7067 Plüderhausen

Rutsch Fensterbau, Daimler Str. 1–3, 6922 Meckesheim (Holz)

Schlachter, Auweg 37, 8870 Günzburg 9 (Aluminium)

Schock-Wintergartensysteme, Gmünder Str. 65, 7060 Schorndorf (Kunststoff)

Schüco, Karolinenstr. 1–15, 4800 Bielefeld 1 (Aluminium) *111, 117, 159a+b*

Heinrich Schütt KG, Eiffestr. 26, 2000 Hamburg 26 (Stahl) *254, 258, 259*

Julius Schütze Holzbearbeitung, Nobbenburger Str. 13, 4500 Osnabrück

Selfkant Glashäuser, Maria-Lind-Str. 99, 5137 Braunsrath

Anton Siebeneck, Dyckburgstr. 79, 4400 Münster (englische Wintergärten im alten Stil)

Solarbau u. Überdachungstechnik GmbH, Grenzhöfer Weg 31, 6900 Heidelberg

Sorpetaler Fensterbau GmbH, Selbecke 6, 5768 Sundern-Hagen (Holz) *87*

Starke-Bauelemente, Graf-Gottfried-Str. 70a, 5760 Arnsberg

Town & Country Conservatories, 8/9 Murray Street, GB-London NW 19 RE *IV*

Vekaplast, Dieselstr. 8, 4415 Sendenhorst (Kunststoff)

G. Voss, Postfach 4130, 6500 Mainz (verschiedene Systeme zur Selbstmontage)

Wagener GmbH, Postfach 1128, 6544 Kirchberg (Aluminium)

Weber-Fertighaus GmbH, 7597 Rheinau-Linx

Wesko-Fenstersysteme, Bruckstr. 57, 7012 Fellbach (Holz, Aluminium)

Ziegler Metallbau KG, Industriegebiet, 7242 Dornhan

Technisches Zubehör

Acculux Witte + Sutor GmbH, Postfach 1140, 7157 Murrhardt (Wärmedämmung, Wärmematten für Beete)

Agero AG, CH-8255 Schlattingen TG (Moderne Systeme optischer und thermischer Reflexion, Wärme- und Sonnenschutzrollos)

Aluxor Metallwarenfabrik Hemsbach, Postfach 1167, 6944 Hemsbach (Markisen)

Bautex, Postfach 310120, 2850 Bremerhaven 31 (Sonnenschutz)

Beikirch Industrieelektronik, Hartkorddamm 17, 4950 Minden (Elektrischer Spindelmotor) *272*

Christeva-Sonnenenergietechnik GmbH, Sommer Str. 20, 8029 Sauerlach (Hochleistungskollektor und Kachelofen mit wasserführendem Heizeinsatz)

Clauss-Markisen, Bissinger Str., 7311 Ochsenweg *14, 28*

EHG Jalousiefabrik Erich Hinnenberg, Postfach 1120, 4006 Erkrath

Fischer, Waldstr. 11, 5419 Kleinmaischeid (Schattier- und Verdunklungsanlagen) *289, 290*

GU Gretsch-Unitas GmbH, Postfach 1120, 7257 Ditzingen (Oberlicht, Elektrischer Antrieb, Dauerlüftung)

MHZ Hachtel GmbH, Postfach 800520, 7000 Stuttgart 80 (Außenmarkisen, Horizontal- und Vertikalmarkisen)

Berthold Haller GmbH, Postfach 86, 7209 Aldingen (Vertikal- und Faltjalousien)

Hansa-Rollo, Holsteiner Chaussee 49, 2000 Hamburg 54

Hassinger GmbH, Bruchwiesenstr. 17, 6700 Ludwigshafen (Rolladen, Sonnenschutzsysteme)

Herwi-Solar GmbH, Röllf. Str. 17–18, 8761 Röllbach (Solaranlagen)

Hüppe Sonnenschutzsysteme, Cloppenburger Str. 200, 2900 Oldenburg (Markisen, Jalousien)

Ernst Loos, Essen (Außen-, Innenmarkisen) *168*

Lüftomatic, Postfach 1220, 6905 Schriesheim (Lüftungs- und Klimatechnik)

Reflexa-Werke, Postfach 1151, 8871 Rettenbach (Markisen, Jalousien)

Riloga, Postfach 100969, 563 Remscheid (Sonnenschutzsysteme)

Silent Gliss, Im Rebgarten, 7858 Weil am Rhein (Raffrollos-manuell, elektrisch)

Somfy, Feinmechanik u. Elektrotechnik, Postfach 2347, 7400 Tübingen 1 (Beschattungssysteme)

Warema, Renkhoff GmbH, Postfach 104, 8772 Marktheidenfeld (Sonnenschutztechnik)

Verglasung

Aktionsgemeinschaft Glas im Bau, Stresemannstr. 26, 4000 Düsseldorf 1

Flachglas AG, Postfach 100851, 4650 Gelsenkirchen

Interpane Isolierglas, Postfach 20, 3471 Lauenförde

Röhm GmbH Chemische Fabrik, Kirschenallee, 6100 Darmstadt 1 (Plexiglas, Makrolon)

Schott-Glaswerke, Postfach 2480, 6550 Mainz 1

Vegla Vereinigte Glaswerke GmbH, Viktoriaallee 3–5, 5100 Aachen

Ausstattung

Erco-Leuchten GmbH, Brockhauser Ebene, 5880 Lüdenscheid

Gardena, Lichternseestr. 40, 7900 Ulm (Bewässerungsautomatik)

Perrot-Regnerbau, Bischofstr. 54, 7260 Calw (Bewässerungsautomatik)

Stefan Kirchner Gartenausstattung 2260 Kleiseerkoog / Post Niebüll (Möbel, Spalier, Gefäße)

Bepflanzung

Baumschule Eberts, Saarstr. 3–5, 7570 Baden-Baden (Bambus)

Baumschule von Ehren GmbH, Kanzleistr. 48, 2000 Hamburg 52

Blumen Jürs, Kollaustr. 187, 2000 Hamburg 61

Broxtermann Begrünung, Bahnhofstr., 4505 Bad Iburg

Flora Mediterranea, Chr. u. M. Köchel, Königsgütler Str. 5, 8309 Au/Hallertau

Wolfgang Herzog, Occamstr. 15, 8000 München 40

Hoemann-Hydrokulturen, Hauptstr. 77, 4018 Langenfeld

Ibero Import, Bahnhofstr. 12, 3433 Neueichenberg

Luwasa-Hydrokultur Nord: Kollaustr. 189, 2000 Hamburg 61; Luwasa-Süd, Schleißheimer Str. 100, 8046 Garching

Pluta, Buckower Chaussee 76–79, 1000 Berlin 48

Shemex International, Poelweg 50–56, NL 1424 PB De Kwakel

Toskana Pflanzen Import GmbH, Postfach 2212, 2804 Lilienthal

Witte, Heinz, Busenpfad 100, 4150 Krefeld

VERZEICHNIS DER ARCHITEKTEN

Klimatechnik

Miroslav Halilhodžić, Pinneberg (Beratender Ingenieur, Gutachten)

BILDNACHWEIS

Fotos

Bartscher *86, 133*
Bassewitz, Gert von *162, 278, 281, 282, 286, 311, 314–316,* S. 218 o. r.
Becker, Jürgen *20, 22, 23, 42–44, 77, 118, 119, 130, 161, 185, 186, 192, 260, 264, 265, 273, 275*
Beckert, Ulfert *VI*
Bentley, Kenneth *12, 68, 170, 173, 177, 188, 189, 211, 212, 225–227, 321, 325–327, 393, 394, 399,* S. 218 o. l., S. 218 u. r., S. 219 u. l., S. 220 u. l., S. 221 o. r., S. 223 u. l., S. 226 u. l., S. 227 u. r., S. 228 u. r., S. 229 o. r., S. 229 u. r., S. 231 o. r., S. 231 u. r., S. 235 u. l., S. 236 u. r.
Bentrup, Klaus *330*
Blunck, Studio *60–62, 338–340, 343, 344, 390*
Boissonnas, Genf *10*
Busch, Das Glashaus *33*
Damm, Fridmar *168*
Etz, Wolfgang & Partner *29, 30*
Freising, S. *81, 82*
Gauls *317, 318*
Gläser, Fred S. 230 o. r., S. 236 o. r.
Gruber, Renate *71, 357, 358, 361, 362,* S. 221 o. l.
Grösel, Detlef S. 221 u. r., S. 233 o. l.
Hansla, Thea *19, 37*
Harpur, Jerry *73*
Heising, Klaus *21, 79*
Jansen AG *48, 75, 113, 114*
Klemt, Glashaus *140, 193*
Kömmerling *131*
Korn, Cornelius *III, VII*
Krewinkel, Heinz W. *328, 331, 332*
Krieger-Gewächshaus-Center *13, 391*
Leiska, Heiner *266, 267, 271, 272*
Littgemann + Kiessling *11, 97, 307–310*
Log ID S. 217 u. r., S. 222 o. l., S. 226 u. r., S. 227 o. l., S. 228 o. r.
Mero *243, 244*
Müller, Wolfram *178*
Münchhalfen, Hans H. *183*
Munster, Peter *39, 41, 58, 59, 63, 64, 74, 176, 392, 397, 398, 400,* S. 217 o. r., S. 217 u. l., S. 218 u. l., S. 219 o. l., S. 219 o. r., S. 219 u. r., S. 220 o. l., S. 220 o. r., S. 220 u. r., S. 221 u. l., S. 222 o. r., S. 222 u. l., S. 222 u. r., S. 223 o. l., S. 223 u. r., S. 224 o. l., S. 224 o. r., S. 224 u. l., S. 224 u. r., S. 225 o. r., S. 225 u. l., S. 226 o. r., S. 227 o. r., S. 227 u. l., S. 228 o. l., S. 228 u. l., S. 229 o. l., S. 230 u. l., S. 230 u. r., S. 231 o. l., S. 232 u. l., S. 232 u. r., S. 233 o. r., S. 233 u. l., S. 234 o. r., S. 234 u. l., S. 234 u. r., S. 235 o. l., S. 235 o. r., S. 235 u. r., S. 236 u. l.
Niederwöhrmeier, Hartmut S. 225 o. l.
Paradies Wintergärten *174, 175*
Pfander, Peter *254, 258, 259*
Plus Garden System *171*
Quast, Siegfried von *115, 364*
Rodemeier, Helke *45, 53, 111*
Rogers, Gary *II, V*
Schöner Wohnen / Rogers, G. *VIII*
Schöner Wohnen / Schenkirz, R. *I*
Schüco *117, 159a + b*
Schütte, Cornelia *35, 156*
Shemex S. 223 o. r., S. 230 o. l., S. 231 u. l., S. 232 u. l., S. 233 u. r., S. 234 o. l.
Sorpetaler Fensterbau *87*
Town & Country *IV*
Verlag Kunst und Antiquitäten Abb. S. 9
Walser, Peter *363, 366, 367*
Weckenmann, Eberhard u. Hohnwald, Klaus *172*
Wolf, Roland S. 225 u. r.
Wollin, Birgit *18, 157, 187,* S. 226 o. l.
Zeitz, Rüdiger *190,* S. 232 o. r.
Zuhause *235, 237, 299*

Zeichnungen und Grafiken

Aktionsgemeinschaft Glas im Bau *138*
Die andere Tradition, München 1982 *3a, 3b*
Dücker Eisenwerke, Lauffach *6*
Eberspächer, J., Esslingen *141–146, 150, 151*
Glashaus Klemt *147–149, 153, 154*
Hamburg und seine Bauten, 1914 *5*
Hauser, Gerd, Kunststoffe im Bau, Heft 4/1984
IBK-Seminar-Handbuch *75* Wintergärten planen und bauen *134–136*
Interpane/PRN *137*
Ledien, F., Gewächshaus des Privatmannes, Berlin 1900 *2*
Migge, Leberecht, Jedermann Selbstversorger, 1919 *9*
Münchner Bürgerliche Baukunst, Reprint München 1985 *7a, 7b*
Neuendorf, Heiner-Otto, Müller *283–285*
Neuendorf, Heiner-Otto, Hahn *333*
Wilhelm Robertson's Gewächs- und Treibehäuser, Leipzig *4*
Salomon de Caus, Hortus Palatinus 1620, Reprint Worms 1980 *1*
Tessenow, Heinrich, Hausbau und dergleichen, Reprint München 1984 *8a, 8b*
Vegla *152*
Wachberger, Michael und Hedy, München 1983 *100–104*

Bei allen nicht aufgeführten Bildern und Zeichnungen liegt das Copyright bzw. das Urheberrecht bei den jeweils genannten Architekten.

Fachberatung

Die bauphysikalischen Probleme: Prof. Dr.-Ing. Gerd Hauser, Fachbereich Architektur, Gesamthochschule Kassel
Glas und Verglasung: Dipl.-Ing. Heinz W. Krewinkel, Böblingen

ANZEIGEN

sunray 50®

SUNRAY 50 war 1984 eine völlig neue Ganz-Aluminium-Konstruktion, speziell entwickelt für ganzjährig nutzbare Glasvorbauten, Wintergärten, Glashäuser, Pyramiden, Kuppeln, Dome, Fassaden, Treppenhäuser und Dächer, gleichgültig in welcher Größe und Form. Trotz höchster Qualität erlaubt SUNRAY 50 wirtschaftliche Lösungen, vor allen Dingen dann, wenn Planung und Ausführung sorgfältig aufeinander abgestimmt sind. Einmal gestattet die Konstruktion eine bisher nicht in dieser Qualität mögliche schlanke Bauweise, da die Pfosten und Sprossen einheitlich 50 mm breit sind und aufgrund abgerundeter Ecken noch schlanker wirken.

Außerdem ist SUNRAY 50 doppelt wärmegedämmt. Vertikale und horizontale Deckprofile halten die Scheiben. Zwischen Metall und Scheiben liegt vertikal eine kräftige APTK-Dichtung, horizontal eine Butyl-Dichtung. Die äußeren Profile sind von der inneren Konstruktion thermisch entkoppelt, d. h. nur punktweise mit selbstbohrenden und selbstschneidenden Edelstahlschrauben verbunden. Hinter dem 8 mm breiten unsichtbaren Befestigungsprofil im Glasfalz befinden sich vertikal und horizontal durchlaufend ein glasfaserverstärkter Kunststoffsteg. Nach der thermischen Entkopplung nach außen bildet er eine zweite, d. h. doppelte Wärmedäm-

mung. Da bei geschlossenen Flügeln hinter Glaskonstruktionen hohe Temperaturen und insgesamt hohe Temperaturschwankungen auftreten können, sind Materialbewegungen unvermeidbar. SUNRAY 50 verwendet deshalb erstmals horizontal durchlaufende Profile, d. h. die Quersprossen sind nicht wie bei bisherigen Konstruktionen üblich zwischen die Pfosten geschraubt, sondern sie liegen vor den Pfosten auf einem Teflon-Gleitstück und werden mit glasfaserverstärkten Verbindern so gehalten, daß sie ohne Knackgeräusche temperaturabhängig dehnen und schrumpfen können.

Neuartig und besonders wichtig ist bei SUNRAY 50, daß hinter den Scheiben, Türen und eingebauten Lüftungsflügeln in allen Bereichen in den Pfosten und Sprossen beidseitig unauffällige Drainagekanäle Schwitzwasser, welches bei Glasbauten und vor allen Dingen im Dachbereich nie auszuschließen ist oder Leckwasser, welches im Laufe der Jahre oder bei extremen Witterungsverhältnissen unter Umständen auch auftreten kann – z. B. Wassereintritt bei Flügeln im Glasdach – in diesen Drainagekanälen aufgefangen und über Bohrungen von den horizontalen Sprossen in eine spezielle Vorkammer der Pfosten geleitet und von dort unsichtbar nach unten und danach nach außen abgeleitet wird.

Der konstruktive Aufbau von SUNRAY 50 erlaubt auch eine ungehinderte Entwässerung und Belüftung des Glasfalzes. Neu ist auch ein Klappflügel im Dach, der exakt über den Pfosten und Sprossen sitzt, d. h. der Rahmen und der Flügel sind zusammen nur 50 mm breit, die dazugehörige Glasscheibe ist genauso groß wie bei einem festverglasten Feld. Wenn man vom Betätigungsmechanismus absieht, ist der Flügel von unten kaum zu erkennen. Aus den gleichen Profilen lassen sich auch lange Lüftungsklappen herstellen. Isolierglas läßt sich von 22 bis 30 mm Stärke einbauen, ohne daß sich die Konstruktionsmaße ändern und ohne daß ein Sonderprofil nötig wird. Türen, vertikal angeordnete Fenster, Dauerlüftungen, elektrische Lüftungsgeräte usw. lassen sich problemlos verwenden, ebenso jede Art von Sonnenschutz. Lediglich bei außenliegenden Sonnenschutzanlagen bedarf es einer Festlegung der Befestigungspunkte und spezieller Bohrungen zur Vermeidung von undichten Stellen oder nicht zulässiger Belastung.

GBK Gesellschaft für Baukonstruktionen
Bahnhofstraße 53
71229 Leonberg
Tel. 07152/21747
Fax 07152/23312

Wohnkultur unter Glas

Holger Reiners/Ulrich Timm
**Der Wintergarten –
Wohnkultur unter Glas**
*Ideen und Beispiele für Konstruk-
tion, Einrichtung und Bepflanzung*
208 Seiten mit 128 farbigen
und 82 sw. Abbildungen, 94 Pläne.

Peter Klock
**Pflanzen für den
Wintergarten**
*Richtig auswählen, arrangieren
und kultivieren*
1992. 160 Seiten mit 103
farbigen und 93 sw. Abbildungen.
Broschur ... rund ums Haus

Jeder zweite Bauherr wünscht
sich das besondere Ambiente der
Glasarchitektur eines Wintergartens.
In der Tat bieten diese lichtdurchfluteten
Oasen der Ruhe eine unvergleichliche
Lebensqualität. Ideen, Pläne und Beispiele
gelungener Wintergärten helfen dem
Bauherren bei der Planung und Realisie-
rung seines Traums von echter Wohnkultur.

Callwey Verlag München